维度与深度
议题式教学课堂观察

沈雪春　李祖宇　李圣德　主编

陕西师范大学出版总社

图书代号：JY23N0215

图书在版编目（CIP）数据

维度与深度：议题式教学课堂观察／沈雪春，李祖宇，李圣德主编. —西安：陕西师范大学出版总社有限公司，2023.1
ISBN 978-7-5695-3379-8

Ⅰ.①维… Ⅱ.①沈… ②李… ③李… Ⅲ.①政治课—教学研究—高中 Ⅳ.①G633.202

中国版本图书馆 CIP 数据核字（2022）第 244865 号

维度与深度：议题式教学课堂观察
WEIDU YU SHENDU YITISHI JIAOXUE KETANG GUANCHA
沈雪春 李祖宇 李圣德 主编

责任编辑	贺瑶瑶 江 丹
责任校对	张文婷
装帧设计	艺 凡
出版发行	陕西师范大学出版总社 （西安市长安南路199号 邮编 710062）
网　　址	http：//www.snupg.com
印　　刷	西安市建明工贸有限责任公司
开　　本	787 mm×1092 mm　1/16
印　　张	20.5
字　　数	350 千
版　　次	2023 年 1 月第 1 版
印　　次	2023 年 1 月第 1 次印刷
书　　号	ISBN 978-7-5695-3379-8
定　　价	60.00 元

如有印装问题，请与出版社联系调换。联系电话：029-85308197。

序 言

《维度与深度:议题式教学课堂观察》和《实践与反思:议题式教学案例研究》是地地道道的姊妹篇,两本书都是网上学术之缘的产物、学界友谊历程的记载和伙伴协同教研的结果。2020 年,我在网上自说自话地建立了一个"议题式教学研究室",来自全国的 148 位省市级名师或省优课(或基本功)奖获得者参与其中,包括 17 位特级(或正高)教师和 23 位省优课(或基本功)一等奖获得者。成员分布广泛,队伍颇有气势。为了能让这支队伍成为一支研究和实践议题式教学的"先锋队",我建立了"任务驱动+培训引领"的运行机制,整个过程分为三轮进行。第一轮,相应成员提交一份原创教学设计,我开展网上系列讲座介绍我的议题式教学主张;第二轮,相应成员将原创教学设计修改成议题式教学设计,我开展针对性网上讲座,引领成员优化教学设计;第三轮,相应成员递交课堂观察文稿。2021 年秋,共有 22 个课堂观察案例入围。为了进一步提高稿件的质量,我邀请安徽省广德市中小学思想政治理论课名师工作室主持人李祖宇老师和福建省厦门市翔安区教师进修学校副校长李圣德老师作为主编,跟作者们进行了长达数月的 VIP 式交流。2022 年 4 月,稿件交给陕西师范大学出版总社《中学政治教学参考》编辑部。

《维度与深度:议题式教学课堂观察》的主要内容是高中思想政治 4 个必修模块 22 个议题的课堂教学观察,涉及一般框题和综合探究,包括《中国特色社会主义》5 个议题、《经济与社会》3 个议题、《政治与法治》9 个议题、《哲学与文化》5 个议题。与案例研究相比,课堂观察更具专业性,对议题式教学爱好者提出了更高要求。如何确定观察点?如何设计观察表?22 位教师带着"摸着石头过河"的探索精神和"也傍桑阴学种瓜"的合作意愿,形成了富有个性又可供复制的观察模式和观察策略。每个观察案例包括课前会议、课中观察、课后报告三个部分。课前会议主要包括执教者说课、成员交流和确定观察点等;课中观察主要介绍观察工具、观察位置和观察过程及记录;课后汇报主要包括授课教师反思和观察分析报告,是课堂观察的重要内容。从 22 个课堂观察的案例看,作者们在课堂实践的基础上对议题设计、学生参与、情境创设和知识落实等观察点进行观察,形成了关于议题式教学基本要素的众多观察和研究视角。在议题设计方面,主要观察其开放性、可辨性、时代性和指向性等指标;在学生活动方面,主要观察积极应答、辅助倾听、主动质疑、参与讨论等指标;在情境创设方面,主要观察辅助知识衔接、知识理解、知识应用和知识迁移等指标。另外,每个课堂观察附加一个教学设计。与议题式教学案例研究一样,这些教学设计贯彻"一核引领、两题协同、三线联动、四层递进"的课堂架构原则。一核引领,即核心素养引领;两题协同,即知识主题和教学议题保持同一关系或种属关系,教学议题覆盖知识主题或成为知识主题的重要内容;三线联动,即知识线、情境线和任务线联动;四层递进,即衔接、理解、应用、迁移逐层递进。

《维度与深度:议题式教学课堂观察》是具有探索性、多样性、常态化的议题式教学的专业听课过程实录和研究。说它具有探索性,是因为每一个课例研究都是作者根据新课标精神进行创新性研究和实践的结果,为课改提供具有创新意义的范式或参考样本。说它具有多样性,是因为作者来自全国 11 个省、直辖市、经济特区(江苏、浙江、安徽、贵州、广东、湖北、陕西、山东、辽宁、天津、厦门),具有不同的地域特色。另外,22 位作者对思政课教学的经验和对议题式教学课堂观察的个性化理解赋予本书多姿多彩的特色,能够为不同地域的教师提供多样化参考。说它具有常态化,是因为课例来自价值性和知识性相统一的一线课堂,能够为一线教师提供充分接地气和可复制的实践案例与观察案例。

愿本书的 22 个课堂观察能够深化或拓展广大议题式教学爱好者引领学生"议中学""议中研""议中做"的观察视野。

江苏省苏州市吴江中学　沈雪春
2022 年 12 月 1 日

目 录

"新民主主义革命的胜利"议题式教学课堂观察 …………… 胡晓红(001)

"习近平新时代中国特色社会主义思想"议题式教学课堂观察

………………………………………………………………… 薛凤东(014)

"中国特色社会主义进入新时代"议题式教学课堂观察 ………… 王军波(025)

"实现中华民族伟大复兴的中国梦"议题式教学课堂观察 ……… 张成尧(043)

"回看走过的路　比较别人的路　远眺前行的路"议题式教学课堂观察

………………………………………………………………… 朱永元(058)

"践行社会责任　促进社会进步"议题式教学课堂观察 ………… 李圣德(070)

"我国的个人收入分配"议题式教学课堂观察 …………………… 丁　巧(091)

"建设现代化经济体系"议题式教学课堂观察 …………………… 戚继颖(111)

"坚持党的领导"议题式教学课堂观察 …………………………… 钮娟华(123)

"坚持人民民主专政"议题式教学课堂观察 ……………………… 郭晓静(135)

"人民代表大会：我国的国家权力机关"议题式教学课堂观察 … 耿书慧(149)

"中国共产党领导的多党合作和政治协商制度"议题式教学课堂观察

………………………………………………………………… 李祖宇(163)

"民族区域自治制度"议题式教学课堂观察 ……………………… 蓝清梅(178)

"基层群众自治制度"议题式教学课堂观察 ……………………… 张　清(192)

"全面依法治国的总目标与原则"议题式教学课堂观察 ………… 周后华(203)

"科学立法"议题式教学课堂观察 …………………………… 丁宁宁(220)

"全民守法"议题式教学课堂观察 …………………………… 童友敏(234)

"世界是普遍联系的"议题式教学课堂观察 ………………… 谭立婷(247)

"在实践中追求和发展真理"议题式教学课堂观察 ………… 张　瑜(262)

"文化的民族性与多样性"议题式教学课堂观察 …………… 杜佳威(280)

"正确认识中华传统文化"议题式教学课堂观察 …………… 杨　雪(292)

"文化强国与文化自信"议题式教学课堂观察 ……………… 王倍倍(306)

后记 ……………………………………………………………………(321)

"新民主主义革命的胜利"议题式教学课堂观察

胡晓红

【简介】

授课教师:吴洁,中学一级教师,擅长有序处理教学流程,重视对学生学科核心素养的培育,踏实严谨。

教学主题:新民主主义革命的胜利。

教学议题:社会主义为什么是近代中国发展的必然?

观察教师:贵州高中政治胡晓红名师工作室成员及学员、安顺市第二高级中学政治教研组部分教师。

活动目的:为了进一步落实新课标,改变"聚焦灌输"的唯知识教学与"聚焦活动"忽视理解浅表型教学,工作室在普定一中的送课活动中,吴洁老师尝试上了一节议题式教学课,课堂围绕一定的议题,开展自主、合作、探究学习,增强学生体验,让有趣学习与有效学习做到有机统一。

【课前会议】

(一)吴洁老师说课

1.主题说明

本课采用议题式教学和活动探究等教学方法,以教师为主导、以学生为主体,教师的"导"立足学生的"学",放手让学生自主探索,主动参与知识形成的整个思维过程,真正践行以学生为中心的教学理念。

2.学情分析

(1)认知水平:学生初中阶段已学习中国近代史,具有相关史实背景知识,但认识比较粗浅。

(2)身心特点:视野开阔,接受性强,思维比较活跃,参与度高,乐于接受新鲜事物,可以在学习中培养分析比较能力和归纳能力。

胡晓红,贵州安顺人,安顺市第二高级中学教师,贵州省特级教师,全国优秀德育课教师,贵州省高中政治名师工作室主持人,主要研究德育、课堂教学。

3. 教学目标

了解中国共产党带领全国各族人民取得新民主主义革命的胜利、建立新中国的历程;理解近代中国革命的基本规律;培养合作交流、辨析评价能力;坚定中国共产党的领导,坚持走中国特色社会主义道路,努力做担负民族复兴大任的时代新人。

4. 教学环节

总议题:社会主义为什么是近代中国发展的必然?

环节一:泱泱华夏苦难深,内忧外患谋出路。(设计意图:一是充分发挥学生的主体作用,让学生敢说、能说。二是通过分析,迅速将学生带回近代中国,明确近代中国人民的历史任务。)

环节二:艰辛探索皆无果,旧民主主义革命难救国。(设计意图:一是通过形象且富有感染力的视频让学生感受到在经历近 70 年的无力抗争后,十月革命传来的马克思主义及与中国革命具体实际相结合而创立的毛泽东思想对中国人民的意义。二是学生通过自学与资料整合分析,更加明晰中国共产党对中国的意义、新民主主义革命的不易及新民主主义革命胜利的意义。)

环节三:另辟新径终得果,新民主主义革命新中国。(设计意图:培养学生总结与梳理的能力,通过感悟分享,引导学生将所学知识内化为对社会主义和中国共产党的坚定认可与热爱,达成本课任务与目标。)

5. 教学创新

采用议题式教学,学生通过自主、合作、探究的方式展开学习,对传统的教师主导的课堂是一种较大冲击,也是一种教学尝试。

6. 教学困惑

议题式教学对于我来说是一次新的挑战,设计议题及围绕议题展开活动,探索"知识内容依托活动""活动过程提升素养"。课前布置的观看视频、图书馆查阅资料、红色教育基地——王若飞故居实地调查等活动,以及课中的各种活动比较多,对按时完成教学并取得较好效果把握不大。

(二)成员交流

胡晓红老师(观察者):议题式教学的关键是议题的设计,本次课堂观察我们主要就议题设计、活动开展与任务达成方面开展观察。

吴洁老师(授课教师):本次议题式教学分为四个环节,包括分组进行课前资料收集、课中分享、课后反思等活动。总议题是"社会主义为什么是近代中国发展的必然"。学生在教师指导下分别精心设计相关问题,课堂中会逐一呈现。

程姝娜老师(观察者):我与各个学生小组主持人进行交谈,结合我们选择的观察点,我想了解:问题以什么方式呈现?如何引导学生围绕议题开展积极思考?如果学生的回答及反问超出预设,你们将怎么办?

主持人(学习组长):我们的语言风格幽默风趣、理性辩证,课前会对问题的各种可能性进行预设,如果超出预料,我们会一起思考解决方法。

孙莉红老师(观察者):高中思想政治学科核心素养是学生在面对复杂的社会现实问题情境时,能够在正确思想观念指导下,运用思想政治学科的知识、能力、思维方法高质量地完成相关任务的内在综合品质,是正确价值观、关键能力、必备知识的有机融合。本课设计活动较多,我与陈锐老师主要对学生的学科知识、学科语言、学科思维进行观察。

吴洁老师(授课教师):知识是能力的基础,能力是掌握和扩大知识的前提,学科核心素养导向下的学科知识应该如何落实是我一直在思考的问题。希望今天的课堂观察能为以后教学活动提供有效的支持。

曹洁老师(观察者):高一(17)班学生主体意识较强,思维比较活跃。在今天的议题式教学中,我们想观察学生的教学任务落实情况,验证议题式教学作为构建活动型学科课程与培育学生学科核心素养的价值。

吴洁老师(授课教师):新课程改革关注学生长远发展,议题式教学作为对以往教学方式的继承与发展,能让学生以主人翁的身份更多地参与社会实践与合作探究,从而发展学科核心素养,这也是本次课堂观察的重要着眼点。

(三)讨论确定观察点

胡晓红:议题设计。

程姝娜:情境创设。

孙莉红:知识掌握。

曹　洁:任务布置。

【课中观察】

(一)观察工具

观察表、摄像机。

(二)观察位置

此次授课在录播教室,现场观摩专家与教师有近20人在另一个教室,观察教师则分别坐在教室前后左右位置,便于走动与观察。课前分好的学生学习小组,每组有主题发言人,小组长座位相对固定,便于组织组员讨论,其他学生座位则相对自由。采用圆桌形式,利于交流。

(三)观察过程

课前:观察教师询问附近学生对本节课事前所做调查。

课中:各位观察者根据自己选择或者开发的观察表进行观察及记录。

课后:各位观察者询问附近学生的学习目标达成情况,并进行简单的对话交流。

【课后报告】

课后,观察组教师围坐在一起,工作室成员和学员及学校教研组教师坐在外围观摩。

(一)授课教师反思

1.学生表现优秀。为了有效开展议题式教学,把课堂还给学生,倡导学生开展自主、合作、探究的学习方式,课前在教师指导与学生参与下共同确定三个议学活动,完成度较高。

2.素材贴近学生。学生在已有知识基础上,课前阅读预习,课中积极参与,说明素材选用贴近学生的认知和实际,让学生有话想讲、有话能讲。

3.目标基本达成。价值观层面:明确只有社会主义才能救中国,认同中国特色社会主义道路。必备品格层面:通过梳理中国近现代史的基本线索,培养爱国情怀和历史责任感,以及实事求是、勇于探究的科学精神。关键能力层面:学习运用调查研究和辩证分析的思维方法,能够运用唯物史观和科学社会主义基本原理分析中国革命的实际问题。

4.不足之处在于本节课生成内容太多,没有控制好时间。有个别分析不到位之处,过多考虑教学节奏,没有及时提示和补充。

(二)观察分析报告

1.胡晓红老师的观察报告

我观察的维度是"议题设计"。本课围绕总议题"社会主义为什么是近代中国发展的必然"设计四个子议题。议题表述清晰,有利于学生获取信息;议题有层次,具有较好的逻辑性,推动学生思维不断递进,在"议"中学,在学中"议"。

表 1 议题设计观察记录

教学环节	问题	呈现方式	问题来源	问题指向	问题与课题关联度	问题层次	问题应答/题意理解/应答方式
课前影像采集、资料采编,梳理典型事件	总议题:社会主义为什么是近代中国发展的必然	情境:建党100周年中国取得的成就,引导学生思考巨大成就背后的原因,引入近现代史上道路选择的话题	B	A	A	C	C
悲怆的历程	环节一:泱泱华夏苦难深、内忧外患谋出路 子议题1:近代中国如何沦为半殖民地半封建社会	呈现收集整理的内外因资料	B	A	B	A	B
胜利的征程	环节二:艰辛探索皆无果,旧民革命难救国 子议题2:探索复兴之路,资本主义道路为什么在中国走不通	各组分享调研成果,以典型文物为切入点,以问题为导引,讨论近代中国的历史任务、以往探索失败的原因	B	A	B	B	B
	环节三:另辟新径终得果,新民主主义革命、新中国 子议题3:为什么要通过新民主主义革命解决中国的出路问题	呈现并分析中国先进分子如何了解、传播马克思主义的历史过程	B	A	B	B	B
	子议题4:为什么说新中国的成立从根本上改变了中国	围绕核心议题,归纳近现代以来道路探索的历程与线索,整理基本观点并形成理论框架	B	B	B	C	C

续表1

教学环节	问题	呈现方式	问题来源	问题指向	问题与课题关联度	问题层次	问题应答/题意理解/应答方式
课后拓展	为什么说没有共产党就没有新中国,只有社会主义才能救中国	走进网上展馆《复兴之路》(以志愿讲解员的身份完成《如果展品会说话》);拍一部新民主主义革命题材的微电影;建党100周年,我想对党说	B	A	B	C	C

记录说明:(1)问题来源,学生提出记为A,课前预设记为B,课堂生成记为C;(2)问题指向,很明确记为A,较明确记为B,不明确记为C;(3)问题与课题关联度很紧密记为A,比较紧密记为B,不紧密记为C;(4)问题层次,强化基础记为A,提升能力记为B,激发情感记为C;(5)题意理解,明白记为A,不太明白记为B,不明白记为C;(6)应答方式,及时答记为A,思考后答记为B,讨论后答记为C。

2.程姝娜老师的观察报告

我观察的维度是"情境创设"。这节课需要学生现场"议",通过大量对话体现学生的参与度。如何让学生想"议"并且能"议",情境创设尤为重要。情境是情感生发、思考深入的有效途径。没有可感知的情境,很难有真正的认知体验。学习不仅是理智的推理反思过程,更是情境交融、心智合一、情感认知的共生共融过程。本课以电影《开国大典》、电视剧《觉醒年代》、国家博物馆《复兴之路》展览等资料作为切入点,让学生对这段历史有直观的认识。特别是参观王若飞故居后分享感想,极大调动学生学习的积极性。吴洁老师用学生身边事讲好国家事,为加深对这段历史的感性认识并上升到理性认识做好铺垫,做到政治性和学理性相统一。85%的学生参与直接对话。本节课生生对话12次,理解型对话8次,探究型对话4次,15位学生主动站起来回答或陈述问题。在辅助倾听方式方面,记录信息、查阅书本、补充与疑问的学习方式出现的频率达52%,说明学生参与的广度较高。教师教学很好地引发学生思考,营造了民主、平等、开放、合作的课堂氛围。

表2 学生参与度观察记录

活动主题	活动类型	呈现方式	活动预设	目标达成
总议题:社会主义为什么是近代中国发展的必然	探究思考	展示课前整理的相关资料(放置在每组桌子上)	学生在参加各项活动与了解课本内容基础上分工分组收集相关资料:影像采集、资料采编,梳理典型事件	A 参与收集但没有整理归纳★ B 归纳整理收集资料★★ C 资料与教学有关联度★★★ D 有关联度并与同学有明确的任务分工与合作探究★★★★
中国如何沦为半殖民地半封建社会	小组讨论	5分钟讲述与展示	分析鸦片战争后国内国际情况	A 知识表述正确★ B 知识表述熟练★★ C 知识运用较准确★★★ D 知识运用熟练★★★★ E 解决分析实际问题★★★★★
资本主义道路为什么在中国走不通	辨析思考、自由发言	5分钟展示声像资料	分析国民革命失败的原因	A 知识表述正确★ B 知识表述熟练★★ C 知识运用较准确★★★ D 知识运用熟练★★★★ E 解决分析实际问题★★★★★
20世纪初,中国先进分子如何了解、传播马克思主义	小组讨论	5分钟主题发言人发言	通过对五四运动等史实分析,以及与旧民主主义革命比较,认识五四运动是中国新民主主义革命开端的历史结论	A 知识表述正确★ B 知识表述熟练★★ C 知识运用较准确★★★ D 知识运用熟练★★★★ E 解决分析实际问题★★★★★
中国革命两个步骤是什么?两者有何关系	比较分析	5分钟主题发言人发言	即民主革命和社会主义革命。改变封建社会形态,使之成为一个独立的民主社会;前者是后者的必要准备,后者是前者的必然趋势	A 知识表述正确★ B 知识表述熟练★★ C 知识运用较准确★★★ D 知识运用熟练★★★★ E 解决分析实际问题★★★★

续表2

活动主题	活动类型	呈现方式	活动预设	目标达成
新民主主义革命的"新"主要体现在哪三个方面	查阅整理	5分钟分享交流	新旧民主革命比较相同点,特别找出不同点	A 知识表述正确 ★ B 知识表述熟练 ★★ C 知识运用较准确 ★★★ D 知识运用熟练 ★★★★ E 解决分析实际问题 ★★★★★
毛泽东思想有哪些历史作用	讨论分析	5分钟分享交流	中共七大确定以毛泽东思想作为全党一切工作的指针等,阅读毛泽东主要著作	A 知识表述正确 ★ B 知识表述熟练 ★★ C 知识运用较准确 ★★★ D 知识运用熟练 ★★★★ E 解决分析实际问题 ★★★★★
新民主主义革命胜利,建立了中华人民共和国,具有哪些划时代历史意义	思考归纳	10分钟素养展示	理解只有社会主义才能救中国,认同社会主义道路;培养爱国情怀和历史责任感;学习运用调查研究和辩证分析的思维方法,能够运用唯物史观和科学社会主义的基本原理分析中国革命的实际问题	A 知识表述正确 ★ B 知识表述熟练 ★★ C 知识运用较准确 ★★★ D 知识运用熟练 ★★★★ E 解决分析实际问题 ★★

3.孙莉红老师的观察报告

我观察的维度是"知识掌握"。本节课涉及13个学科知识点,学生能准确运用的有6个,比较熟练的有4个,不太熟练的有3个,能够阐述新民主主义革命的性质和特点,理解中华人民共和国成立的历史意义,认同我国走社会主义道路是历史的必然、人民的选择。学生对本课涉及历史事实比较熟悉,但是对新民主主义革命胜利的理论成果——毛泽东思想,以及新民主主义革命的性质、"新"在哪里这些知识掌握不够深入,说明知识点间的联系没有完全建立起来。

表3 基础知识落实观察记录

教学内容	活动设计	活动目标	目标达成
悲怆的历程——近代中国探索复兴之路 1.近代中国的社会性质	总议题:社会主义为什么是近代中国发展的必然? 环节一:泱泱华夏苦难深,内忧外患谋出路 子议题1:近代中国是如何沦为半殖民地半封建社会的	通过一系列不平等条约的签订,展示中国如何一步步沦为半殖民地半封建社会,使学生了解中国近代的屈辱历史,形成民族气节,坚定中国共产党的领导,坚定爱国主义情感	A 知识梳理 ★ B 知识理解 ★★ C 知识应用 ★ ★★ D 知识迁移 ★★ ★★
2.中国人民的历史任务	探究:深陷屈辱的中华儿女有着怎样的迫切愿望	了解近代中国面临的内忧外患,学习中国人民的历史任务,进而联想到自己所处的时代,明确将来应承担的历史责任,强化使命感	A 知识梳理 ★ B 知识理解 ★★ C 知识应用 ★ ★★ D 知识迁移 ★★
3.近代中国人民对复兴之路的探索 4.资本主义道路走不通	环节二:艰辛探索皆无果,旧民主主义革命难救国 子议题2:探索复兴之路,资本主义道路为什么在中国走不通	通过视频展示中国作为一战战胜国却不能拿回属于自己的国土,学习中国近代百年以来的屈辱历程和无数仁人志士的艰辛探索,体会艰苦奋斗,赓续民族精神	A 知识梳理 ★ B 知识理解 ★★ C 知识应用 ★ ★★ D 知识迁移 ★★ ★★
胜利的征程——新民主主义革命 1.指导思想 2.开始标志 3.领导力量 4.发展历程 5.取胜法宝 6.革命道路 7.革命性质	环节三:另辟新径终得果,新民主主义革命、新中国 子议题3:为什么要通过新民主主义革命解决中国的出路问题 思考:结合视频和教材,思考新民主主义革命的指导思想、开始标志、领导力量、发展历程、革命道路、取胜法宝、性质、胜利成果分别是什么	理解中国共产党带领全国各族人民历尽千辛万苦,付出巨大代价,取得了新民主主义革命的胜利;理解中国革命两阶段论的科学性;新民主主义革命取得胜利的三件法宝及其内在联系;坚持马克思主义的科学世界观和方法论,做出正确的价值判断和行为选择	A 知识梳理 ★ B 知识理解 ★★ C 知识应用 ★ ★★ D 知识迁移 ★★ ★★

续表3

教学内容	活动设计	活动目标	目标达成
比较新民主主义革命和旧民主主义革命	思考:新民主主义革命和旧民主主义革命相比,新在哪	通过比较,提高分析问题的能力,学会用全面的观点看问题,增强辩证思维	A 知识梳理 ★ B 知识理解 ★★ C 知识应用 ★★★ D 知识迁移 ★★★
比较民主革命和社会主义革命	思考:民主革命和社会主义革命有什么区别	理解中国革命两阶段论的科学性;深刻体会新民主主义革命的胜利和社会主义成果的来之不易	A 知识梳理 ★ B 知识理解 ★★ C 知识应用 ★★★ D 知识迁移 ★★★
8.新民主主义革命的胜利标志——新中国成立的历史意义 9.新民主主义革命的胜利成果——毛泽东思想	议题4:为什么说新中国的成立从根本上改变了中国 思考:毛泽东思想的历史意义是什么	深刻体会新民主主义革命的胜利和社会主义成果的来之不易;尊重社会发展规律,践行中国特色社会主义发展理论,努力做担负民族复兴大任的时代新人;增强"四个意识"、坚定"四个自信"、做到"两个维护"	A 知识梳理 ★ B 知识理解 ★★ C 知识应用 ★★★ D 知识迁移 ★★★

4.曹洁老师的观察报告

我观察的维度是"任务布置"。本节课的典型活动任务有描述与理解、辨析与应用、决策与迁移,任务呈现多样性特点。学生在商议和展示、商议和辩论、商议撰写和演讲等活动中完成这些任务,锻炼相应的能力。学生整体素质较高,课前准备充分,任务落实较好。

【附:教学设计】

学科	高中政治	授课班级	高一(17)	授课人	吴洁
授课题目	2.1 新民主主义革命的胜利			课时	1课时
课程标准	阐述新民主主义革命的性质和特点,理解新中国确立社会主义制度的历史必然性				
学情	(1)认知水平:学生初中已学习中国近代史,但停留在较为粗浅的认识上 (2)身心特点:乐于接受新鲜事物,在学习中培养分析比较能力和归纳能力				
教学目标	了解中国共产党带领全国各族人民取得新民主主义革命的胜利,建立新中国的历程;理解近代中国革命的基本规律;培养合作交流、辨析评价能力;坚定中国共产党的领导,坚持走中国特色的社会主义道路,努力做担负民族复兴大任的时代新人				
教学重点和难点	重点:新民主主义革命的性质、新的表现及胜利意义 难点:为什么说在半殖民地半封建社会的近代中国,资本主义道路走不通				

教学步骤

步骤	教师与主持人	学生活动	设计意图
导入	《觉醒年代》片段、参观国家博物馆《复兴之路》网上展览、参观王若飞故居等课前活动 总议题:社会主义为什么是近代中国发展的必然	观看、思考:在近代中国探索复兴路上,中国人民如何做出选择	设计意图:使学生明确本节课学习内容,同时带着好奇心与求知欲进行思考与学习
新课推进	教师:我们看第二课的标题——只有社会主义才能救中国。为什么这么说?你们同意吗?我想上完这节课后你们会有自己的答案 环节一:泱泱华夏苦难深,内忧外患谋出路 教师:课前已经准备,现在请第一组(主持人)展示近代以后中国人民的处境 主持人总结:近代中国沦为半殖民地半封建社会,争取民族独立、人民解放和国家富强、人民幸福成为了中国人民的历史任务	第一组学生分享近代中国的处境	设计意图:一是充分发挥学生的主体作用,让学生敢说、能说。二是通过分析,迅速将学生带回中国近代历史,明确近代中国人民的历史任务

续教学设计

步骤	教师与主持人	学生活动	设计意图
新课推进	环节二：艰辛探索皆无果，旧民主主义革命难救国 主持人：为了挽救苦难中的中国，无数仁人志士不屈不挠，进行各式各样的尝试，探索救亡图存的出路。现在请第二小组分享中国艰辛的探索历程及结果 主持人总结：资产阶级的软弱性与局限、农民阶级的狭隘等都注定无法救中国，各种尝试与探索都宣告失败。从1840年鸦片战争开始，中国人民已经经历了70多年苦难绝望的生活，出路到底在哪里？这个时候，十月革命一声炮响给我们来了马克思列宁主义 教师：大家观看视频并了解五四运动的影响 过渡：五四运动极大促进了马克思主义与工人运动相结合，为中国共产党的成立做了思想上、干部上的准备，所以把五四运动作为新民主主义革命的开端。在经历81年苦难之后，中国共产党带领人民经历28年的艰苦奋战，建立了新中国。接下来请第三组分享中国共产党带着中国人民做了哪些努力 环节三：另辟新径终得果，新民主主义革命、新中国 主持人：中国共产党在领导新民主主义革命中，探索出一条农村包围城市、武装夺取政权最后取得全国胜利的新民主主义革命道路 教师：1919年是新民主主义革命与旧民主主义革命的分界线，那么新旧的区别是什么 过渡：在中国共产党的领导下，在毛泽东思想的指导下，结束了半殖民地半封建社会的历史，建立了新中国 主持人：接下来请第四组针对这一历程谈感想 主持人：100年前，有一批爱国青年为了国家奔走历险，100年后的今天，我们不再需要以这样惨烈的方式护国爱国，但国家依然面临很多不安定因素，需要广大青年为之努力与不懈奋斗，新时代召唤广大青年投身奋斗，树立远大理想，明确自己的人生方向与目标	第二组学生分享近代中国救亡图存的革命运动 第三组学生分享中国共产党领导的抗战历程 学生回答： ①领导阶级新：无产阶级领导 ②革命前途新：革命阶级联合专政＆进入社会主义 ③所属革命范畴新：世界无产阶级革命 第四组学生分享	设计意图：一是通过形象、富有感染力的视频让学生感受到在经历近70年的无力抗争后，十月革命送来马克思列宁主义，并与中国革命具体实际结合而形成毛泽东思想，对中国人民具有重要意义。二是学生通过自学与资料分析，更加清晰中国共产党对中国的意义，新民主主义革命的不易，及新民主主义革命胜利的意义 设计意图：通过对比，尤其是时间的计算，让学生充分领悟中国共产党、马克思主义、社会主义道路是中国人民和历史的必然选择，是中国的重要转折点，对比新旧主革命的区别，明确新民主主义革命的性质，以及"新"的表现 设计意图：培养学生总结与梳理能力，学生自主总结亦可帮助教师了解其学习情况，通过感悟分享，引导其将所学内化为对社会主义、中国共产党的认同与热爱，达成本课任务与目标

小结	学生总结本节课的知识
板书设计	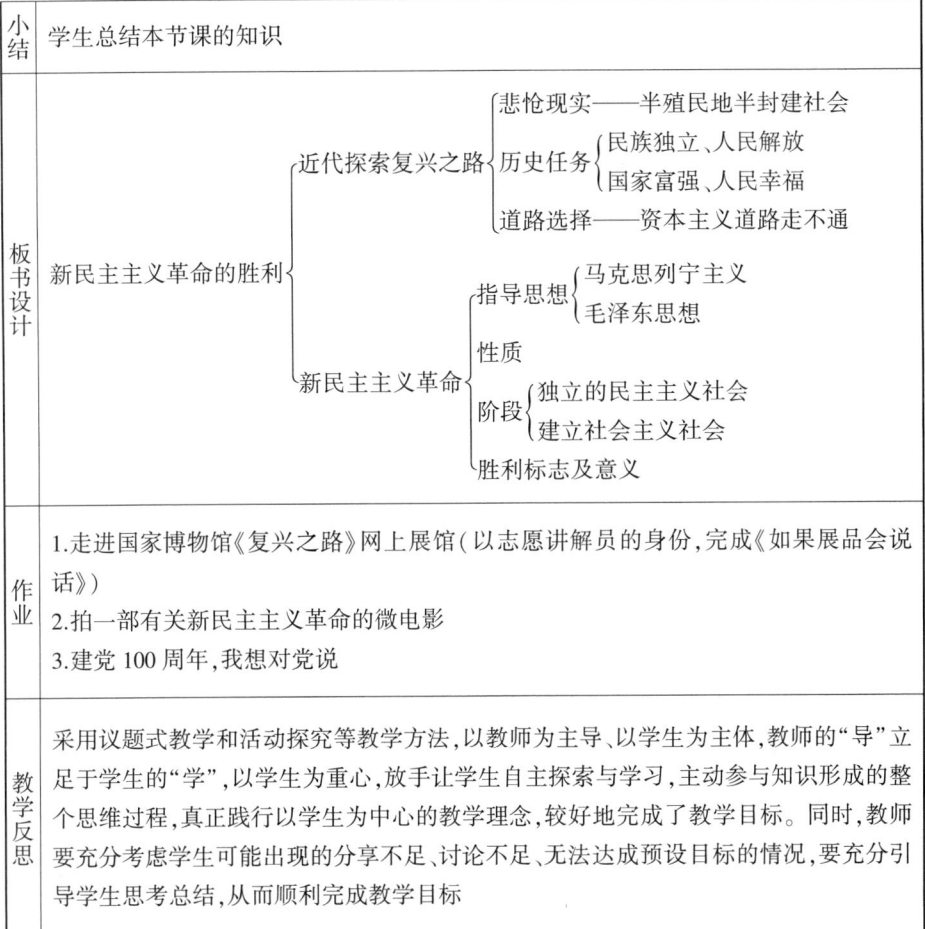
作业	1.走进国家博物馆《复兴之路》网上展馆（以志愿讲解员的身份,完成《如果展品会说话》） 2.拍一部有关新民主主义革命的微电影 3.建党100周年,我想对党说
教学反思	采用议题式教学和活动探究等教学方法,以教师为主导、以学生为主体,教师的"导"立足于学生的"学",以学生为重心,放手让学生自主探索与学习,主动参与知识形成的整个思维过程,真正践行以学生为中心的教学理念,较好地完成了教学目标。同时,教师要充分考虑学生可能出现的分享不足、讨论不足、无法达成预设目标的情况,要充分引导学生思考总结,从而顺利完成教学目标

"习近平新时代中国特色社会主义思想"
议题式教学课堂观察

薛凤东

【简介】

授课教师:薛凤东,中学一级教师,担任备课组长,学科专业素养较好。

教学主题:习近平新时代中国特色社会主义思想。

教学议题:为什么习近平新时代中国特色社会主义思想如此伟大,我们要长期坚持并不断发展?

观察教师:天津市宝坻区第九中学政治课堂观察合作体成员。

活动目的:为了更好地研究议题式教学的实践操作路径,突破教师关于议题式教学的落实困境,政治组举行了此次课堂观察活动。

【课前会议】

(一)薛凤东老师说课

1.主题说明

本册教材主要是对学生进行马克思主义基本原理及中国特色社会主义道路、理论、制度、文化,特别是习近平新时代中国特色社会主义思想的教育,以习近平新时代中国特色社会主义思想铸魂育人。本课知识理论性强、难度大,采取议题式教学,学生围绕"为什么要长期坚持并不断发展习近平新时代中国特色社会主义思想"这一核心议题开展合作探究、主动学习。议题式教学,把课堂还给学生,坚持以生为本,使教学在师生互动、开放民主的氛围中进行,让学生在议学活动中感悟真理的力量。

2.学情分析

(1)学生心智特征:高一(7)班学生基础知识扎实,思维活跃,好奇心强,他

薛凤东,天津人,本科学历,天津市宝坻区第九中学教师,一级教师,主要研究思政课议题式教学和思政课深度学习。

们注重现实,喜欢探究事物的本质,敢于大胆发表自己的见解,接受能力强。同时,他们也可能会产生片面性、主观性观点,思维的敏捷性、广阔性需要深入提升,发展良好的思维品质。

(2)学生认知结构:学生现已对中国特色社会主义事业有总体了解,同时具备逻辑思维、合作探究的能力。议题式教学对学生而言很新鲜,易引起学生期待感,激发求知欲,有利于开展议学活动。

3.教学目标

(1)了解习近平新时代中国特色社会主义思想创立的时代背景,掌握习近平新时代中国特色社会主义思想的核心内容,理解习近平新时代中国特色社会主义思想在党和国家治国理政中的重要地位和作用。

(2)培养透过现象看本质、分析综合、概括归纳、合作探究等思维品质和能力,能够迁移、应用所学知识,着力提升对中国特色社会主义的政治认同、道路认同。

(3)真正做到"学思用"贯通、"知信行"统一,提高学习和贯彻习近平新时代中国特色社会主义思想的自觉性,学习、应用新思想,承担新时代的社会责任和历史使命,积极投身社会主义现代化事业,成为社会主义事业的合格建设者和可靠接班人。

4.教学重难点

教学重点:习近平新时代中国特色社会主义思想的核心内容。

教学难点:习近平新时代中国特色社会主义思想的历史地位。

5.教学环节

环节一:议题描述·时代之问——图文展示"疫情大考与百年未有之大变局",学生思考"当今世界正经历怎样的百年不遇大变局",商议习近平新时代中国特色社会主义思想创立的时代背景。这一环节让学生懂得习近平新时代中国特色社会主义思想来源于时代、来源于实践,具有科学性,在把握世界发展大势、应对全球共同挑战、维护人类共同利益的过程中创立并不断丰富发展。

环节二:议题决策·思想精华——观看视频"战'疫'中国策",学生思考"习近平新时代中国特色社会主义思想如何引领中国人民在抗击疫情中运筹帷幄、乘风破浪",小组商议习近平新时代中国特色社会主义思想的核心内容。习近平新时代中国特色社会主义思想理论性强,学生理解较为困难,但战"疫"大考,中国交出了世所罕见、令人佩服的满意答卷,这一真实情境生动诠释了习近平新时代中国特色社会主义思想的核心内容、金钥匙、活的灵魂。这一环节让理论鲜活灵动,学生能真正将习近平新时代中国特色社会主义思想入脑入心,增强政治认同。

环节三:议题论证·真理光辉——图文展示"生命至上+民生实事+脱贫攻坚+人民伟力",学生思考"习近平新时代中国特色社会主义思想为什么在战'疫'中得到人民认可,是写在亿万中国人民心中的科学理论",商议习近平新时代中国特色社会主义思想的巨大作用。这一环节让学生深刻感受到习近平新时代中国特色社会主义思想在战"疫"大考中充分彰显出强大的真理力量,始终是中国共产党的精神旗帜和行动指南,是党和国家必须长期坚持的指导思想,坚定对伟大思想的信念。

环节四:议题再证·中国力量——观看视频"世界战'疫'的中国力量:与世界共渡难关",学生思考"全球疫情大流行的当下,中国方案为什么赢得国际社会的高度评价",商议商讨习近平新时代中国特色社会主义思想贡献的中国智慧、中国理念为全球战"疫"传递信心力量。这一环节让学生感受到非凡的大国担当,深切认同中国特色社会主义制度的独特优势,能够战胜任何艰难险阻,为人类文明进步做出重大贡献。从而增强制度自信,坚定实现中华民族伟大复兴的信心。

环节五:议学延伸·飞入寻常百姓家——战"疫"时刻,社区宣讲。这一环节让学生在公共参与中实现知识迁移,坚定真理力量,激发学生投身中国特色社会主义现代化建设的公共参与意识、责任感和使命感,让学科核心素养落地生根,落实立德树人根本任务。

(二)成员交流

田俊华:议题是议题式教学的纽带,贯穿并引导教学活动的开展,好的议题能够推动学生课堂学习内源性学习力生长。我一直在研究议题设计,这次将重点观察本节课设计哪些议题。

薛凤东:深入挖掘教学资源和主题教学情境"中国战'疫'",本课设计四个子议题,即"当今世界正经历怎样百年不遇的大变局""习近平新时代中国特色社会主义思想如何引领中国人民在抗击疫情中运筹帷幄、乘风破浪""习近平新时代中国特色社会主义思想为什么在战'疫'中得到人民认可,是写在亿万中国人民心中的科学理论""全球疫情大流行的当下,中国方案为什么赢得国际社会的高度评价",紧紧围绕中心议题"为什么习近平新时代中国特色社会主义思想如此伟大,我们要长期坚持并不断发展"展开,层层推进、步步深入。

王恩泽:一个合适的、科学的课堂教学模式能很好地实现教学目标。我准备从教学目标达成角度展开观察,看看议题式教学的价值。

薛凤东:议题式教学是思想政治学科一种崭新的教学模式,教学目标是否达成,这也是我本节课担心的问题,你的观察正好可以从这方面帮助我。

张秋燕:薛老师说高一(7)班学生思维活跃,注重现实,敢于大胆发表自己的见解,适合课堂开展议题式教学。所以,我想从"学生活动"情况切入观察,看看议题式教学如何充分调动学生的主动性、积极性,引导学生自主思考、小组商议、深度学习。

薛凤东:好的,这也是本次课堂观察的重中之重。

(三)讨论确定观察点

田俊华:议题设计,观察学生对这些议题的反应、商议和应答情况。

张秋燕:学生活动,从正面全景式观察学生如何开展小组合作探究,观察学生的主体思维如何在争议中达成相对一致。

王恩泽:教学目标达成,更加详细、准确掌握学生是否获得必备知识、关键能力、学科素养及核心价值,真正实现知识的创生。

【课中观察】

(一)观察工具

观察表、录播教室。

(二)观察位置

授课班级高一(7)班36人,且录播教室空间大,三位教师可在教室任意位置观察,并且根据观察需要在教室过道走动。

【课后报告】

(一)授课教师反思

本课采取议题式教学,师生准备时间较短,我很担心课堂教学效果,心理压力很大。实践证明我的担心是多余的,学生表现得特别好。听课教师都认为议题式教学对培育学生学科核心素养、关键能力等有极大帮助,同时,这节课还存在不足。

第一,议题式教学真正让学生成为课堂的主人,激发了学生的学习动力,引导学生积极思考,在合作中议、在议中探究、在探究中感悟,既有困惑又有生成,帮助学生逐步树立正确的价值观念,培育学科核心素养。课堂教学激发了学生的探究热情和学习潜能,锻炼了学生的思维能力,课堂氛围比较热烈,学生在议题合作探究中真正将习近平新时代中国特色社会主义思想理解、内化和应用,顺利达成教学目标。

第二,教师要基于真实生活、真实情境创设学生活动,契合学生的心智水平。情境是议题式教学的载体,教师要引导学生在适切的真实情境中体验、感悟真理的力量,实现教材知识在真实情境中的迁移应用,真正让学科核心素养落地生根。议题情境决定一堂课的高度,对知识学习有柔化、活化作用,从而更好地契合学生思维水平,促进学生思维发展。

第三,议题式教学对提升学生学科核心素养具有独特的价值,但议题式教学处于初步探索阶段,对教师、学生都提出了新的挑战。这需要教师树立终身学习理念,不断反思,提高专业素养,学习新课程理念,更新教学观念,深入挖掘教学资源,探究议题式教学的有效路径与实施策略。唯有这样,议题式课堂教学才能真正成为常态化教学,才能充分调动学生的主动性、积极性,引领学生开展深度学习,落实立德树人根本任务。

(二)观察分析报告

1.田俊华老师的观察报告

(1)观察点说明。议题是议题式教学的纽带,贯穿并引导教学活动的开展。议题既要体现教学目标、教学重点和教学难点,又要兼具思维的开放性和教学的引领性。因此,在教学实践中,设计什么样的议题,既反映教师的专业能力,又关乎学生的学习效率提升。因此,从观察议题设计入手,定能抓住这节课的核心。

(2)工具设计与观察结果。好的议题能够激发学生的学习动力,启发学生的思维,有效促进学生深度学习。从议题设计看,主要影响因素有议题的提出方式、议题指向、与素材关联度、目标层次、议题价值等方面。这些因素可以从学生的课堂应答中判断。

表1 议题设计影响因素观察记录

教学环节	议题	提出方式	议题指向	与素材关联度	目标层次	议题价值	应答方式
环节1：时代之问	当今世界正经历怎样的百年不遇大变局	A	A	B	A	A	C
环节2：思想精华	习近平新时代中国特色社会主义思想如何引领中国人民在抗击疫情中运筹帷幄、乘风破浪	A	A	A	B	A	C
环节3：真理光辉	习近平新时代中国特色社会主义思想为什么在战"疫"中得到人民认可,是写在亿万中国人民心中的科学理论	A	A	A	B	A	C
环节4：中国力量	在全球疫情大流行的当下,中国方案为何赢得国际社会的高度评价	A	B	A	C	B	C
环节5：飞入寻常百姓家	战"疫"时刻,做一名社区宣讲员,如何开展习近平新时代中国特色社会主义思想主题宣讲	A	B	A	C	B	D

注：(1)提出方式,课前预设记为A,学生提出记为B,课堂生成记为C；(2)议题指向,很明确记为A,较明确记为B,不明确记为C；(3)议题与素材关联度,很紧密记为A,比较紧密记为B,不紧密记为C；(4)目标层次,知识理解记为A,知识应用记为B,知识迁移记为C；(5)议题价值,学科价值记为A,实践价值记为B；(6)应答方式,即答记为A,思考后回答记为B,小组商议后课堂展示记为C,课后小组实践记为D。

(3)观察结果分析与教学建议。本框采用议题式教学,以"为什么习近平新时代中国特色社会主义思想如此伟大,我们要长期坚持并不断发展"为总议题,引领"议题描述(时代之问)—议题决策(思想精华)—议题论证(真理光辉)—议题再证(中国力量)—议题延伸(飞入寻常百姓家)"五个环节。每个环节由一个子议题引领,使议题贯穿教学过程始终,激发学生的学习兴趣和动力,引导学生积极思考,在协作中议、在议中探究、在探究中感悟。既有困惑又有生成,帮助学生逐步树立正确的价值观念,从而提升学科核心素养。

好的议题能够促进学生内源性学习力的生长，议题是议题式教学的纽带，适切的议题选择尤为重要。议题选择既要突破知识本位，又要强调发现并解决问题的能力本位；既要体现教学目标、教学重难点，又要体现思维的开放性和立德树人的引领性。因此，在教学实践中，教师应围绕学科核心素养精心拟订议题。本框理论知识与学生的生活经验相距甚远，授课教师在主题情境"中国战'疫'"下设定真实可议、务实可用的子议题，但考虑课堂教学活动时间有限，但学科任务明确，是否可以设置适量封闭性子议题，使学生思维始终围绕议题运转，增强学科教学的实效。

2.张秋燕老师的观察报告

(1)观察点说明。薛老师认为议题式教学能够让学生主动参与课堂学习，实现深度学习，强调学生的主体性、思维的参与性。议题式教学是一种活动教学，我们想从学生参与课堂情况切入，看看议题式教学是否能够真正实现教学预设。

(2)工具设计与观察结果。新课程改革强调最多的是转变教师教学方式和学生学习方式。以往的教学过多注重知识而忽略生活，转变教学方式，要切实让学生在活动体验中感悟、生成知识。观察学生活动参与度，可从主动应答、参与讨论、辅助倾听方式三个方面进行。

表2 学生活动参与度观察记录

项目	维度	等级
主动应答	善于倾听，能积极、恰当地回应教师的提问	A
	理论联系实际，对习近平新时代中国特色社会主义思想感悟真切、理解深刻、见解独到	A
参与讨论	与小组同学配合默契、互动充分	A
	代表小组流利表达观点，并为主要观点提供例证	A
	表达观点时引用例证，解读信息充分、逻辑严密、说服力强	B
辅助倾听方式	积极承担小组角色和任务，与小组同学配合默契	A
	记笔记、查课本、补充议学单	B

注：评价学生活动时，主要分为"主动应答""参与讨论""辅助倾听方式"3个评价项目，每个评价项目划分为不同的评价维度，每个维度设"优秀(A)""良好(B)""合格(C)""不合格(D)"四个等级。

(3)观察结果分析与教学建议。作为观察者，我认为本节课学生课堂参与度高,这与薛老师设置的逻辑严密、节奏紧凑的议学活动和议学任务直接关联。议题式教学作为新事物,与2020年修订版课标深度契合,尊重学生身心发展规律,突破传统的灌输式教学,发挥学生的主体作用,引导学生经历自主思考、合作探究的学习过程,在议中学中感悟真理的力量。同时,议题式教学对培育学生学科核心素养具有独特的价值,推动课堂教学从以知识为本走向以素养为本转变,落实立德树人根本任务。同时,薛老师的课堂让我坚信,作为一名思政老师,一定要讲好中国故事,有理论深度和实践温度。当然,由于课堂时间有限,有些学生没有充足的时间和机会表达自己的观点,建议教师把部分议学活动转移至课后完成,课堂留给学生更多的展示时间。总体来说,本节课是议题式教学的一次成功探索。

3.王恩泽老师的观察报告

(1)观察点说明。知识目标是一堂课的核心目标,议题式教学并不是去知识化教学,而是从以单纯传授知识为中心转向以培育学生核心素养为中心的学习方式变革。我们关心的是议题式教学对落实知识目标的作用,为更好发挥议题式教学的作用提供借鉴。

(2)工具设计与观察结果。根据《中国高考评价体系》和《普通高中思想政治课程标准(2017年版2020年修订)》对知识掌握程度的要求,我们判断落实知识目标的指标主要有:学生是否有知识获取能力,能够对学科基本知识进行结构化理解;学生是否有实践操作能力,能够进行学以致用的学科认知操作和行动操作;学生是否有思维认知能力,能够将所学知识迁移到新情境,解决新问题、得出新结论。

表3 知识目标落实观察记录

活动环节	课程内容	知识理解		知识应用		知识迁移	
	习近平新时代中国特色社会主义思想	正确度	熟练度	正确度	熟练度	正确度	熟练度
环节1	议题描述	A	B				
环节2	议题决策			B	B		
环节3	议题论证			A	B		
环节4	议题再证					A	B
环节5	议题追问					A	B

注:正确度和熟练度分别为 A 和 B 两个级量,A 表示正确或熟练;B 表示不够正确或不够熟练。

(3)观察结果分析与教学建议。师生对习近平新时代中国特色社会主义思想的议学,真正彰显出"知其然,究其理,敬其伟大",从浅表学习走向深度学习,赋予知识以生命力。学生在合作议学中实现了必备知识建构、关键能力培养和学科素养凝练,坚持了价值性与知识性相统一。

议题式教学现处于初步实施阶段,如何将议题式教学变为常态教学方式,思政课教师需要深入钻研、不断实践和总结经验。同时,议题式课堂教学的顺利展开特别考验学生驾驭课堂的能力,而知识目标的真实达成,对学生主体的课堂来说,有着巨大的挑战。议题式教学注重学生对新知的学习理解、实践应用和创新迁移,尤其是突破课堂、走向社会,强调学生的亲身经历,培育学生的关键能力和必备品格。但本框新知学习,可视化的知识梳理是否需要保留,将知识进行结构化处理使其更有逻辑性?整堂课结束是否需要结论性语言或者小结,对必备知识进行概括总结?这应是议题式教学中议题指向的学科点和知识应用的聚焦点。

【附:教学设计】

环节一:议题描述·时代之问

学科概念:习近平新时代中国特色社会主义思想创立的时代背景。

子议题1:当今世界正经历怎样的百年不遇大变局?

议题情境:人类或难以预料到,21世纪的第三个十年会以这样的方式拉开帷幕,一种只能在显微镜下观察到的新型冠状病毒,使人类快速前行的脚步骤然被按下了"暂停键"。目前,全球确诊病例突破1亿,疫情波及210多个国家和地区。新冠肺炎疫情严重挑战国际公共卫生安全,全面冲击世界经济运行,深刻影响社会生活运转,成为当今世界不稳定性、不确定性日益凸显的最新注脚,再次证明习近平总书记作出的"世界正处于百年未有之大变局"精准判断的深刻洞见。

议学活动:商议习近平新时代中国特色社会主义思想创立的时代背景。

答案提示:人类正处于大发展、大变革、大调整时期,世界多极化、经济全球化、社会信息化、文化多样化深入发展,全球治理体系和国际秩序变革加速推进,世界各国人民的命运紧紧相连。同时,世界面临的不稳定性、不确定性突出,人类面临的全球性问题前所未有,世界经济增长乏力,金融危机、强权政治阴魂不散,发展鸿沟日益突出,兵戎相见时有发生,非传统安全威胁持续蔓延。

教师补充:习近平新时代中国特色社会主义思想的创立,除了在当下百年未有之大变局的国际背景外,还有当代中国正处于近代以来最好的发展时期的国内环境。同时,中国共产党面对新考验,具有坚定的革命性,不断自我革命,科学社会主义在21世纪的中国焕发出强大生机活力。

环节二:议题决策·思想精华

学科概念:习近平新时代中国特色社会主义思想的核心内容。

子议题2:习近平新时代中国特色社会主义思想如何引领中国人民在抗击疫情中运筹帷幄、乘风破浪?

议题情境:视频"战'疫'中国策"。

议学活动:小组商议、展示。

答案提示:核心内容——"十个明确"和"十四个坚持";金钥匙——为人民谋幸福、为民族谋复兴、为世界谋大同;活的灵魂——解放思想、实事求是、与时俱进。

环节三:议题论证·真理光辉

学科概念:习近平新时代中国特色社会主义思想的历史地位、指导意义。

子议题3:习近平新时代中国特色社会主义思想为什么在战"疫"中得到人民认可,是写在亿万中国人民心中的科学理论?

议题情境:(图文展示)

——生命至上。面对突如其来的新冠肺炎疫情,习近平总书记反复强调"始终把人民生命安全和身体健康放在第一位",调集全国最优秀的医生、最先进的设备、最急需的物资,全力以赴投入疫病救治。救治新冠肺炎患者不计成本、不惜代价,救治费用全部由国家承担,最大限度提高检测率、治愈率,最大限度降低感染率、病死率。

——民生实事。在新冠肺炎疫情防控中,各级党委和政府认真落实"米袋子"省长负责制和"菜篮子"市长负责制,加强物资调配和市场供应,尽最大努力满足人民群众的基本生活需要。同时,受新冠肺炎疫情影响,我国经济发展遇到严重困难,以习近平同志为核心的党中央按下恢复发展经济"加速键",采取各种有效措施,帮助企业解决复工复产面临的实际困难。

——脱贫攻坚。脱贫攻坚决战之年遭遇疫情重大影响,按照党中央部署要求,变压力为动力、善于化危为机,决胜脱贫攻坚决不能缓一缓、等一等,把提高脱贫质量放在首位，聚焦深度贫困地区，打好脱贫攻坚战，全面建成小康社会。

——人民伟力。习近平总书记强调："战胜这次疫情，给我们力量和信心的是中国人民。人民才是真正的英雄。只要紧紧依靠人民，我们就一定能够战胜一切艰难险阻，实现中华民族伟大复兴。"

议学活动：商议习近平新时代中国特色社会主义思想彰显的巨大作用。

答案提示：习近平新时代中国特色社会主义思想坚持人民至上，给人民带来切实的安全感和幸福感，实现人民对美好生活的向往，体现了亲民、爱民、忧民、为民的真挚情怀。为中国人民谋幸福、为中华民族谋复兴，是党和人民实践经验和集体智慧的结晶，是全党全国人民为实现中华民族伟大复兴而奋斗的行动指南，必须长期坚持并不断发展。

教师补充归纳：原创贡献、历史地位、指导意义。

环节四：议题再证·中国力量

子议题4：在全球疫情大流行的当下，中国方案为什么赢得国际社会的高度评价？

议题情境：视频"世界战'疫'的中国力量：与世界共渡难关"。

议学活动：商讨习近平新时代中国特色社会主义思想贡献的中国智慧、中国理念为全球战"疫"传递信心力量。

答案提示：从人民负责、携手抗疫、人类命运共同体、大国担当等维度展开。

环节五：议学延伸·飞入寻常百姓家

议学活动：战"疫"时刻，作为一名社区宣讲员，如何开展习近平新时代中国特色社会主义思想主题宣讲？

"中国特色社会主义进入新时代"议题式教学课堂观察

王军波

【简介】

授课教师:王军波,中学一级教师,对议题式教学有一定的学习研究,荣获首届全国高中思想政治议题式教学设计大赛一等奖,多篇教学设计发表于《思想政治课教学》。

教学主题:中国特色社会主义进入新时代。

教学议题:为什么说中国特色社会主义进入新时代?

观察教师:本市政治名师俱乐部成员。

活动目的:本课旨在进一步探索实施议题式教学的有效策略,探讨议题式教学对于增进深度学习的具体路径,印证议题式教学对于深化知识教学的作用,带动本市高中思政课教师积极开展议题式教学。本市政治名师俱乐部成员参与此次观察活动,30多名高中思政课教师参加本次观摩活动。

【课前会议】

(一)王军波老师说课

1.主题说明

(1)本课地位:本框题是第四课"只有中国特色社会主义才能实现中华民族伟大复兴"的理论逻辑起点,而第四课又是必修1的落脚点,主要回答"中国特色社会主义道路如何在新时代继续走下去"问题,既承接第二课"只有社会主义才能救中国"和第三课"只有中国特色社会主义才能发展中国",又为后两框题学习做理论铺垫,具有承上启下的作用。

(2)本课内容:本框题主要从时代背景和国家发展现状角度论述我国发展新的历史方位,由"新时代的科学内涵""新时代我国社会的主要矛盾""新时代坚持和发展中国特色社会主义要一以贯之"三目组成,分别聚焦中国特色社会

王军波,山东青岛人,本科学历,山东省华侨中学教师,首届全国高中思想政治议题式教学设计大赛一等奖获得者,主要研究议题式教学、新高考试题命制特点等。

主义进入新时代的现实基础、主要依据和实践要求。

2.学情分析

(1)心智特征:思维比较活跃,愿意关注社会热点,善于对事物作横向比较,易看到社会发展中的不足,但缺乏历史眼光、辩证思维,对事物好做主观臆断,缺乏证据意识和理性分析;缺乏对中国特色社会主义发展过程的实际感受,对改革开放前后生活变化感触不深,难与教材观点产生强烈共鸣。

(2)认知经验:通过前面学习,学生对人类社会发展规律有了初步认知,对只有社会主义才能救中国、只有中国特色社会主义才能发展中国有了充分了解,但对中国特色社会主义的深刻内涵和历史发展脉络的把握不够深入,学科知识和时政信息相对不足。

3.教学目标

(1)通过搜集展示改革开放和党的十八大以来的历史性成就,科学认识我国发展新的历史方位,理解中国特色社会主义进入新时代的实践依据和伟大意义,厘清"新时代"的科学内涵及内在逻辑,提升对中国特色社会主义进入新时代的政治认同。

(2)通过历史与现实的对比,论证中国特色社会主义进入新时代的现实依据,理解当代中国解决发展问题的根本着力点,辨析新时代我国社会主要矛盾的"变"与"不变",理解党在社会主义初级阶段基本路线的科学性和必然性,树立实事求是的科学精神。

(3)通过撰写"史上最牛创业团队"颁奖词,领悟中国共产党一以贯之坚持和发展中国特色社会主义的责任担当与实践创新,明确中国特色社会主义是当代中国发展的根本方向,坚定理想信念,增强争做新时代建设者、奋斗者的公共参与意识。

4.教学重难点

教学重点:正确理解新时代的科学内涵,深刻把握新时代我国社会主要矛盾的变化,明确新时代坚持和发展中国特色社会主义要一以贯之的历史使命。

教学难点:辨析新时代我国社会主要矛盾"变"与"不变"的关系。

5.教学环节

本课以"为什么说中国特色社会主义进入新时代"为总议题,旨在引领学生正确理解和深刻把握中国特色社会主义进入新时代这一新的历史方位,并由此分解出"新时代从何而来""新时代因何而立""新时代以何而成"三个子议题,依次关联新时代的科学内涵、新时代我国社会主要矛盾、新时代坚持和发展中国特色社会主义要一以贯之三个目题,分别聚焦中国特色社会主义进入新时代的现实基础、主要依据和实践要求,构成议题描述、议题商议、议题辩论、议题决策、议题追问的议学过程。

课前准备:学生分成小组搜集"新时代""新成就""新矛盾""新举措""新梦想"等有关资料,增强对中国特色社会主义的感性认知。教师汇总整合各小组提交的自主学习成果,挖掘生本资源。

引入议题:课前播放专题片《我们走在大路上》节选。现场采访学生对新时代的最直接感受,激发学生对新时代的初步认知,拉近新时代与学生生活的距离,初步建立新时代与学生已有认知经验的联系,增强本课的吸引力。

环节一:议题描述·展现新时代。学生展示课前搜集的新时代伟大成就,感受党的十八大以来的历史性变革,增强对中国特色社会主义进入新时代的感性认知,体悟新时代带给人们的获得感、幸福感和安全感,生发爱国情怀。借助"祖国,我想对你说"活动,自由分享最想展示的国家成就和对祖国的深情祝福,引导学生从广度和深度上全面、准确理解中国特色社会主义进入新时代的实践基础。最后创设世界点赞中国道路的真实情境,引导学生运用国际视野触摸新时代的鲜明特色,描述新时代的科学内涵和重大意义,形成对中国特色社会主义进入新时代的全方位、多视角、立体化认识,增强对中国特色社会主义进入新时代的政治认同。

环节二:议题商议·透视新时代。通过选取改革开放40年来反映我国经济社会发展主要指标的变化数据,让学生结合图表和现实生活展开讨论:改革开放40年我国社会生产力水平有何变化?还面临怎样的发展短板?改革开放40年我国人民的生活需求有何变化?通过历史与现实的纵向对比,让学生在数据解读过程中深刻认识改革开放40年后我国社会主要矛盾的变化,从而明确中国特色社会主义进入新时代的现实依据。

环节三:议题辩论·辨析新时代。通过引入中美主播"跨洋约辩"的情境,让学生以角色模拟的形式就"新时代中国国际地位是否已经发生变化"自选辩点、展开辩论,辨析式学习,在观点争辩中深刻把握新时代我国社会主要矛盾变与不变的关系,科学认识我国的基本国情和社会发展的阶段性特征,培养实事求是的科学精神,形成新时代要牢牢坚持党的基本路线的正确价值取向。

环节四:议题延伸·礼赞新时代。通过创设百年大党的"业绩报表"情境,让学生为"史上最牛创业团队"合作撰写颁奖词,引导学生领悟党一以贯之坚持和发展中国特色社会主义的责任担当与实践创新,达成坚定不移跟党走的政治认同,激发学生积极投身新时代伟大实践的公共参与意识。

环节五:议题追问·筑梦新时代。选择特殊时间节点"2049年,新中国成立100周年",让学生以"我的'2049'"为题,结合人生重要时间节点,规划、分享个人梦想路径图,展开生命与未来的对话,激发学生树立奋斗实现人生价值的理念,引导学生立足中国特色社会主义伟大实践,将个人梦想融入国家梦想,争做新时代的建设者、奋斗者。

课堂小结:情感升华,播放短片《新时代,去奋斗!》。

(二)成员交流

李兰(观察者):议题的选择与解构是议题式教学的关键。授课教师引入总议题后,可否交代清楚将如何解构和讨论本课总议题?课堂结尾能否水到渠成地对议题进行适当总结,完成对总议题的升华?

王军波(授课人):根据新课标中关于"论证中国特色社会主义是当代中国发展的根本方向,坚定坚持和发展中国特色社会主义的自信"的内容要求和"评述中国特色社会主义进入新时代的重大意义"的教学提示,我设计了总议题"为什么说中国特色社会主义进入新时代"。该议题属于归因类实证性(或论证性)议题,并分解出"新时代从何而来""新时代因何而立""新时代以何而成"三个子议题作为隐性规约,形成"是什么之议、为什么之议、怎么样之议"的议题序列。为增强课堂讨论的针对性和实效性,可将三个子议题明确抛给学生,并在活动后进行适当小结。

李卫(观察者):恰当的议题是激活学生思维活动的引擎,精当的问题是撬动课堂思维活动的杠杆。能否围绕相关议题和情境设计一些具体的问题链、问题串推动学生思维进阶,提升学生的思维张力?

焦玉萍(主持人):问题是连接课程内容与情境话题的桥梁和纽带,也是直接撬动学生思维进阶的杠杆。问题的设计一定要有思维含量,内生于活动情境,暴露学生的思维短板,诱发学生的价值观。本课你将设置哪些具体问题链激发学生思考?我也将主要从问题链条推进和创生性问题捕捉角度观察教师和学生如何深化对相关学科概念的深度理解。

王军波(授课人):"五个是"蕴含新时代的哪些鲜明特征?主线又是什么?引导学生从历史性、实践性、人民性、民族性、世界性五个维度把握新时代的科学内涵。"中国模式"为什么迎来世界点赞?引导学生从新时代对中华民族的历史意义、对科学社会主义的政治意义和对人类社会的世界意义三个方面解读中国特色社会主义进入新时代的重大意义。改革开放40年来我国社会生产力水平有何变化?还面临哪些发展短板?改革开放40年来我国人民的生活需求有何变化?让学生结合图表和现实生活展开探究讨论,明确中国特色社会主义进入新时代的现实依据。针对"新时代坚持和发展中国特色社会主义为什么要一以贯之"这一难点,我将构筑递进式问题链引导学生深度思考:新时代举什么旗?走什么路?近代以来中华民族经历了怎样的发展历程?我们从事的伟大事业最终为了谁?依靠谁?从而得出"旗帜决定方向、方向决定道路、道路决定命运"的结论。

孙建华(观察者):议题式教学不是淡化知识教学,相反,它对知识教学提出了更高的要求。有效合理的知识整合是推进议题式教学的必要准备,因此必须准确把握学科内容的内在逻辑,重视结构化的知识教学,学科知识定位更加综合。本课涉及的重点知识较多、学科语言的时政性结论性强,且每个重点知识容量都很大,对学生理解、分析、论证、评价的能力要求较高,对知识整合是个较大考验。

王军波(授课人):我将在每个环节学生讨论结束、回答完问题后,总结概括和升华基础知识,对一些抽象的政治结论和重要原理进行适当抽取和呈现,对复杂知识进行一定的结构化处理和简要的逻辑建模,力求结构化处理和可视化梳理必备知识。

姜晓英(观察者):素养培育离不开知识支撑,但素养不是一堆既有理论,它是在一定活动体验中逐步培养和生长起来的。因此,活动内容是否真实、活动形式是否适切、活动过程是否高效直接关系知识学习深度和素养培育效度。学生撰写颁奖词并演讲,需要具备丰富的历史知识和充分的信息资源,还要有很好的文学功底及上台展示的勇气。如果资料搜集不够,在有限的时间内,议学任务完成面临挑战。所以,可否降低难度,让学生从"回望历史、着眼今日、放眼未来"三个维度任选其一进行撰写?

王军波(授课人):为增强活动的真实性、有效性、亲和力,我创设庆祝建党100周年相关活动的真实情境。起初设计合作撰写颁奖词这一活动时未给学生限定维度,就是为了增强活动的开放性,演讲的活动形式更能激发学生的学习热情。但在实际操作中,可能显得任务较宽泛,学生很"烧脑",会出现泛泛而谈的现象。因此,确实需要明确演讲稿的撰写要求,这或许就是开放性活动、项目化学习带来的挑战。

李卫(观察者):价值引领是思政课的本质功能,是思政课立德树人的主要途径。价值引领不是贴标签式的生硬拔高,不是一堆既有的理论,不是单靠知识灌输养成的,而是学生在一定的活动体验中受到浸润升华、潜滋暗长起来的。本节课你将如何处理知识学习和价值引领的关系,避免在知识学习结束之后的生硬拔高?

王军波(授课人):价值引领不是抛开知识学习,而是建立在知识学习基础上,它既基于知识又高于知识,需要基于学科知识的内在逻辑,挖掘知识背后的价值意蕴,为价值引领做好知识、情感铺垫,价值引领才能顺其自然、水到渠成。本课中我将价值引领贯穿全程,每个环节都有既定的价值指向和明确的引领目标,力求体现"引"有过程、"领"有方向。为此,我对价值引领的时机、内容、方式、目标进行具体规划。

(三)讨论确定观察点

焦玉萍、李兰:议题·问题设计。

姜晓英、赵标:活动·学生参与。

孙建华、杜学民:任务·知识掌握。

李卫、韩青:素养·价值引领。

【课中观察】

(一)观察工具

观察表。

(二)观察位置

李兰老师观察的是议题展开及议题讨论情况,为扩展观察的辐射面,选择坐在班级前三排位置,并就近参与五人小组的课堂讨论,以便更好地听学生之间的对话。

焦玉萍老师观察的是问题设计,既要观察各学习小组对教师提问进行思考和讨论的情况,又要观察学生对这些问题的反应与应答情况,所以选坐在班级中间四排并就近参与五人小组的讨论与交流。

姜晓英、赵标两位老师观察的是学生活动参与度,需要从正面观察学生之间的倾听和互动,所以分坐在后两排,以扩展观察的辐射面。

孙建华、杜学民两位老师观察的是知识掌握情况,以第一排、第六排的学生作为主要观察对象,适当兼顾班级中不同层次的学生,以便全面了解学生知识目标达成情况。

李卫、韩青两位老师观察的是教师在价值引领方面的基本情况,既要深入了解学生在议学过程中暴露出的价值取向和关键行为,又要观察教师在正确价值引领之后的学生真实反应,选坐在教室中间位置。

【课后报告】

(一)授课教师反思

1.亮点提炼

(1)议题架构设计精妙。我以"为什么说中国特色社会主义进入新时代"为总议题统领课堂教学。鉴于该议题具有较强的统摄性,在本课理论逻辑的隐性规约下,我对总议题进行了纵向拉伸与合理解构,分解出"新时代从何而来""新时代因何而立""新时代以何而成"三个子议题,形成"是什么之议""为什么之议""怎么样之议"的议题序列,三个子议题环环相扣、依次递进,避免课堂活动碎片化、孤立化倾向,使课堂显得很"有形"。

(2)课堂主线设计精当。本课以"周年大事记"作为情境路线,选取"新中国成立70周年、改革开放40周年、建党100周年、新中国成立100周年"四个标志性事件作为子情境,从时间维度充分展示新时代的伟大变革。通过国内与国际、中国与世界的横向比较,引导学生触摸新时代的鲜明特征;选择改革开放前后两个历史视角,在历史纵深感中分析新时代我国社会主要矛盾的变化。纵横有度的情境结构为开展议学活动提供了全方位、多视角、立体化的情境支撑,使整堂课主线结构清晰,过程推进自然。

(3)学习任务设计精细。本课任务设计注重前后知识结构之间的逻辑联系,议学活动建立在学生认知水平和已有经验基础上,鼓励学生生成知识并证实结论,扩展原有知识,开阔视野,呈螺旋形、往复递进的上升结构,推动学生的认知能力进阶。情境下的活动设计指向明确、内容清晰、要求精细,巧妙揭示学生已有认知结构与学科知识之间的矛盾,引导学生寻找正确解决问题的途径,有效提高分析和解决问题的能力。

2.困惑反思

议题式教学以"议中学"为主要特征,要让学生议得充分、议得深入、议得透彻,必须要有充足的时间保障、丰富的资料搜集和扎实的学科基础。受课堂时间的有限性、相对封闭的学生管理和开卷式中考模式的不利影响,学生面对开放性、思辨性较强的议题时,展开的深度和效度略显不足,特别是那些需要搜集大量例证实证的议题,由于课余时间较少,导致学生在交流展示过程中显得力不从心。鉴于《中国特色社会主义》理论性、抽象性较强,如何开阔学生时政视野、丰富学生课余生活?如何拉近议题与学生距离、让议题真正走进学生内心世界?议题式教学实践面临较大的挑战。

(二)观察分析报告

1.问题设计观察报告

(1)观察点说明。依据情境设计驱动议学活动的问题,是影响议题式教学效率、完成学科直接任务的关键。设计什么样的问题及问题推进的梯度如何,反映教师的专业能力,对深度学习具有决定意义。从问题的性质看,主要影响因素有问题的表述、问题的提出方式、问题的指向、问题与情境的关联度、问题的认知层次等。问题设计的效度如何,最终需要依据学生的课堂反应情况作出综合判断,主要从理解反应、应答反应、应答方式三个方面进行衡量。

(2)工具设计与观察结果见表1。

表1 问题设计观察记录

问题环节	问题设计					学生反应		
	问题表述	提出方式	情境关联度	指向明晰度	认知层次	理解反应	应答反应	应答方式
导入	关于新时代大家最直接的感受是什么	A	A	B	C	A	B	A
展现新时代	你最想展示的国家成就是什么	A	A	A	B	A	A	A
	你最想对祖国表达的祝福是什么	A	A	A	C	A	B	A
	"五个是"蕴含新时代的哪些鲜明特征	A	B	A	A	B	B	A+B
	"中国模式"为何迎来世界点赞	A	A	B	A	A	B	C

续表1

问题环节	问题表述	提出方式	情境关联度	指向明晰度	认知层次	理解反应	应答反应	应答方式
透视新时代	改革开放40年来我国社会生产力水平有何变化？还面临哪些发展短板	A	A	A	B	A	C	A+C
透视新时代	改革开放40年来我国人民的生活需求有何变化	A	A	A	B	A	C	C
辨析新时代	有人认为，中国作为第二大经济体，何时可以放下发展中国家的框架，承认自己是发达国家	A	B	B	A+B	B	C	C
礼赞新时代	你知道党的初心和使命吗？新时代党为实现初心和使命进行着怎样的奋斗	B	B	B	A+B	A	B	A+C
礼赞新时代	请你为中国共产党这支"最牛创业团队"撰写一份颁奖词	A	A	A	B+C	A	C	C
礼赞新时代	新时代坚持和发展中国特色社会主义为什么要一以贯之	A	A	A	A	B	C	C
礼赞新时代	新时代举什么旗？走什么路	B	A	A	A	A	A	B
礼赞新时代	近代以来，中华民族经历了怎样的发展历程	B	A	A	A	A	A	B
礼赞新时代	我们所从事的伟大事业为了谁？依靠谁	B	A	A	A	A	A	B
筑梦新时代	进入新时代，心怀新梦想，踏上新征程，你将如何作为	A	B	B	C	B	B	A

注：1.问题设计：提出方式，A为预设，B为生成；与情境关联度，A为紧密，B为较紧密，C为不紧密；指向明晰度，A为明确，B为较明确，C为不明确；认知层次，A为强化基础，B为提升能力，C为激发情感。2.学生反应：理解反应，A为强烈，B为迟缓，C为冷淡；应答反应，A为直接回答，B为思考后回答，C为讨论后回答；应答方式，A为个别回答，B为集体回答，C为小组代表回答。

（3）观察结果分析及教学建议。本课共五个环节，每一环节都有一个核心问题,按照"是什么—为什么—怎么样"的认知逻辑展开学习,较好落实了知识建构和能力培养目标,学习过程富有理性思维。从提出方式看,本课共显性出现 11 个预设性问题、4 个生成性问题。其中,预设性问题均为主干问题,4 个生成性问题均为 15 个主干问题的衍生问题,这使学习过程既能按照既定路线推进,又为学生留下了足够的思维空间。从问题与情境关联度看,11 个预设性问题中有 8 个紧密度高、3 个问题紧密度有待提升。从指向明晰度看,有 10 个问题指向明确,5 个开放性较强。从认知层次看,有 6 个问题旨在强化基础,3 个问题旨在提升能力,3 个问题旨在激发情感,3 个问题存在层级交叉。从学生反应看,有 11 个问题学生理解反应强烈,4 个问题理解反应偏弱,应答反应处于直答状态的只有 4 个,多数问题于思考、讨论后回答;应答方式中有 7 个问题采用小组讨论方式。总之,本课以"议中学"为主要方式,使预设问题得到了深化与拓展,激活了学生思维,使课堂充满理性色彩。

教学建议:

结合图表讨论分析"改革开放 40 年来我国社会生产力水平有何变化"时,多数学生结合图表提供的主要指标进行概括陈述,语言表述多停留在数据变化的表象,透过现象上升到本质的能力有所欠缺。改革开放 40 年来的两组数据是我国生产力提升的重要缩影,为避免学生对我国生产力发展认识浅表化,需要教师引导学生将数据信息适当转化为学科语言。学生分析"我国生产力还面临哪些发展短板"时,多停留在比较宽泛的短板表象上,缺乏用深刻的生活经验去例证,对情境材料的分析也缺乏清晰的层次、角度。因此,教师可从发展不平衡不充分的主要表现"空间结构情况和总体发展水平"两个维度创设情境,并展开分析论证。

学生在分析讨论"改革开放 40 年来我国人民的消费需求有何变化"时,遇到新概念"恩格尔系数",个别小组利用现场听课教师资源进行询问,一定程度上延长了学生讨论的时间。对此,教师可在议学单上呈现此概念的解释说明,为学生深度、高效展开讨论提供充分的资料支撑。

2.学生活动参与度观察报告

(1)观察点说明。这是一堂县域公开课,学生应该会保持较高的课堂参与热情,所以我们想以学生的参与度作为切入点,从倾听方式角度(专注倾听人数、辅助倾听方式)和参与方式角度(主动回答、主动质疑、参与讨论),研判学生在每个活动环节中参与课堂活动的广度、深度和效度。

(2) 工具设计与观察结果见表2。

表2　学生活动参与度观察记录

活动环节 学生参与		A组	B组	C组	D组	E组	F组	G组	H组	L组
专注倾听	人数	4	5	4	5	3	4	5	4	3
	比例	67%	83%	67%	83%	50%	67%	83%	67%	50%
辅助倾听	查阅文本	2	3	2	2	2	3	3	4	4
	回应其他	3	2	2	3	2	1	2	2	1
主动应答	人数	2	3	2	4	1	2	3	2	1
	比例	33%	50%	33%	67%	17%	33%	50%	33%	17%
主动质疑	人数	2	3	3	2	1	0	2	1	0
	比例	33%	50%	50%	33%	17%	0	33%	17%	0
参与讨论	人数	5	4	5	6	6	5	6	4	3
	比例	83%	67%	83%	100%	100%	83%	100%	67%	50%

注：本班学生共54人，6人组成一个学习小组，按优、中、后三个等级进行合理搭配。专注倾听和参与讨论的比例指占全班人数的比例；主动应答、主动质疑的比例是指占应答总人数的比例。

(3) 观察结果分析及教学建议。在"倾听方式"和"参与方式"方面，学生参与度很高。回答问题时，以主动回答为主，穿插集体回答与个别回答。通过反向观察并记录未参与讨论的学生情况，主动参与讨论的学生占绝大多数，形式多为小组讨论、同桌交流。尤其在"透视新时代"环节，原计划将学生硬性分成两大组，分别选择生产和需求两个角度进行讨论，在两大组交流完各组观点后，又因学生生活经验不同，有两位学生从其他维度谈自己的看法，这一点超出预想。

在"辅助倾听方式"方面，发生了记录信息、查阅书本、补充回答等多元化辅助倾听方式。在"透视新时代"环节，小组代表集中展示本组讨论成果后，有3位小组成员对两组表格的"注"进行了适当的解读说明，这表明学生能够抓住图表信息的每个细节。在"辨析新时代"环节，有4位学生的回答涉及第二大经济体、发展中国家与发达国家、人均 GDP、恩格尔系数等概念，呈现辩证思维。以上现象表明，学生的学习活动开始走向深入。

我们观察到,学生在辩论环节的参与度最高。我们认为与以下因素有关:第一,学习方式改变引起学习热情高涨,多样化的活动形式激发了学生的参与热情;第二,民主、开放的课堂氛围使学生有话愿说,活动情境贴近社会热点和学生经验,拉近了学科内容与学生生活关切的距离,使学生有话可说;第三,常态化议题式教学实践开阔了学生认知视野,锻炼了学生自我表达能力,学生变得有话会说。

教学建议:

在"展现新时代"环节,学生展示课前搜集的相关资料后,教师随机让学生表达对祖国的美好祝福,个别学生有些措手不及,还有不少学生想表达观点但没能得到展示机会,显得有些失落。对此,教师可在学生展示后,留出适当时间让学生撰写祝福语,课上展示几份典型祝福语即可,将未能展示的祝福卡片黏贴在走廊画板上进行展示。

在引导学生分析新时代的科学内涵蕴含的五个基本特征时,需要从历史性、实践性、人民性、民族性、世界性五个维度进行归纳,为提高学生参与度,加深学生对新时代科学内涵和新时代重大意义的深刻理解,可按照相关维度设计知识连线,适当丰富理论分析的形式,从而增强对新时代重大意义的辨识与判断,突破本课重难点。

3.知识掌握观察报告

(1)观察点说明。知识目标是任何课型的基本目标之一,议题式教学不是去知识化教学,学生对知识的掌握情况始终是教师"不变的牵挂"。本节课我们主要从知识的理解、应用、迁移三个维度观察学生的知识掌握情况。

(2)工具设计与观察结果见表3。

表3 知识掌握观察记录

环节	课程内容	知识理解		知识应用		知识迁移	
	中国特色社会主义进入新时代	正确度	熟练度	正确度	熟练度	正确度	熟练度
议题描述	新时代的科学内涵和伟大意义	A			B		
议题商议	新时代我国社会的主要矛盾		B	A			
议题辩论	新时代我国社会主要矛盾的"变"与"不变"		B		B		B

续表3

环节	课程内容	知识理解		知识应用		知识迁移	
	中国特色社会主义进入新时代	正确度	熟练度	正确度	熟练度	正确度	熟练度
议题决策	新时代坚持和发展中国特色社会主义要一以贯之的原因和实践要求	A			B		
议题追问	新时代是奋斗者的时代		B	A		A	

注：正确度和熟练度分为 A 和 B 两个量级，A 表示正确或熟练；B 表示不够正确或不够熟练。

(3)观察结果分析及教学建议。本节课依托教师预设的 5 个核心问题，梳理与总结主干知识与关键概念，特别是教师在每个活动环节之后进行的知识小结和议题回扣，起到对学科内容的结构化梳理和逻辑化建模作用。综合学生在知识理解、应用、迁移三个层级的具体表现可以看出，本课知识目标基本达成。

关于新时代的科学内涵和重大意义，共有 4 人作答。其中，2 人能正确表述，但不能正确把握"五个是"所蕴含的鲜明特征；2 人能准确表述"中国特色社会主义进入新时代的重大意义"，但不能熟练地从对中华民族的历史意义、对科学社会主义的政治意义和对人类社会的世界意义三个方面解读说明。

关于新时代我国社会主要矛盾的"变"与"不变"，共有 8 人参与回答和辩论，5 人能针对所提供的议学情境迅速提取有效信息，并成功实现与教材知识的有效对接，语言精练、术语准确。可见，学生能够理解运用这部分重点知识。

教学建议。学生在结合图表和现实生活讨论分析"新时代我国社会主要矛盾的变化"时，因缺乏对改革开放前后变化的深刻感知，多停留在援引图表数据层面，联系现实生活分析问题的能力欠缺，难以引起对新时代我国社会主要矛盾变化的强烈认同。学生能结合所见所闻列举我国生产力水平巨大进步的众多事例，但对经济发展中存在的短板知之甚少，导致"成就说得多、不足说得少"现象。因此，建议平日教学多开展时政沙龙、时事宣讲等活动，补充时政信息，拓宽学生知识面。

4.价值引领观察报告

(1)观察点说明。价值引领在高考评价体系的考查内容中居于首要位置，引领其他考查内容。因此，我们选择"价值引领"这个观察点，观察议题式教学在学科育人中的实际效果。依据《中国高考评价体系》中"核心价值指标体系"

的3个一级指标和10个二级指标,我们选择从引领时机、引领内容、引领理由、引领方式、引领功效五个维度设置观察点,检测本课核心价值目标的实现程度。

(2)工具设计与观察结果见表4。

表4 价值引领观察记录

时机	内容	理由	方式		功效	
			关键语言	非语言手段	功能	学生反应
导入	理想信念	淡薄	获得感、幸福感、安全感	联系生活	激励	平和
环节一	爱国主义情怀	强化	国家富强、民族复兴、人民幸福、中国梦	图片展示	升华	强烈
环节二	正确的世界观和方法论	纠偏	党基于新矛盾采取新思路、新战略、新举措解决新问题	数据对比	矫正	强烈
环节三	以人民为中心发展思想	淡薄	旗帜决定方向、方向决定道路、道路决定命运	名言鉴赏	升华	平和
环节四	责任担当	强化	中国共产党是敢于斗争、善于奋斗、勇于胜利的伟大政党	联系生活	激励	强烈
环节五	奋斗精神	强化	新时代为实现个人梦想提供广阔的舞台,将个人的小梦想融入国家的大梦想,人生才更有价值	实物展示	升华	平和
	劳动精神	淡薄	劳动托举梦想,奋斗书写华章	播放视频	矫正	轻淡

(3)观察结果分析及教学建议

从本次观察看,价值引领贯穿课堂教学全过程,引领时机恰当、合理。导入部分的价值引领主要为总结学生观点和引入中心议题服务,课中环节的价值引领主要渗透于师生对话和议题小结。引领内容涉及政治立场和思想观念中的2个二级指标,世界观和方法论中的2个二级指标,道德品质和综合素质中的3个二级指标,指标覆盖比较广泛。引领方式以关键语言为主,辅之以必要的非语言手段。教师的关键语言贴切中肯,动之以情、晓之以理;非语言手段丰富多样,恰当有效。学生反应积极强烈,引导功能以强化、纠偏为主,能针对学生偶发的立场观点进行个别价值矫正。

教学建议:

一是价值引领的时机选择应恰当。针对学生在活动中表达的立场、观点等进行及时激励或纠偏,避免价值引领时机过于集中。二是议学情境的选择要体现价值立意。重视发挥情境育人功能,创造机会让学生展现自身的真实价值判断与选择。三是价值引领的方式要适切、灵活多样。语言手段与非语言手段的运用要做到相辅相成、有机统一,关键语言应凝练、中肯、真实,注重挖掘知识背后的价值意蕴,做到源于知识又高于知识。

【附:教学设计】

引入议题:专题片《我们走在大路上》节选。

党的十九大召开以后,有一个词成为全社会共同关注的焦点,那就是"新时代"。关于新时代,大家最直接的感受是什么?现场采访学生。

这些最直接、最真切的感受折射出新时代的变化带给人们的获得感、幸福感和安全感不断增强。关于新时代,不同的人有不同的理解,为什么说中国特色社会主义进入了新时代?本节课我们以此为议题,一起学习"中国特色社会主义进入新时代"。

环节一:展现新时代

议题情境:周年大事记1:"70"——新中国成立70周年。我校拟举行庆祝新中国成立70周年主题教育活动"祖国,我想对你说",请你参与。

议学活动:叙述自己最想展示的国家成就和最想表达的内心祝福(背景音乐《我爱你中国》,吕思清小提琴版)

议学任务:明确我国发展新的历史方位,探寻中国特色社会主义进入新时代的实践基础。

小结:总之,党的十八大以来,我国在经济、政治、文化、社会、生态文明等各领域发生了历史性变革,取得了历史性成就,为中国特色社会主义进入新时代奠定了坚实的实践基础。

辅助情境:在庆祝新中国成立70周年之际,多位国际政要和知名人士以不同方式表达祝贺,赞赏新中国成立70年来所取得的辉煌成就,纷纷点赞中国道路,普遍认为"中国道路不仅属于中国,更属于世界"。

议学活动:解释中国道路迎来世界点赞的原因,描述新时代的科学内涵和重大意义。

议学提示:"五个是"蕴含新时代的五个鲜明特征,其中"承前启后、继往开来"体现新时代具有鲜明的历史性特征,显示新时代举什么旗、走什么路的清晰历史脉络;指出新时代国家要实现的奋斗目标,彰显新时代的实践性;指明新时代人民要实现的奋斗目标,体现新时代的人民性;展现中华民族以什么样的状态实现什么样的奋斗目标,体现新时代的民族性;我国日益走近世界舞台中央,说明新时代具有鲜明的世界性,展现新时代我国将要达到的国际地位。总之,内涵紧扣国家富强、民族复兴和人民幸福的中国梦这条主线,为我国发展标记了新的历史方位,具有重大的意义。概括起来就是"三个意味着",分别回答了中国特色社会主义进入新时代对中华民族的历史意义、对科学社会主义的政治意义和对人类社会的世界意义。

环节二:透视新时代

议题情境:周年大事记2:"40"——改革开放40周年。以表格形式呈现改革开放40多年我国生产力发展主要指标以及人民生活水平主要指标变化情况。(过渡背景音乐为《春天的故事》,于丽红伴奏版)

议学活动:商议新时代因何而立。

议学任务:论证中国特色社会主义进入新时代的现实依据。

议学提示:以上两组数据深刻反映了我国改革开放40年来社会生产力和人民生活需求的深刻变化。从社会生产变化看,生产力有巨大提升,但发展不平衡不充分,主要表现在:从空间结构看,不同地区、不同行业、不同领域、不同群体之间有差异、不平衡;从发展总体水平看,发展的质量、效益和动力有待进一步提高,发展不充分。从社会需求变化看,人们的消费结构更加完善,消费水平越来越高,从过去的满足人们基本物质文化需要转变为现在的人民日益增长美好生活需要,需求的质量、档次更高,范围、领域更广。可见,新时代我国的社会主要矛盾已经转变为人民日益增长的美好生活需要同不平衡不充分的发展之间的矛盾。我们党做出的新时代我国社会主要矛盾已经转变的重大政治判断,深刻反映了我国社会生产和社会需求的新特点,符合我国现阶段的客观实际,成为中国特色社会主义进入新时代的现实依据。

环节三:辨析新时代

议题情境:一场中美主播的"跨洋约辩"。2019年5月30日,中央广播电视总台主播刘欣应约与美国福克斯商业频道女主播翠西通过电视进行了一场公开辩论,翠西在发问刘欣有关中国国际地位时说:"中国作为第二大经济体,何时可以放下发展中国家的框架,承认自己是发达国家?"如果你是刘欣,会如何应辩?

议学活动:应辩中国何时可以承认自己是发达国家。

议学任务:辨析新时代我国社会主要矛盾的"变"与"不变",以及对我国发展提出的实践要求。

议学提示:新时代社会主要矛盾的变化对实践发展提出了新要求,解决矛盾的根本着力点也要发生变化。不变的是我国仍处于并将长期处于社会主义初级阶段的基本国情和我国是世界上最大发展中国家的国际地位,要求社会主义初级阶段的基本路线不变。可见,我们党对社会主要矛盾变化的重大判断正确把握了社会主要矛盾"变"与"不变"的关系,既没有封闭僵化、落后时代,也没有改旗易帜、超越阶段,而是在坚持实事求是中一以贯之地坚持党的基本路线,一以贯之地坚持发展中国特色社会主义。正如习近平总书记所说:"新时代是中国特色社会主义新时代,而不是别的什么新时代,中国特色社会主义是社会主义,而不是其他什么主义!"从历史进程看,近代以来中华民族实现了从站起来、富起来到强起来的历史飞跃,在坚持和发展中国特色社会主义中一路走过来,也会更加坚定地一直走下去。历史和现实也证明,中国特色社会主义道路适合中国国情,走得通、走得对、走得稳,因为旗帜决定方向、方向决定道路、道路决定命运。

环节四:礼赞新时代

议题情境:周年大事记3:"100"——中国共产党成立100周年。如果把中国共产党比作一家公司,它的"业绩"如何呢?从1921年十多名党员在上海正式建立创业团队到如今已经拥有九千多万名党员。在波澜壮阔的百年历史进程中,这个团队带领人民攻克一个又一个难关,跨过一道又一道沟坎,取得一个又一个胜利,创造一个又一个彪炳史册的人间奇迹。有这样一份"业绩报表",中国共产党真正称得上"史上最牛创业团队"。

议学活动:合作撰写"史上最牛创业团队"颁奖词。

议学任务:解释并论证新时代坚持和发展中国特色社会主义要一以贯之的原因和实践要求。

议学提示:中国共产党以实际行动践行自己的初心和使命,让我们看到了一个敢于斗争、善于奋斗、勇于胜利的伟大政党。"船到中流浪更急,人到半山路更陡。"中国共产党人没有在一片赞扬声、喝彩声中丧失革命斗志和奋斗精神,在新的伟大实践中,中国共产党人正以更加奋进的姿态带领中国人民进行伟大斗争,敢于刀刃向内开展自我革命,建设伟大工程,推进伟大事业,实现伟大梦想。新时代以何而成？中国共产党人的任务就是：要把新时代坚持和发展中国特色社会主义这场伟大社会革命进行好，在实践中大胆探索、深化发展，不断丰富中国特色社会主义的实践特色、理论特色、民族特色、时代特色，在新的历史条件下把党和国家各项事业继续推向前进。

环节五：筑梦新时代

议题情境：周年大事记4——"我的'2049'"。"两个一百年"奋斗目标清晰擘画了全面建成社会主义现代化强国的时间表、路线图。到新中国成立100周年时，我国将建成富强民主文明和谐美丽的社会主义现代化强国，中国共产党正带领中国人民为实现中华民族伟大复兴的中国梦努力奋斗。进入新时代，心怀新梦想，踏上新征程。你的梦想又是什么？又会通过怎样的路径实现呢？

议学活动：请以"我的'2049'"为题，结合人生重要时间节点，规划、分享个人梦想路径图（背景音乐为《我和我的祖国》钢琴版）。

议学任务：理解并践行新时代是奋斗者的时代。

小结：新时代是奋斗者的时代，新时代属于每一个人，每一个人都是新时代的见证者、开创者、建设者。新时代为我们实现个人梦想提供广阔的舞台，只有将个人的小梦想融入国家的大梦想，我们的人生才更有价值。未来可期，让我们一起努力！播放短片《新时代，去奋斗！》。

课后作业：请结合本节所学知识，为学校开展"庆祝新中国成立70周年主题教育活动"设计方案。

板书设计：

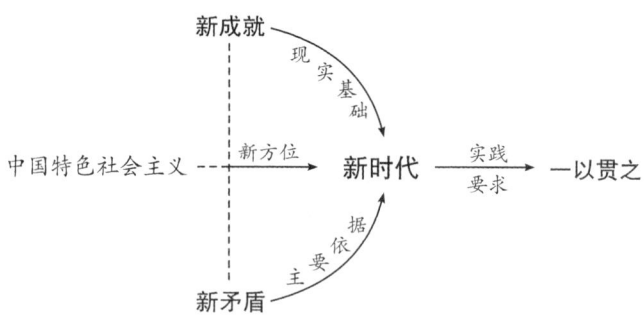

"实现中华民族伟大复兴的中国梦"议题式教学课堂观察

张成尧

【简介】

授课教师:张成尧,中学一级教师,研究方向为中学政治课程与教学论。辽宁省基础教育先进个人、丹东市百名优秀思政课教师、丹东市教育科研先进个人,"部级基础教育精品课"获得者;发表论文30余篇,主持省及以上课题4项;善于调动学生课堂积极性,打造有灵魂的课堂,课堂驾驭能力强,综合素质较好。

教学主题:实现中华民族伟大复兴的中国梦。

教学议题:中国共产党如何掌中国发展之"舵"?

观察教师:政治课堂观察研究共同体成员。

活动目的:为了充分发挥政治组教学研究共同体的作用,深入推进学科核心素养落地及高效课堂构建,特开展本次共同体课堂观察活动。丹东二中校长、教务主任及学校部分文科教师近50人参加了会议。

【课前会议】

(一)张成尧老师说课

1.主题说明

(1)本课内容:本课讲述中国梦就是实现中华民族伟大复兴,阐述中国梦的本质就是国家富强、民族振兴、人民幸福;讲述中国共产党人的初心和使命,就是为中国人民谋幸福、为中华民族谋复兴,阐述为实现中华民族伟大复兴的历史使命,必须进行伟大斗争,必须深入推进党的建设新的伟大工程,必须推进中国特色社会主义伟大事业;讲述新时代中国特色社会主义发展的战略安排,分

张成尧,辽宁建平人,研究生学历,辽宁省丹东市第二中学政治教师,中学一级教师,辽宁省基础教育先进个人、丹东市百名优秀思政课教师,主要研究方向为思想政治课程与教学论。

两步走建成社会主义现代化强国,阐述为实现这一战略安排,必须抓住机遇,迎接挑战,努力而为。

(2)本课地位:本课以习近平新时代中国特色社会主义思想为指导,紧密结合中国特色社会主义实践,阐述中华民族伟大复兴中国梦的本质是国家富强、民族振兴、人民幸福,为实现新时代中国共产党的历史使命,必须进行伟大斗争、建设伟大工程、推进伟大事业,把我国建设成富强民主文明和谐美丽的社会主义现代化强国。这一框题内容既是对上一框题"中国特色社会主义进入新时代"的承接,也是对下一框题"习近平新时代中国特色社会主义思想"的铺垫,具有承上启下的作用。

2.学情分析

(1)学生心智特征。高一学生刚刚步入高中,学生身心发展面临重要变化,是世界观、人生观、价值观形成的关键期;课业学习中,面临初中知识结构向高中知识结构的过渡,面临学习方法和学习思维的转换,学生思维呈不成熟、零散化、朴素化等特点;学习习惯和方法上欠缺自主性;等等。这些都需要教师在活动设计和问题选择时着重考虑。

(2)学生已有知识经验。通过前面的学习,学生深入理解只有社会主义才能救中国,也知道新时代的科学内涵,明确中国特色社会主义进入新时代的历史方位,明确新时代我国社会主要矛盾的变化,并且懂得新时代坚持和发展中国特色社会主义要一以贯之。

3.教学目标

(1)通过回顾历史、合作探究、阅读教材,理解中国共产党人的初心和使命,并明确近代以来中华民族最伟大的梦想,理解中国梦的本质,以及为实现伟大梦想要进行伟大斗争、建设伟大工程、推进伟大事业。

(2)通过回顾历史和对照现实,以及演讲、知识抢答等活动,了解新中国成立以来,中国共产党建设社会主义现代化国家的目标和步骤,明确全面建设社会主义现代化国家的新征程。

4.教学环节

导入新课:播放习近平总书记2012年11月参观《复兴之路》展览新闻视

频,呈现习近平关于中国梦的论述,进而抛出问题:什么是中国梦?我们应如何实现中华民族伟大复兴中国梦?引出本课教学。

第一环节:忆往昔·追梦之始。播放视频"中国梦是咋来的",引导学生知道中国梦的渊源和中国梦的含义、中国梦的本质,明确"是什么"。

第二环节:看今朝·梦途有舵。呈现材料"中国共产党是中国政治方向的掌舵者",设计议题:"中国共产党是如何掌中国发展之'舵'的。"通过合作探究,聚焦问题解决。

第三环节:畅未来·圆梦可期。引导学生阅读教材"社会主义现代化强国建设的两个阶段及战略安排"相关段落,在明确社会主义现代化强国建设的两个阶段及战略安排的基础上,以"2050年—中国梦—我"为主题撰写演讲稿并演讲。

5.教学创新

青年有信仰,国家有力量。为了让更多学生了解时事,并充分贯彻习近平总书记重要讲话内容,本课从导入到三个教学环节均扎实推进"'习语'进课堂"。坚持把习近平总书记经典语录内化于心、外化于行,探索和打造红色课堂,教育和引导学生树立正确的世界观、人生观和价值观,坚定中国特色社会主义道路自信、理论自信、制度自信和文化自信,弘扬和践行社会主义核心价值观,自觉成为习近平新时代中国特色社会主义思想的学习者、传播者、拥护者和实践者,为实现中华民族伟大复兴中国梦而努力学习。

6.教学困惑

议题式教学在知识掌握层面要想达标,学生必须在课前先行预习,预习要达到两个目的:第一,将基本知识点理清楚;第二,明确哪里会、哪里是疑问点和困惑点。所以,学生是否预习成了教学过程中的困惑。必修1《中国特色社会主义》于高一上学期开设,学生还未分班选课,布置预习任务给学生增添课业负担,不布置则议题式教学难以推进,陷入两难境地。

(二)成员交流

李国梁:本节课采取议题式教学,符合新课标要求,环节设计也很不错。无论我们走多远,都不要忘记为什么出发。一节课不管形式如何,都不要忽略或弱化教学目标的达成。我、刘聪和徐晓婷准备从学习目标达成角度对课堂展开观察。

张成尧：学习目标是我一直关注的重点，议题式教学中如何更好地落实学习目标也是我担心的问题，希望各位老师批评指正。

钟玉华：议题式教学要充分发挥学生主体和教师主导作用，课堂参与度是很关键的一个观察点。张老师说高一（15）班学生思维活跃、知识掌握扎实、班风正学风浓，我和竭成、孙晓双准备从学生课堂参与度角度进行课堂观察。

张成尧：感谢三位老师，希望你们从学生主体地位落实的效果和策略上为我指点迷津。

查树坤：我和朱亮、曹洪丹一直在进行课堂设问层级及逻辑方面的学习与研究，这次我们就从设问的逻辑与层次方面对课堂进行观察。本节课设置了哪些问题？

张成尧：本节课大体上看有一个问题和两个议题，为了解决大问题和议题，会有若干小问题，关键问题会在 PPT 上呈现出来，希望你们不吝赐教。

杜永安：教学评价侧重于目标的达成度、教学效果，因此评价维度很重要。新高考时代，新课标和《中国高考评价体系》就是评价的依据，你的课堂考虑新课标和《中国高考评价体系》了吗？

张成尧：我有所渗透，由于能力有限，可能运用得不到位，还希望两位老师多多帮助我。

(三)讨论确定观察点

李国梁、刘聪、徐晓婷：学生学习·目标·知识目标达成。

钟玉华、竭成、孙晓双：学生学习·主体·学生课堂参与度。

查树坤、朱亮、曹洪丹：教师教学·设问·议题（问题）的逻辑与层次。

杜永安、季蕾：教师教学·评价·教学评价的指向。

【课中观察】

(一)观察工具

观察表、摄像机一台。

(二)观察位置

李国梁、刘聪、徐晓婷三位老师选择的课堂观察点是知识目标的达成。为了更全面地观察学习目标的达成情况,三位老师分别居教室左、右、后位置,至少选取就近两组学生作为主要观察对象。

钟玉华、竭成、孙晓双三位老师的课堂观察点是学生课堂参与度。需要从正面观察学生的课堂表现及对话情况,所以选择前排两人、后排一人观察,以便更好地观察学生表现和学生对话。

查树坤、朱亮、曹洪丹三位老师的课堂观察点是问题的逻辑与层次。既要观察问题涉及的有效性,也要观察学生分析问题、解决问题的过程及状态,所以选择坐在后排并深入学习小组课堂讨论,以便更好地观察学生情况。

杜永安、季蕾两位老师的课堂观察点是教学评价的指向。需要综合看待教师课堂教学和学生表现,所以选择坐在最后一排进行系统观察。

(三)观察过程

课前:观察学生课前预习及准备情况,询问学生对本课的预习和准备情况及学习期待。

课中:各位观察者根据自己选择和开发的观察点进行观察与记录,放置一台摄像机对教学过程进行全程录像。

课后:各位观察者询问附近学生学习目标达成情况,并结合自身观察点进行交流对话。

【课后报告】

(一)授课教师反思

"实现中华民族伟大复兴的中国梦"教学设计基于教材与学情分析,落实新课标关于培育学科核心素养的新要求,运用议题引领的活动型学科课程新思路,实施议学探究的教学过程新设计,并实现议思启迪、培育学科核心素养的教学任务。

(1)议题引领,培育核心素养。《普通高中思想政治课程标准(2017年版2022年修订)》(以下简称"新课标")明确指出:高中思想政治是综合性、活动型学科课程。议题式教学是落实学科核心素养、实现活动型课程的教学手段。议题式教学的关键是议题的设计。本课以"实现中华民族伟大复兴的中国梦"为总议题,设计"忆往昔·追梦之始""看今朝·梦途有舵""畅未来·圆梦可期"三个教学环节,通过一个问题和两个议题展开教学内容与过程,思路清晰,议题设计有层次感。该议题设计不仅能充分引领本课教学,还能充分发挥对学生现实生活的引领作用,通过议学探究,着重培养学生的政治认同、科学精神与公共参与素养。

(2)议学探究,构建活动课程。思想政治课作为活动型学科课程,要求实现"活动内容课程化""课程内容活动化"的要求。通过议题式教学构建活动型学科课程,让学生在议中联系,实现必备知识与关键能力结构化;在议中生成,激发思维,启迪智慧,实现必备知识和关键能力的自主建构化;在议中应用,实现必备知识和关键能力的迁移。不仅突破了教学重难点,还在议中实现了课程与活动双向互动与完美落地。

(3)议思启迪,培育家国情怀。议学的目的是让学生在议学情境氛围中,通过议学提示主动探究知识内容,自觉理论联系实际,最终把握知识脉络、提高关键能力,形成核心价值。本课通过三个议学探究,沿着由"国家(大我)"到"自己(小我)"思维顺序,指引学生把家国情怀落到实处,让学生坚定中国共产党领导,坚定中国特色社会主义道路,为建设强大祖国而不懈奋斗。

(二)观察分析报告

1.知识目标达成(李国梁、刘聪、徐晓婷)

(1)观察点说明。学习目标是一堂课的根基,任何环节和形式都要服务学习目标。知识目标又是学习目标的关键部分,学生的关键能力和核心价值建立在掌握知识的基础上。本节课作为高一上学期一节新授课,理论性很强,知识目标虽很清晰,但落实难度较大。我们对知识目标落实进行聚焦观察,希望能够促进教学、引导课堂优化。

(2)工具设计与观察结果。根据新授课特征及新课标相关要求,为了更加准确地了解知识目标落实情况,我们从知识表述、知识运用和课堂新知(非本课知识)生成三个维度设计观察记录表。

表1 知识目标的达成观察记录

环节	知识表述 正确	知识表述 熟练	知识运用 准确	知识运用 较熟练	知识运用 不熟练	课堂新知生成 是/否
环节一	新课导入,不涉及知识目标					
环节二	/	中国梦的渊源及本质	/	/	/	/
环节三	"四个伟大"之间的关系	中国共产党人的初心和使命	实现伟大梦想的要求	/	实现伟大梦想的要求	是("两个维护""四个意识""五位一体")
环节三	/	实现伟大梦想的要求	/	/	/	/
环节四	新时代发展中国特色社会主义的战略安排的要求	新时代发展中国特色社会主义的战略安排	/	做积极参与国家建设的新时代青年	新时代发展中国特色社会主义的战略安排的要求	/
环节四	抓住大有可为的历史机遇期	做积极参与国家建设的新时代青年	/	抓住大有可为的历史机遇期	/	/

(3)观察结果分析及教学建议。通过观察,得出如下结果,并提出相应建议:

——"'四个伟大'之间的关系"和"新时代发展中国特色社会主义的战略安排的要求"两部分知识,学生经过预习能有初步印象,但是不能够完整表述,在课堂上3位学生进行补充之后最终才得出准确答案。从教材分布看,这两部分知识相对分散,加大了学生预习难度。今后应该在导学案上略加提示或者以填空题形式降低难度,还可以通过合作探究方式加以解决。其实,最关键的是提高学生的信息整合与归类能力。

——知识运用环节,学生回答问题时对"新时代发展中国特色社会主义的战略安排的要求"和"实现伟大梦想的要求"运用得少,说明学生掌握得不够熟练。这部分知识专业学科术语和时政语言过多,致使学生不敢用。今后要打通知识障碍,可通过课前微课或者在导学案上设置"名词点击",让学生知其然更知其所以然。

——课堂新知生成环节最大的亮点是,一个学生能够主动提出对"两个维护""四个意识""五位一体"含义的疑问,于是教师利用现代信息技术手段帮助学生解决问题,既看出学生的求知欲之强,又可看出教师过硬的课堂驾驭能力。建议教师今后应充分利用多媒体手段,实现信息技术与学科教学有机融合。

2.学生课堂参与度(钟玉华、竭成、孙晓双)

(1)观察点说明。思想政治课作为活动型学科课程,要实现"活动内容课程化""课程内容活动化"的要求。学生参与度也是学生主体地位的集中体现,张老师基于这样的出发点进行课堂教学设计,我们一起看看张老师的教学活动与设计是否能够实现其教学预设。

(2)工具设计与观察结果。根据张老师的教学设计及公开课学生的一般表现情况,我们决定基于教学活动环节,从辅助倾听方式、参与回答、参与讨论三个角度观察学生的课堂参与度,观察结果见表2。

表2 学生课堂参与度观察记录

活动环节	辅助倾听方式			参与回答			参与讨论	
	补充	查阅	其他	人数	形式	典型事例	人数	表征
导入新课			观看课件"'习语'进课堂"	40	齐答	人民、国家角度等		
从视频中获得哪些信息			记录信息	2	个别	中国梦的本质	40	同桌交流
谈谈你心目中未来的中国、中华民族、中国人民的样子			查阅、思考、记录要点	6	个别	富强、民主、文明、和谐、美丽……	40	合作分享交流
思考中国有哪些成就值得你骄傲			查阅、思考	4	个别	中国天眼、14亿人口全面小康等		
这些举世瞩目的成就如何获得			查阅、同学补充……	6	个别	党的领导、"四个伟大"等		
中国共产党如何掌中国发展之"舵"			查阅教材、讨论思考、记录要点	3	个别	党的领导、以人民为中心等	40	小组讨论分享交流
以"2050年—中国梦—我"为主题撰写演讲稿			撰写并交流	4	个别	中国梦、我的梦	40	小组分享

（3）观察结果分析及教学建议。通过观察得出如下结果,并提出相应建议:

——从辅助倾听方式看,主要有查阅教材、自主思考、同学补充、记录要点、撰写并交流等,可以看出学生真正动起来了。特别在回答"这些举世瞩目的成就是如何获得的"时,学生互相之间补充特别到位,课堂气氛活跃,学生状态极佳,有6位学生参与课堂发言,并且发言有理有例,真正达成激发认识、触动心灵目标。

——从参与回答看,本节课分为"个别"和"齐答"两种方式,整节课学生齐答1次,学生个别回答25次共涉及16人,以个别回答为主的课堂符合课堂教学规律,是因材施教的体现。尤其是让学生以"2050年—中国梦—我"为主题撰写演讲稿并交流时,学生积极性极高。张老师先让学生小组内交流,每个组再派代表交流,彰显了张老师的教学智慧。学生分享时能够紧紧围绕"2050年—中国梦—我"这个主题,规划自己的未来发展。

——从参与讨论看,本节课共大规模讨论4次,分别以同桌交流、合作分享交流、小组讨论分享交流、小组分享等形式进行,充分调动了学生的参与热情,不仅内化知识,还塑造了能力。需要注意的是,部分学生讨论的话题感不强,容易跑偏。在今后教学中,教师可以选拔综合素质过硬的组长,并尽可能兼顾每个小组。

3.问题的逻辑与层次(查树坤、朱亮、曹洪丹)

（1）观察点说明。《普通高中思想政治课程标准(2017年版2020年修订)》指出,思想政治课要"围绕议题,设计活动型学科课程的教学"。议题式教学依托符合学生学习经验和认知规律的序列化、进阶式问题展开。以这样的方式设计问题,是对现实课堂关切的回应:第一,浅层教学与低阶思维盛行。第二,新时代的教育指向立德树人、指向学生发展核心素养与学科核心素养。从观察设计问题入手一定能抓住这节课的关键。

（2）工具设计与观察结果。问题是否有效、能否指向学科核心素养及深度学习,要考虑问题呈现方式、问题来源、问题指向、问题与学习目标的关联、问题层次等方面,依据学生的课堂问题应答情况可以做出判断。据此,我们设计了表3。

表3 问题的逻辑与层次观察记录

教学环节	问题	问题呈现方式	问题来源	问题指向	问题与学习目标的关联	问题层次	问题应答（题意理解/应答方式）
导入新课	寻找视频关键信息	信息提取	B	B	B	B	A	集体直答
导入新课	究竟什么是中国梦，我们应如何实现中华民族伟大复兴中国梦	简答	B	A	A	A	A	引导考虑、个别直答
忆往昔·追梦之始	回望历史，结合现实，展望未来，谈谈你心目中未来的中国、中华民族、中国人民的样子	推测列举	B	B	B	A	B	分组讨论、方法引导、总结概括
忆往昔·追梦之始	中国梦的含义及本质是什么	简答	B	A	A	A	A	直接说出
看今朝·梦途有舵	今天的中国有哪些成就值得你骄傲	列举	B	B	B	C	A	分组讨论、课堂交流、引导补充
看今朝·梦途有舵	这些举世瞩目的成就如何获得	学生提出	A、C	B	B	C	A	小组讨论、课堂交流、教师引导
看今朝·梦途有舵	材料讲了什么事	信息提取与分析	B	B	C	B	B	口头归纳
看今朝·梦途有舵	中国共产党如何掌中国发展之"舵"	归纳分析	B	A	A	A	A	思考后回答、总结归纳、板书概括
畅未来·圆梦可期	以"2050年—中国梦—我"为主题撰写演讲稿	简答	B	B	A	A、B、C	B	小组交流、个体回答、提示引导、概括归纳、课件提示

记录说明：(1)问题来源，学生提出记为A，课前预设记为B，课堂生成记为C；(2)问题指向，很明确记为A，较为明确记为B，不明确记为C；(3)问题与学习目标的关联度，很紧密记为A，比较紧密记为B，不紧密记为C；(4)问题层次，

强化基础记为 A,提升能力记为 B,激发激情记为 C;(5)题意明确,明白的记为 A,不太明白的记为 B,不明白的记为 C;(6)应答方式,即答记为 A,思考后回答记为 B,讨论后回答记为 C。

(3)观察结果分析及教学建议。本节课共四个教学环节,每个教学环节解决的核心问题不同,整个环节遵循"情境展开—情境分析—情境探究—情境回归"逻辑主线,学习过程不仅充满了理性思维,更落实了知识、内化了核心价值,培育了学生学科核心素养。

本节课共出现9个问题,其中预设8个,生成1个。8个预设问题均为主干问题,1个生成性问题衍生于8个主干问题,这使学习过程既能按照一定线索和方向展开,又为学生留下一定的思维空间。如预设性问题"中国共产党如何掌中国发展之'舵'",引导学生在前面知识的基础上,根据材料进行讨论,而不是放任自由的遐想,不仅提高了学习效率,还促进了学生思维聚焦。衍生性问题"这些举世瞩目的成就如何获得"则展现了学生对知识的渴望及迁移、巩固与整合,激活了思维,使课堂充满生机与活力。问题服务知识、锻炼能力、锤炼价值、塑造品质、落实核心素养。但生成性问题数量不多,希望教师进一步激发学生思维活力,让学生在课堂上敢想、敢说、敢做。

9个问题分别以信息提取、简答、推测举例、举例、学生提出、信息提取与分析、归纳分析等形式出现,其中88%以上的问题与学习目标关联紧密,问题指向明确的占33.3%,较为明确的占100%,问题层次兼顾基础、能力与情感培养,通过引导考虑、个别直答、分组讨论、方法引导、总结概括等方式最终生成问题。课堂氛围在比、学、赶、帮、超的状态下生成,学生素养得到培育,目标得以落地。希望教师今后在问题的层次上下功夫,尽可能兼顾所有学生,让所有学生在课堂上找到幸福感、获得感、价值感。

4.教学评价的指向(杜永安、季蕾)

(1)观察点说明。有效教学一定是指向高考、服务选拔的。《中国高考评价体系》明确提出了"一核四层四翼"考查体系,一线教师必须明确和坚持。我们主要观察的是课堂中"一核四层四翼"的落实情况。

(2)工具设计与观察结果。根据"一核四层四翼"内容体系,通过对情境和设问的分析,从是否符合考查要求、考查内容、考查载体三个维度对张老师的课进行观察(见表4)。

表4　教学评价的指向观察记录

教学情境及问题	考查要求	考查内容	考查载体
情境(视频):"中国梦是咋来的" 问题:中国梦的渊源及本质是什么	基础性	必备知识 关键能力 学科素养 核心价值	生活实践问题情境或学习探究问题情境
情境(文字):中国共产党是中国政治方向的掌舵者 问题:中国共产党如何掌中国发展之"舵"	综合性 应用性	必备知识 关键能力 学科素养 核心价值	综合问题情境
情境(视频+教材文字):社会主义现代化强国建设的两个阶段及战略安排 设问:请运用本课所学知识,以"2050年—中国梦—我"为主题撰写演讲稿	创新性	必备知识 关键能力 学科素养 核心价值	开放性生活实践问题情境或学习探究问题情境

(3)观察结果分析及教学建议。通过观察,得出如下结果,并提出相应建议:

——从考查要求角度看,"中国梦的渊源及本质是什么"体现基础性,属于教材知识,学生认真阅读教材,就能明确;"中国共产党如何掌中国发展之'舵'"体现综合性与应用性,学生阅读材料、整体感知教材之后才能作答,从设问类型及问题指向看,本问题又侧重应用性;"请运用本课所学知识,以'2050年—中国梦—我'为主题撰写演讲稿"突出体现创新性。从考查要求角度看,基础性、综合性、应用性、创新性均有所涉及,兼顾待优生同时也给学优生以展示自我的机会。

——从考查内容角度看,三则情境及设问均体现了必备知识、关键能力、学科素养、核心价值。特别是"请运用本课所学知识,以'2050年—中国梦—我'为主题撰写演讲稿",集中体现了新高考及新课标育人方向的转变,绝对不单单是知识和能力,更倾向学科素养和核心价值。这启示一线教师:第一,必须顺应新高考、新课改趋势,注重培育学生学科素养和核心价值;第二,需要明确必备知识、关键能力、学科素养、核心价值的关系,必备知识和关键能力一定是实现学科素养、核心价值的基础和前提;第三,讲解时,要帮助学生总结新题型的答题思路,引导学生全面审题、规范作答。

——从考查载体角度看,本课三则情境全面体现了高考对考查载体的要求,综合问题情境、生活实践问题情境或学习探究问题情境、开放性生活实践问题情境或学习探究问题情境在本课均有涉及,丰富的情境是学生认识世界的窗口。我们今后不仅要善于发现好情境,还要在课堂教学中运用好情境。

【附:教学设计】

教师进行学情调研,搜集素材,制作课件,备好课。学生做好预习,观看电影《厉害了,我的国》。

引入议题:播放习近平总书记2012年11月参观《复兴之路》展览新闻视频,呈现关于中国梦的论述。

实现中华民族伟大复兴就是中华民族近代以来最伟大的梦想,这个梦想凝聚了几代中国人的夙愿,体现了中华民族和中国人民的整体利益,是每一个中华儿女的共同期盼。今天,我们就以"如何实现中华民族伟大复兴的中国梦"为总议题,一起破解寻梦之旅的密码。

第一环节:忆往昔·追梦之始

议题情境:

1.播放视频"中国梦是咋来的"。

2.展示材料

中国是一个有着五千年文明史的大国,在历史上曾长期走在世界前列。在世界四大文明古国中,唯有中华文明一直传承至今。中国古代的四大发明造福全世界。中国历史上先后出现文景之治、贞观之治、康乾盛世等,彰显了经济文化发展的繁荣景象和中国社会治理的高超智慧。近代以后,由于西方列强的入侵和封建统治的腐败,中国逐渐成为半殖民地半封建社会,山河破碎,生灵涂炭,中华民族遭受前所未有的苦难。

议学任务:

1."只有创造过辉煌的民族,才懂得复兴的意义;只有经历过苦难的民族,才对复兴有如此深切的渴望。"结合上述材料和所学历史知识,探究中国梦的渊源。

2.习近平总书记指出,中国梦是民族的梦,也是每个中国人的梦。结合材料和本节课知识,探究中国梦的含义和中国梦的本质。

议学活动:探究、讨论、商议、分享。

议学提示:

中华民族创造了灿烂的中华文明,为人类做出了卓越贡献,成为世界上伟大的民族。鸦片战争后，由于西方列强入侵和封建统治腐败，中国逐渐陷入半殖民地半封建社会的黑暗深渊，中国人民经历了战乱频仍、山河破碎、民不聊生的深重苦难。但自强不息的中华民族从未放弃对美好生活的向往和追求。

习近平总书记指出："实现中华民族伟大复兴，就是中华民族近代以来最伟大的梦想。"为了实现这个伟大梦想，中国人民和无数仁人志士进行了千辛万苦的探索和不屈不挠的斗争。回首中华民族五千年的发展史，尤其是近70年的奋斗、发展史，今天我们无比接近伟大复兴梦想，这是千载难逢的历史机遇。

实现中华民族伟大复兴中国梦，就是要实现国家富强、民族振兴、人民幸福。国家富强是中国梦的实现基础，民族振兴是中国梦的核心内容，人民幸福是中国梦的奋斗目标，国家富强与民族振兴的最终落脚点都是人民的幸福。中国梦最大的特点就是把国家的追求、民族的向往、人民的期盼融为一体，体现了中华民族和中国人民的整体利益，表达了每一个中华儿女的共同愿景，已成为激荡在近十四亿人心中的高昂旋律，成为中华民族团结奋斗的最大公约数和最大同心圆。中国梦进一步呈现了中华民族的奋斗目标，进一步凝聚了社会共识，进一步激发了中华民族奋斗的勇气和力量，进一步昭示了中国特色社会主义事业的历史意义。

第二环节：看今朝·梦途有舵

议题情境：呈现材料《中国共产党是中国政治方向的掌舵者》。

议学任务：中国共产党如何掌中国发展之"舵"？

议学活动：探究、讨论、商议、分享。

议学提示：

中国共产党始终牢记初心和使命。中国共产党的初心和使命就是为中国人民谋幸福，为中华民族谋复兴，这也是中华民族最伟大的梦想。

使命呼唤担当，使命引领未来。实现中华民族伟大复兴是近代以来中华民族最伟大的梦想，谁能够承担起这个历史使命，谁就能赢得中国人民的衷心拥护，成为中华民族的主心骨，使中国人民从精神上由被动转为主动。

近代救亡图存的苦难孕育了中国共产党的初心和使命，从新民主主义革命到社会主义革命再到社会主义现代化建设，党的初心不变、使命不改，就是为中国人民谋幸福，为中华民族谋复兴。实现中华民族伟大复兴是近代以来中华民族最伟大的梦想。

"行百里者半九十。中华民族伟大复兴绝不是轻轻松松、敲锣打鼓就能实现的。全党必须准备付出更为艰巨、更为艰苦的努力。"实现伟大梦想,必须进行伟大斗争,必须深入推进党的建设新的伟大工程,必须推进中国特色社会主义伟大事业。

第三环节:畅未来·圆梦可期

议题情境:

全面建成社会主义现代化强国,总的战略安排是分两步走:从二〇二〇年到二〇三五年基本实现社会主义现代化;从二〇三五年到21世纪中叶把我国建成富强民主文明和谐美丽的社会主义现代化强国。未来五年是全面建设社会主义现代化国家开局起步的关键时期。

"青年强,则国家强。当代中国青年生逢其时,施展才干的舞台无比广阔,实现梦想的前景无比光明。"习近平总书记在党的二十大报告中勉励广大青年坚定不移听党话、跟党走,怀抱梦想又脚踏实地,敢想敢为又善作善成,立志做有理想、敢担当、能吃苦、肯奋斗的新时代好青年,让青春在全面建设社会主义现代化国家的火热实践中绽放绚丽之花。

议学任务:

结合教材"社会主义现代化强国建设的两个阶段及战略安排"相关内容,以"2050—中国梦—我"为主题撰写演讲稿并进行演讲。

议学活动:撰写、演讲。

议学提示:教师根据学生代表发言进行点评与互动。

结语:习近平总书记指出,中国共产党人的初心和使命,就是为中国人民谋幸福,为中华民族谋复兴。实现中华民族伟大复兴为国家带来富强、民族带来振兴、人民带来幸福,为世界带来和平与发展、合作与共赢。中国特色社会主义新时代是全体中华儿女勠力同心、奋力实现中华民族伟大复兴的时代,是最有机会、最有希望实现中华民族伟大复兴的时代。抓住大有可为的历史机遇期,全体中华儿女凝心聚力,劲往一处使,一定能实现近代以来中华民族最伟大的梦想。

"回看走过的路　比较别人的路　远眺前行的路"议题式教学课堂观察

朱永元

【简介】

授课教师：朱永元，吴江高级中学教师，中学正高级教师。

教学主题：必修1综合探究一"回看走过的路　比较别人的路　远眺前行的路"，领悟中国选择中国特色社会主义道路的历史必然性。

教学议题：为什么要坚定中国特色社会主义道路自信？

观察教师：吴江高级中学政治名师工作坊全体成员。

活动目的：从教学策略看，完善议题式教学策略，在综合探究教学中更好地运用议题式教学策略。从教学目的看，理解科学社会主义的必然性，提升学生政治认同素养，增强"四个自信"。

【课前会议】

(一)朱永元老师说课

1. 主题说明

作为单元综合探究，本课系统地回顾中国选择中国特色社会主义道路的历史必然性，进一步阐明科学社会主义真理性及其中国化的伟大历程。本综合探究课不但指向提升学生运用知识分析和解决问题的能力，而且让学生主动感悟社会与生活，承担社会责任，从理论上理解和认同科学社会主义理论的真理性，从行动上拥护中国特色社会主义道路，增强"四个自信"，体现教学的育人目标指向。本课内容理论性强，尝试运用议题式教学为学生创设一个开放的交流合作舞台，激发学生探究热情，为学生适应新课改和应对新高考提供途径。

本课从"回看走过的路""比较别人的路""远眺前行的路"三个篇章，结合议题探究，以唯物史观指导教学，阐明科学社会主义的真理性及其产生、发展的

朱永元，江苏宜兴人，大学本科学历，吴江高级中学教师，中学正高级教师，江苏省优秀教育工作者。

历史必然性。

2.学情分析

(1)学生心智特征。高中学生的认知力、观察分析力、自我判断力、思维水平有了一定的提高。高一(3)班学生思维相对活跃,但整体学习能力一般,在教师引导下能开展探究学习,对议题式教学有了一定了解,如果教师能创设适切情境加以引导,学生的主体作用应该能够有效发挥。本教学内容探究主题设计得当,议题导向明确,教材内容思路清晰,内在结构化特点比较明显,便于教师组织开展议题式教学;教材提供了一系列事例和观点,也有相应理论分析,如何坚持理论联系实际、激发学生的学习兴趣和探究欲望是教师研究的教学要素之一。

(2)学生认知结构。一方面,本教学内容与历史知识、社会实践紧密结合,可借助学生一定的生活经验进行辅助学习,在一定程度上降低了学生理解的难度。另一方面,本教学内容建立在单元内容学习基础之上,学生有较为完备的知识储备。

3.教学目标

(1)借助情境解读,明确生产力是社会发展的最终决定力量,理解人类社会发展的历史进程取决于社会基本矛盾的运动,理解走社会主义道路是近代中国历史发展的必然,阐明中国特色社会主义的科学性。

(2)通过议题探究,在小组合作中提升学生理论联系实际的能力,学以致用。

(3)通过议题教学提升学生的合作探究能力和深度思维能力;验证议题式教学与单元综合探究相结合的效果,积累教学经验。

4.教学重难点

(1)理解社会基本矛盾运动决定人类社会的发展历程。

(2)明确人类社会发展的统一性与多样性。

(3)理解科学社会主义的必然性,坚定走社会主义道路的信念。

5.教学环节

议题:为什么要坚定中国特色社会主义道路自信?

导入新课:播放电视政论片《复兴之路》片段,展示习近平"金句":"只有回看走过的路、比较别人的路、远眺前行的路,弄清楚我们从哪儿来、往哪儿去,很多问题才能看得深、把得准"。从片段中感受成就,引发思考,激发学生学习兴趣。

环节一:梳理主干知识。(可以在课前完成,让学生了解本课主要理论知识)

环节二:议题描述·回看走过的路——内化信仰的力量

子议题1:中国为什么选择社会主义道路?学生展示:课前在时间轴画出三个阶段的时间点并注明影响社会发展的重大历史事件。从历史发展角度对社会发展重大事件的描述,明确中国走社会主义道路具有历史必然性和科学真理性,从社会基本矛盾运动中领悟走社会主义道路是人民的选择、历史的选择,只有社会主义才能救中国,只有社会主义才能发展中国,坚持马克思主义唯物史观。

环节三:议题描述·比较别人的路——深化逐梦的力量

子议题2:我国为什么要走中国特色社会主义道路?通过中国改革开放伟大成就的展示,2020年新冠肺炎疫情下中国交出一份比较完美的成绩单及中国和其他国家不同的抗疫表现,学生围绕"抗疫抄作业"进行讨论,理解社会发展历程的多样性及中国特色社会主义道路的优越性,增强制度自信、道路自信。

环节四:议学延伸·眺望前行的路——增强斗争的力量

通过完成微项目"走进新时代,畅想新未来,明确科学社会主义的必然性",以党的十九届五中全会审议通过《中共中央关于制定国民经济和社会发展第十四个五年规划和二〇三五年远景目标的建议》,为未来5年乃至15年中国发展擘画蓝图为背景,展望未来,目的是引导学生从自身出发进行生涯规划,让学生有话可讲、有话能讲,增强道路自信、道路认同。

总结:建构知识体系,结合主干知识回顾本单元重点,布置课外思考题。

(二)成员交流

叶绕平:议题式教学有两个关键性因素,一是情境创设,二是议题确立。情境要贴近学生生活实际,这样才能激发学生兴趣;议题要有足够的可议空间,让学生能议、愿议且能议出结果。本课在一个总议题的引领下,创设三个情境,分别是《复兴之路》片段、中国2020年抗疫成绩单和"十四五"规划的制定,设置两个议题和一个微项目,生活化特点是否可以进一步增强?同时,本课教学利用"学习强国"平台资源,每一环节基本都用习近平总书记相关理论观点为佐证,可以让学生了解习近平新时代中国特色社会主义思想相关内容,具有教育性。

徐春华:教无定法,贵在得法。思政课教学关键在于激活学生思维,引导学生树立正确的价值观。本课内容在提升学生学科核心素养,特别是政治认同、科学精神与公共参与方面能有很好的启发。从师生对话角度看,本课应该将课堂"让"给学生,通过议题引领、问题设计,使学生在回忆、归纳、总结的基础上进一步应用与提升,让理论指导实践、实践印证理论。

朱永元:本课议题式教学还有许多需要改进的地方,特别是情境选择与议题设计上还得多用心思。

费金娟:本课教学内容较多,"三条路"蕴含的理论比较丰富,从学生的学习方式和探究合作学习角度看,学生能够进入教学情境,依据议题进行必要且较为充分的讨论,能得出相应结论,最后归纳,在相互补充的情况下,比较全面地体现教学目标和教育目的。

沈利锋:学生的参与面体现学生学习的主体性,体现教师在多大程度上尊重学生的主体地位。参与面广,生成性问题就多。在教学内容较多的情况下,提高学生的课堂参与度,打造"让学"课堂,应该把握好"收"与"放"的关系。

朱永元:我认为综合探究不必追求面面俱到,关键在于学生解决问题的方法,对待学习和生活的态度,课堂应该放手让给学生,不必过多纠结教学进度。要想课堂生成更多的问题,教师必须事先预设好问题,在必要处加以点拨。

(三)讨论确定观察点

叶绕平:情境创设,议题设计,课程资源的合理有效开发。

徐春华:师生对话,问题设计是否符合教学要求,课堂文化。

费金娟:学生学习,合作探究参与度,目标达成效果。

沈利锋:学生学习,问题的预设与生成,学生参与度。

【课中观察】

(一)观察工具

手机、记录表。

(二)观察位置

叶绕平老师依据观察重点,选择位置是学生边上,便于旁观或参与学生的合作探究,从而了解课程资源开发情况,了解情境创设的趣味性、合切性和诱导性,从学生讨论度观察议题设计的适切性。

徐春华老师要观察师生对话情况,感受课堂文化,位置选择在学生前面,可以与学生进行对视,通过对学生眼神的观察,了解师生对话的"真",课堂文化的"善"。

费金娟老师观察学生学习状况和目标达成情况,位置选择在学生中间,把自己当成学生的一员,随时感受学习任务、学习进程,和学生一起达成学习目标,以换位的方式"体验"课堂。

沈利锋老师观察学生学习状况,统计学生参与度,按照我校打造的"让学"课堂"301515"原则,教师要把课堂"让"给学生,让学生动起来、议起来。本课四个环节均由学生主持,有利于发挥学生自主学习、合作学生、主动学习的功能。

(三)观察过程

课前:与学生交流,了解学生对议题式教学的感受,感知学生的学习情况(学习进度、作业情况等),从学生表达能力和学习成绩维度了解学生的学习能力。

课中:各位教师根据分工,从自己的角度"参与""体验"教学过程,对自己感兴趣的教学片段进行摄像或拍照,并记录相关数据。

课后:及时与学生就自己感兴趣的教学话题进行简要沟通,围绕议题式教学做教学情况调查,调研与反馈本课基本问题教学效果,对课堂教学进行点评与总结。

【课后报告】

(一)授课教师反思

如何进行综合探究教学一直是教学难点,综合探究内容多、知识延伸广,若教学方法不当,就成为之前教学的简单重复。议题式教学与综合探究教学相结合,必须恰当处理好"教"与"学"之间的"收"与"放"关系,引导学生在议中学,在学中议。让学生积极参与教学过程,可以检验学生的系统思考能力,充分发挥学生的主体作用,同时也对教学情境创设有更高要求:源于生活实践,激发学生兴趣,紧扣教学内容,拓展思维深度,提升实践能力,涵养价值认同。

开展议题式教学需要明确"何为议""为何议""怎样议"等问题,通过设置议题,创设情境,在议题探究过程中生成新的议题,并要在有限时间内达到激趣引议效果,既对教师是一种考验,也对学生是一种挑战。本课教学,设置议题不是难点,关键是情境创设如何才能既符合教学需要,贯穿教学过程,又能激发学生兴趣,使学生"可议""愿议""能议"。从本课教学情况看:

1.学生主体性的发挥受限

一是初高中教学衔接未能达到应有的融合度。从教学内容看,新教材明显区别于旧教材,理论性很强,尤其是本课内容包含生产力的作用、生产力和生产关系的相互关系、经济基础和上层建筑的相互关系、社会基本矛盾是人类社会发展的根本动力、社会历史发展的总趋势、中国特色社会主义六个方面的理论问题,虽带有复习总结的特点,但在一定程度上超越了学生的实际学习能力。二是学生对议题式教学的理解与接受程度尚达不到教学要求。习惯于记忆、默写等相对机械的方法,学生"议"的深度、广度都有待进一步引导与培养。但学生愿意"议",愿意通过合作讨论、主动表达自己的观点,表明学生愿意接受议题式教学方法。

2.情境源于生活,能够被学生理解与接受

由于本课内容的特殊性,情境的趣味性有待增强。本课教学情境比较偏向"高""大""上",与学生自身生活场景有一定距离。

3.教学目标基本达成

本课内容的最大特点是学以致用,用理论分析解决实践中的问题。三个情境、两个议题、一个微项目学习,涵盖主要思想。学生通过自主、合作、探究、讨论、归纳、表达等方式理解与运用,并进行归纳,学习能力得到锻炼,学科核心素养目标也能得以落实。

4.影响议题式教学课堂效果的主要因素

一是教学习惯。如果平时很少采用此教学方法,学生很难跟得上教师的节奏,相关预设、课堂环节推进就会失灵,故养成良好的教学习惯很重要。二是学生的教学素养、现场学习能力。学生素养层次不同,教学效果的差距会比较明显,故提高学生的学习能力很重要。三是情境要接地气、有烟火气息,议题要科学,要有可议性、引领性,才能把学生带进情境,让学生讲自己的故事,激发学生的兴趣,故科学性与激趣结合很重要。

(二)观察分析报告

1.叶绕平老师的观察报告

本课以"为什么要坚定中国特色社会主义道路自信"为总议题,分别以历史发展轨迹、中国抗疫成绩单及"十四五"规划制定为背景,设计三个情境、两个子议题和一个微项目进行教学。议题设计比较得当,符合议题式教学的要求,情境看似独立,但也存在一定的内在联系。情境创设是否需要一境贯穿,或多境多议,我认为完全可以根据教学实际需要决定。

2.徐春华老师的观察报告

本课师生对话比较充分,共与12位学生进行交流,共计20分钟。由议题延伸出来的问题共计6个,其中预设3个,生成3个;课堂文化比较融洽,积极向上。

3. 费金娟老师的观察报告

学生针对每个议题都能开展讨论学习与合作探究，主要有3位学生总结，有2位学生进行补充，观点表达有依据，语言得当，教学目标基本达成。

4. 徐春华老师的观察报告

学生学习过程中主观投入比较积极。随着教学内容的深入，共生成3个理论与社会生活相结合的问题，也是我们常关注的问题。尤其是对各国抗疫的看法，说明学生愿意思考，且能从生活实际出发进行质疑。学生参与度比较高，每位学生有机会进行课堂表达机会。

表1 教学过程观察记录

教学环节	议题、项目	问题	呈现方式	问题来源	问题指向	问知关联	问题层级	语言表述	知识运用	参与方式	参与人数
课前准备		收集与整理	图示、文字	预设	明确	紧密	基础	展示流畅	准确	自主	2人展示
回看走过的路：内化信仰的力量	中国为什么选择社会主义道路	为什么要走社会主义道路	归纳	预设	明确	紧密	能力	较流畅	较准确	自主探究	3人发言
		是什么支撑中国共产党人始终坚定道路选择	讨论	预设	比较明确	紧密	情感	流畅相互补充	准确	集体讨论	5人发言
		历史是不是由个别人的意志决定的	学生提问	生成	明确	紧密	能力	讨论有层次	准确性较一般	集体讨论	4人发言
比较别人的路：深化逐梦的力量	我国为什么要走中国特色社会主义道路	为什么中国能交出一份比较完美的成绩单	归纳	预设	明确	紧密	情感	分层补充	准确熟练	合作探究	2人发言
		中国抗疫的经验西方国家真的不会抄吗	辩证分析	生成	比较明确	紧密	能力	辩证思维表达一般	比较熟练	集体讨论	4人发言

续表1

教学环节	议题、项目	问题	呈现方式	问题来源	问题指向	问知关联	问题层级	语言表述	知识运用	参与方式	参与人数
眺望前行的路：增强斗争的力量	谈谈自己的生涯规划	"十四五"规划是我国的法律吗	生成	明确	比较紧密	基础	一般	准确性较一般	自我设计	2人发言
总结		板书	自我设计	生成	明确	紧密	能力	流畅	熟练	自主	2人展示

表2 议题式教学课后调查

调查人数24	是否常用	是否有兴趣	教学效果	是否经常参与讨论	是否经常有机会表达	是否会主动提出问题	教师是否能完成教学任务
是(正)	是	18	16	15	12	4	21
否(负)			3	3	4	12	1
一般		6	5	6	8	8	2

【附：教学设计】

(一) 课前准备

1.了解六集大型电视政论片《复兴之路》的内容，将其六个专题（千年局变、峥嵘岁月、中国新生、伟大转折、世纪跨越、继往开来）分成三个阶段，并用时间轴画出三个阶段的时间点并注明影响社会发展的重大历史事件。

2.收集习近平总书记关于中国特色社会主义道路的"金句"。

3.结合《复兴之路》，了解中国改革开放的巨大成就实例。

(二) 教学过程

总议题：为什么要坚定中国特色社会主义道路自信？

导入：实现中华民族的伟大复兴是我们的百年梦想，新中国成立、改革开放的巨大成就引领我们走上了一条复兴之路。今天，我们站在实现"两个一百年"奋斗目标的历史交汇点，以民族特有的自信不断走向新的辉煌。

习近平："只有回看走过的路、比较别人的路、远眺前行的路，弄清楚我们从哪儿来、往哪儿去，很多问题才能看得深、把得准。"习近平总书记的谆谆教诲，启迪我们在回看、比较、远眺后更好地前行。

环节一:回看走过的路——内化信仰的力量

子议题1:中国为什么选择社会主义道路?

活动1:学生展示时间轴。

师点评略。

设计意图:通过画时间轴,标注历史事件,从历史角度了解中国社会发展史,从社会发展进程角度理解中国社会道路的选择。

思考回答1:为什么要走社会主义道路?

答案预设:中国走社会主义道路具有历史必然性和科学真理性。

(1)人类社会向前更替的根本动力是生产力与生产关系、经济基础与上层建筑的矛盾运动。这两对矛盾特别是生产关系一定要适应生产力发展的基本规律,决定了社会主义代替资本主义是历史的必然。

(2)社会主义生产关系适应我国生产力发展水平与要求。

(3)社会主义道路适合我国国情,是中国共产党领导人民作出的正确选择!只有社会主义才能救中国,只有社会主义才能发展中国。

素养目标:道路自信、政治认同。

思考回答2:是什么支撑中国共产党人最终建立新中国,走社会主义道路?

学生讨论,教师点评(信仰的力量,不忘初心,砥砺前行)。

平"语"近人:一个时代有一个时代的_____,一代人有一代人的_____。

回望,是为了更好地出发。正是经历了风雨如磐的岁月洗礼,经历了筚路蓝缕的不懈努力,才有了"不是从天上掉下来的"_____。走得再远,不能忘记_____;时而回望,_____,才能更好地前行。

问题生成1:历史是不是由个别人的意志决定的?

学生讨论,教师点评:坚持唯物史观。

素养目标:科学精神、理性分析。

环节二:比较别人的路——深化逐梦的力量

子议题2:我国为什么要走中国特色社会主义道路?

活动2:说一说你知道的中国改革开放取得的伟大成就。

学生展示,教师点评略。

情境:2020年,中国上下一心,共克时艰,交出一份完美成绩单:基本摆脱新冠肺炎疫情影响,全面实现复工复产;GDP总量破百万亿;新增就业1186万人,明显高于900万人以上的预期目标;实现全体人民的整体脱贫;医疗保障全覆盖……反观美国,在深陷疫情影响的情况下,不顾百姓身体健康,热衷于对中国进行无理制裁,党派之间为了一党私利相互攻击……西方经济全面萎缩,呈负增长。

思考回答3:为什么中国能在2020年交出一份比较完美的成绩单?

学生小组合作,自由讨论,代表展示,教师点评。

答案预设:社会发展历程的多样性及中国特色社会主义道路的优越性。

根本原因:中国共产党和中国政府以人民为中心,带领全国人民开辟了中国特色社会主义道路,形成了中国特色社会主义理论体系和治理体系,确立了中国特色社会主义制度,发展了中国特色社会主义事业,为我们取得优异成绩奠定坚实的基础。

问题生成2:抗疫中,我们经常听到"西方国家'抄作业'都不会"。中国抗疫的经验西方国家真的不会抄吗?

引导学生一起讨论,教师点评:中国为世界抗疫提供中国经验、中国方案;各国要从本国实际出发,制定符合本国实际的抗疫方案。

引申归纳:社会发展历程具有多样性,一个国家选择什么样的道路,关键要看这条道路能否解决这个国家面临的历史性、现实性课题。中国特色社会主义道路符合中国国情,使中国大踏步赶上时代、引领时代发展的康庄大道,中国特色社会主义能够发展中国。

设计意图:通过真实情境下的问题讨论,学生不仅能学会用所学知识解决实际问题,培养综合思维能力,而且能提升对中国特色社会主义的制度自信,提高公共参与能力。

素养目标:对比说明,制度认同。

平"语"近人:中国特色社会主义是根植于_____、反映中国人民意愿、适应中国和时代发展进步要求的当代中国_____,我们必须倍加珍惜、始终坚持、不断发展。

小结:正如习近平总书记所说,"当代中国的伟大社会变革,不是简单延续我国历史文化的母版,不是简单套用马克思主义经典作家设想的模版,不是其他国家社会主义实践的再版,也不是国外现代化发展的翻版"。中国特色社会主义建设特别是改革开放的巨大成就,证明了中国特色社会主义具有强大生命力和无比的优越性,沿着中国特色社会主义道路,我们必将实现两个百年奋斗伟大目标。

环节三:眺望前行的路——增强斗争的力量

微项目:走进新时代,畅想新未来,明确科学社会主义的必然性。

眺望,是为了锚定前行的方向。党的十九大报告作出了"中国特色社会主义进入新时代"重大判断。这是党领导人民进行伟大社会革命的成果,也是党领导人民进行伟大社会革命的继续。"昨天的成功并不代表着今后能够永远成功,过去的辉煌并不意味着未来可以永远辉煌。"抵达了新的历史方位,阔步向前,亦须增强忧患意识,防范风险挑战。

情境:2020年10月26日至29日,党的十九届五中全会在北京召开。会议审议《中共中央关于制定国民经济和社会发展第十四个五年规划和二〇三五年远景目标的建议》,为未来5年乃至15年中国发展擘画蓝图。

活动3:2021年是中国共产党领导中国人民实现"两个一百年"奋斗目标的历史交汇点,站在这一历史交汇点上,青年学生该如何畅想未来呢?请结合家乡建设或国家发展,谈谈自己的生涯规划。

学生独立完成,可适当讨论,个别展示,教师点评。

每个人都要把个人的梦想与国家、民族的梦想联系在一起,把个人的命运融入国家、民族的未来。中国梦的本质是实现国家富强、民族振兴、人民幸福,中国梦归根到底是人民的梦。实现中国梦,需要我们每个人付出不懈的努力与斗争。

平"语"近人:"实现中国梦必须走_____、弘扬_____、凝聚中国力量。"发展中国特色社会主义是一项长期的艰巨的历史任务,必须准备进行具有许多新的历史特点的伟大斗争。

设计意图:结合教学内容,引导学生进行生涯规划。

素养目标:从自身实际出发,增强道路自信、道路认同。

问题生成3:《中共中央关于制定国民经济和社会发展第十四个五年规划和二〇三五年远景目标的建议》是我国的法律吗?

学生畅谈,教师点评。

总结：中国特色社会主义是科学社会主义理论逻辑和中国社会发展历史逻辑的辩证统一，是我国进一步实现民族振兴、国家富强、人民幸福、社会和谐的必由之路、成功之路、胜利之路。

板书设计：

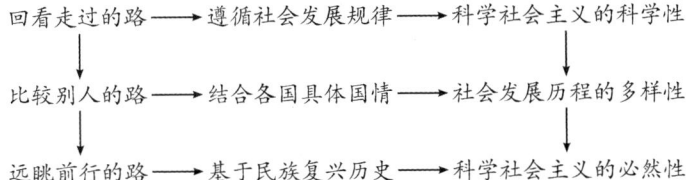

"践行社会责任　促进社会进步"议题式教学课堂观察

李圣德

【简介】

授课教师：黄书梅，厦门市新店中学高级教师，福建省学科带头人，长期在高中任教，注重将乡土文化融入高中思想政治课堂教学，对学习中心课堂有一定实践和研究。

教学主题：践行社会责任，促进社会进步。

教学议题：中国梦，我们的梦——如何践行社会责任、促进社会进步？

观察教师：李圣德、王财权、陈金墩、李永记、纪华荣、周问奇、陈莉、沈美香。

活动目的：为更好开展学习中心课堂实践研究，深化议题式教学，发挥示范引领作用。

【课前会议】

(一) 黄书梅老师说课

1.主题说明

(1)本课地位：本课作为统编教材必修2《经济与社会》第二单元的综合探究，既是对单元知识的系统概括和总结，又是对单元知识的深化和升华。引导学生通过探究获得新知，提升运用知识分析和解决问题的能力，主动感悟社会生活，在劳动就业、绿色消费、脱贫致富方面思考社会生活问题，回应社会关切，激发进取心和探究热情，实现全面发展。

(2)本课内容：本综合探究编排清晰，设置有"探究活动目标""探究活动建议""探究路径参考""理论评析"等环节，文本内容"践行社会责任 促进社会进步"与单元主题"经济发展与社会进步"相统一，是对单元教学内容的概括性提炼，实现了理论与实践的统一、教育与教学的一致，蕴含培根铸魂、启智润心的

李圣德，厦门市翔安区教师进修学校副校长兼中学思政课教研员，正高级教师，曾获河南省教师教育专家、河南省教育厅学术技术带头人等称号，主持或核心参与省级课题7项，获省教科研成果一等奖3项，厦门市道德与法治名师工作室领衔人，厦门市翔安区大中小学思政课一体化研究中心主任。

学科育人价值。

文本分为三个板块,共有三个探究性问题:劳动精神与创新创业;绿色生产与绿色消费;精准脱贫与共同富裕。

"劳动精神与创新创业"主要分析劳动精神的内涵特征,明确弘扬劳动精神的重要价值,探讨对劳模精神、工匠精神的认识,引发学生思考如何投身创新创业的时代大潮。

"绿色生产与绿色消费"联系我国"2030年碳达峰""2060年碳中和"的时间目标,引导学生树立正确的消费观,坚持绿色消费,促进人与自然的和谐统一,正确认识"保护环境会影响经济发展"观点的科学性、合理性,为建设绿色生态家园提出合理化建议。

"精准脱贫与共同富裕"通过了解、分析精准脱贫的方法和建议,为脱贫攻坚和乡村振兴提供借鉴,进一步增强对实现共同富裕紧迫性与必然性的认知。

2.学情分析

(1)学生心智特征:高一学生由少年向青年阶段过渡,其认知能力、观察分析力、自我判断力、思维水平虽有较大提高,但心理发展略滞后于生理发展,且处在相对不稳定的时期。

(2)学生认知结构:本节课的教学内容建立在单元内容学习基础之上,有关内容与社会生活、家庭生活及个人生活实践紧密结合,初中道德与法治课已经初步涉及,高一学生对此内容并不陌生。学生可以借助已有的生活经验和社会实践经验开展具有辅助性学习活动,一定程度上降低理解文本的难度。但高一学生对社会责任和社会进步的判断、辨析还缺乏必要的经验积累,缺少较深层次分析问题、解决问题的能力和素养。

3.教学目标

(1)结合劳动、创业、经营等问题情境,树立正确的就业、创业观;结合与家庭、学校、社区有关的生产和消费情境,树立正确的消费观;结合与精准脱贫和共同富裕有关的问题,树立正确的财富观和致富观,认同并践行社会主义核心价值观。

(2)通过学习,能够对劳动、创业、经营中的不同价值观做出正确判断与合理选择,能够弘扬劳动精神、劳模精神和工匠精神;能够提出符合绿色生产和绿色消费要求的可行性建议;能够结合具体情况,提出扶贫脱贫、乡村振兴和实现共同富裕的针对性建议。

(3)注重理论联系实际,通过学习《中华人民共和国环境保护法》,商议讨论,坚持简约适度、绿色低碳的生活方式,反对奢侈浪费和不合理消费,牢固树立法治意识和法治情感。

(4)通过学习,树立正确的就业创业观,乐于承担社会责任,养成尊重劳动、热爱劳动、勇于创新的品质;坚持简约适度、绿色低碳的生活方式,反对奢侈浪费和不合理消费;能够树立正确的财富观和致富观,培养奋斗精神、自力更生精神和乐于助人的品质。

4.教学重难点

教学重点:树立正确的消费观、就业观、财富观,并提出可行性建议;完善分配制度,实现共同富裕,并提出针对性建议。

教学难点:如何培养劳动精神、劳模精神、工匠精神、企业家精神等;如何成为有担当的创业者和经营者。

5.教学环节

【课前准备】

(1)围绕"中国梦—劳动创业梦"议题,让学生搜集劳动模范、优秀工匠和自主创业者的先进事迹,并制作相关板报、班刊或校园报。

设计意图:探究身边劳动典型事迹,有利于学生学习劳动精神、劳模精神和工匠精神,培养锐意创新、自主创业等优秀品质。

(2)围绕"中国梦—绿色发展梦"议题,让学生调查校园、社区、村庄节约资源、保护环境的现状及措施,制作调查总结表。

设计意图:激发学生学习兴趣,帮助学生树立绿色消费观,深化学生对绿色生产和绿色消费的认知。

(3)围绕"中国梦—共同富裕梦"议题,让学生搜集福建省厦门市翔安区和甘肃省临夏州永靖县"东西部扶贫协作和对口帮扶"牵手协作、决战脱贫攻坚的成功案例,探究参与扶贫"多方并举、志智双扶"的有效做法,总结脱贫工作经验,制作宣传板报。

设计意图:激励学生深度思考、主动探究,结合与精准脱贫和共同富裕有关的问题,使学生对"促进全体人民共享改革发展成果、体现社会主义制度优越性"等加深认识。

【课堂教学】

总议题:中国梦,我们的梦——如何践行社会责任、促进社会进步?

环节一:议题描述　中国梦——劳动创业梦
环节二:议题辨析　中国梦——绿色发展梦
环节三:议学策划　中国梦——共同富裕梦
环节四:议题延伸　中国梦——你我共筑梦
其他环节:当堂检测、本堂小结、作业布置等

(二) 成员交流

本探究主题设计得当,议题导向明确,教学思路清晰,结构化特点比较明显。三个子议题,方便教师组织开展议题式教学。学生对就业、绿色消费及财富的认知有一定的局限性,价值观初步形成,需要正确引导;教材虽然提供了一系列事例和观点,也有详细的理论分析,但如何坚持理论联系实际、激发学习兴趣和探究欲望,仍是授课教师应该关注的重点。

本节课采用议题式教学,设置一定情境,进行适当引导,通过自主学习与合作探究相结合方式,因材施教,使学生通过学习体验,树立正确的就业创业观,乐于承担社会责任,养成尊重劳动、热爱劳动、勇于创新的品质;坚持简约适度、绿色低碳的生活方式,反对奢侈浪费和不合理消费;树立正确的财富观和致富观,培养奋斗精神、自力更生精神和乐于助人的品质。说易做难,课堂调控压力较大。

课堂创新:议题贯穿,一题一案,综合展示,素养全面提升,效果明显。

教学困惑:时间把控难度大,课堂教学任务重,关键概念劳动创业、绿色发展、共同富裕等融会贯通难度大,学生活动线难以收放自如。

(三) 讨论确定观察点

王财权、纪华荣:学生学习——互动——学生参与度。
李圣德、沈美香:学生学习——达成——目标达成度。
李永记、陈莉:教师教学——联动——师生对话度。
陈金墩、周问奇:课程资源——议题——问题解决度。

【课中观察】

(一) 观察工具

观察表、摄像机等。

(二) 观察位置

王财权、沈美香选择在教室右侧观察,纪华荣、李圣德选择在教室左侧观察;陈莉在讲台右侧观察,陈金墩在教室左侧观察;李永记和周问奇在教室后方

观察;每组两人分开在教室不同位置观察,便于全面了解学生课堂学习情况。

说明:现场观摩的专家、教师90余人,分坐学生周边,能近距离观察。

(三)观察过程

课前:教师根据综合探究实践课的特点、要求及高一学生实际,询问了解学生对议题中若干问题的认知,查看学生准备资料的整理情况和对课堂问题解决等活动的期待。

课中:教师根据自己选择或开发的观察表进行观察和记录,关注师生联动状态,开启录播室2台以上摄像机全程录像。

课后:教师询问了解学生目标达成情况,进行简单的对话交流。

【课后报告】

(一)授课教师反思

本节课的准备时间不到两周,在新时代、新高考、新课标、新教材背景下,作为厦门市翔安区的高中,学校录取分数线低,中考思政学科分数低,学生起点不高,感到上课难度大。以前没有采用、也不敢进行议题式教学,所以,我非常担心此次探索能否达成教学目标、收到预期效果,心理压力很大。但此次课堂实践证明,我的担心是多余的。

其一,本节综合探究课的教学素材来自脱贫攻坚和身边的劳模典型及垃圾分类具体事例,学生有兴趣、有体验,积极主动参与课前调查、搜集、整理和分析,课堂思维活跃,展示自己有话说,演绎概念有深度,努力用学科语言表达观点、阐述收获,整体表现超过预期,令我十分意外,也让听课教师刮目相看。学生的出色展示更给了我探索实践议题式教学的信心和力量,我认为这是本节课最大的成功。

其二,综合探究议题式教学设计有效。能够整合"三线"(即任务线、情境线、活动线),开展"践行社会责任 促进社会进步"合作探究,从学生小组参与、问题解决能力、综合议学成效来看,学习中心得到有效彰显,学科核心素养生成,教学目标基本达成。

其三在于师生联动、议学生成、推进学习中心课堂有序有效。学生在课前、课中的表现可圈可点,围绕子议题,主动发言,生生互动、师生联动,几乎精准的表达、迅捷灵动的思维,充分展示了学生的综合素养。

观察者和观摩的教师、专家都给了我莫大的支持和鼓励,提出了很好的建议和主张,让我进一步明确了努力方向。

其一,继续在课前下足功夫,深度备课,增强时效;课中机智引导,注重衔接,合理掌控课堂进程。

其二,注重认知的形成过程,组织有效合作、开展探究活动,提升关联度,促进总议题和子议题的深度生成,不断提高以学习为中心的课堂品位。

(二)观察分析报告

1.问题解决度追踪

(1)观察点说明。本节课作为第二单元的综合探究,依据课程标准和教材,分为三个板块,即劳动精神与创新创业、绿色生产与绿色消费、精准脱贫与共同富裕,正确引导学生,促进学生发展。课前的素材收集、加工和整理,总议题和子议题的设计、确定和布局,活动线、任务线和情境线三线整合的内在统一和外在展示,成为课堂教学成功的关键。从问题解决层面进行观察是本节课的重点所在。

(2)观察工具设计。本节课以总议题"中国梦、我们的梦——如何践行社会责任,促进社会进步"为统领,以四个议学环节"中国梦—劳动创业梦""中国梦—绿色发展梦""中国梦—共同富裕梦""中国梦—你我共筑梦"为支撑。设计的问题能否有效促进学生深度学习?从问题性质看,主要影响因素有问题的表述、呈现和指向。问题与议题、话题的关联,问题的认知层次与能力提升等方面,这些因素可以从学生课堂应答做出一些判断。据此,我们设计观察工具(见表1)。

表1 学生课堂应答观察记录

教学环节	议(问)题	议(问)题呈现方式	议(问)题来源	议(问)题指向	议(问)题与话题关联	议(问)题层次	议(问)题应答(题意理解/应答方式)
总议题:中国梦、我们的梦——如何践行社会责任,促进社会进步							
环节一:议题描述	中国梦——劳动创业梦	竞猜说明	A	A	A	A	A	集体直答
	子议题1:劳动精神、劳模精神中等蕴含哪些创业素质	收集信息,提取与分析	B	B	B	B	AB	个别直答、方法引导、总结概括
	子议题2:如何实现中国梦——劳动创业梦	简答描述	B	B	B	BC	AB	思考汇总、直接表达

续表1

教学环节	议(问)题	议(问)题呈现方式	议(问)题来源	议(问)题指向	议(问)题与话题关联	议(问)题层次	议(问)题应答(题意理解/应答方式)
环节二：议题辨析	中国梦——绿色发展梦 子议题1:要经济发展还是要生态环境 子议题2:如何实现中国梦——绿色发展梦	辨别分析、归纳展示	B	B	B	A	BC	分组讨论、课堂交流、引导补充、板书提炼
		提出疑义、讨论交流	C	A	B	B	BC	小组讨论、表达交流、引导提升
		演绎表达	C	B	B	BC	B	理解思考、口头归纳
环节三：议学策划	中国梦——共同富裕梦 子议题3:从脱贫攻坚到乡村振兴,如何实现共同富裕	计算统计	B	A	B	A	AB	总结归纳
		归纳分析	C	B	B	B	B	个体直答
		举例说明	A	A	BC	BC	BC	讨论表达、师生纠错
环节四：议学延伸	中国梦——你我共筑梦 子议题4:面对新时代巩固拓展脱贫攻坚成果,走好乡村振兴路,中学生该做些什么	信息提取,小组讨论后提问	B	C	B	BC	ABC	提示引导、概括归纳、代表展示
		简答说明	B	A	B	AB	AB	整理口述
		书面表达	B	B	A	BC	A	简洁规整

记录说明:(1)问题来源,学生提出记为A,课前预设记为B,课堂生成记为C;(2)问题指向,很明确记为A,较明确记为B,不明确记为C;(3)问题与议题、话题的关联度,很紧密记为A,比较紧密记为B,不紧密记为C;(4)问题层次,强化基础记为A,提升能力记为B,激发情感记为C;(5)题义理解,明白的记为A,不太明白的记为B,不明白的记为C;(6)应答方式,即答记为A,思考后回答记

为 B,讨论后回答记为 C。

(3)观察结果分析与教学建议。从议(问)题呈现方式看:有竞猜说明、收集信息、提取与分析、简答描述、辨别分析归纳展示、提出疑义讨论交流、演绎表达、计算统计、归纳分析、举例说明、信息提取小组讨论后提问、简答说明、书面表达等多种方式有效呈现,提升了综合素养。

从议(问)题来源看:学生提出 2 个;课前预设 7 个,占比 58.33%;课堂生成 3 个,占比 25%。此统计表明,预设最多,生成不易,实现课堂教学中问题的生成和提出均衡仍是一项长期任务,需高度重视并有效激发。

从议(问)题指向看:5 个很明确,占比 41.67%;6 个较明确,占比 50%;1 个不明确。从中可发现,问题指向核心素养或具体标的相对稳定居多,彰显了师生的认知水平比较高,为解决问题奠定较好基础。

从问题与议题、话题的关联度看,从 13 个点来观察,很紧密的有 2 个,占比 15.38%;比较紧密有 10 个,占比 76.92%;不紧密的有 1 个。从中可以看出,与厦门本地域及学生生活实际联系相对紧密的,关联度就高,体现出思政课堂教学的社会化、区域化特色,时政化仍需加强。只有 1 个不紧密的具体问题,是"从脱贫攻坚到乡村振兴,如何实现共同富裕",相对来说,翔安地处经济特区,经济发展快,人们生活比较富裕,学生对此话题体验较欠缺,也是个别问题。

从议(问)题层次看,强化基础的有 4 个,占比 22.22%;提升能力的有 9 个,占比 50%;激发情感的有 5 个,占比 27.78%。其中,既强化基础又提升能力的有 1 个,既提升能力又激发情感的有 5 个,没有单独激发情感的问题。此结果表明,通过激发情感、提升综合能力、实现学科目标,符合常态课的问题目标分层要求,也是本节课的亮点所在。

从议(问)题应答(题意理解/应答方式)看,即答的有 7 个,占比 33.33%;思考后回答有 10 个,占比 47.62%;讨论后回答有 4 个,占比 19.05%。其中,既能体现直答又能看出思答的有 4 个,既能体现思答又能体现论答的有 3 个,三者都能体现的有 1 个。具体的应答方式除集体、个体、个别直答外,更多是方法引导、讨论归纳、交流展示、总结概括、补充提炼、整理提升等形式。此结果表明,问题比较符合学情,学生思维比较活跃,问题得到较好解决,混合型、复合型的认知、理解、思考、表达成为思政课堂解决问题的主要方式,注重展示的是学科知识体系的建构和表达,关注培养的是人文学科的综合素养。

总体来看,本节课四个环节,师生围绕 1 个总议题、4 个子议题、若干个小主题或问题开展课堂教学活动,从观察"课程资源—议题—问题解决度"看,指向明确、表达清晰、层层推进、螺旋上升,显示了议题核心,展示了教师的教学智慧和学生的发现智慧;活动线、任务线和情境线的统一,体现了较好的学科逻辑性。不仅使原有问题得到深化与拓展,还对知识的迁移、巩固与整合及思维激活起到很好的作用,让课堂充满生机与活力。

建议教师在教学活动中,一是更多从学生的视角和状态提出问题、分析问题,着力在解决问题、生成新问题的过程中得到体验和提升;二是更多关注学生个体对学科问题(议题)的认知差异,分层、分类重点培养学科人文素养和综合素养。

2.目标达成度汇总

(1)观察点说明。课堂活动进程中,教与学目标的达成情况是课堂观察的最终任务,课堂活动目标、师生互动目标、知识体系建构与践行目标、问题解决与生成的素养目标应该成为课堂实践提升的观察要点。本节"践行社会责任 促进社会进步"综合探究课,围绕一个总目标、三个大目标的达成及学科素养的生成等,将为议题式教学过程的改进提供研究实例。

(2)观察工具设计。本节课的三个板块:劳动精神与创新创业、绿色生产与绿色消费、精准脱贫与共同富裕,既相对独立又联系贯通,就必备知识表述及运用、思维建模关键能力提升、学科价值及素养生成等相关指标进行观察,具有实践价值。由此,我们设计了表2所示观察工具。

表2 目标达成度观察记录

活动环节	议题内容	必备知识表述		必备知识运用			思维建模关键能力	学科价值素养生成
		正确	熟练	准确	较熟练	不熟练		
新课导入(总议题:中国梦、我们的梦——如何践行社会责任、促进社会进步?)								
环节一:议题描述	中国梦—劳动创业梦 子议题1:劳动精神、劳模精神中蕴含哪些创业素质	6人次	2人次	3人次	5人次	2人次	3个组描述表达好	价值、素养共提升,效果好
	子议题2:如何实现中国梦—劳动创业梦	3人次	2人次	2人次	3人次	4人次	2个组描述表达不错	效果还行

续表2

活动环节	议题内容	必备知识表述		必备知识运用			思维建模关键能力	学科价值素养生成
		正确	熟练	准确	较熟练	不熟练		
环节二：议题辨析	中国梦—绿色发展梦 子议题1：要经济发展还是要生态环境	6人次	4人次	6人次	6人次	4人次	1个组描述较好	效果较好
	子议题2：如何实现中国梦—绿色发展梦	7人次	5人次	8人次	1人次	3人次	5个组合作默契	效果还好
环节三：议学策划	中国梦—共同富裕梦 子议题3：从脱贫攻坚到乡村振兴，如何实现共同富裕	2人次	1人次	4人次	3人次	3人次	3个组演绎较好	效果一般
环节四：议学延伸	中国梦—你我共筑梦 子议题4：面对新时代巩固拓展脱贫攻坚成果，走好乡村振兴路，中学生该做些什么	3人次	2人次	2人次	3人次	4人次	3个组表达较好	效果一般

（3）观察结果分析与教学建议。从必备知识表述及运用观察，表述正确的27人次，表述熟练的16人次，准确运用的25人次，较熟练运用的21人次，不能熟练运用的20人次。相对于43名学生来说，1个总议题、4个子议题、若干个小主题或问题的课堂目标，大部分学生基本能理解、迁移并运用，目标达成度比较高。不熟练的相对集中，分别是劳动创业梦之如何实现、绿色发展梦之生态保障如何实现、共同富裕梦之乡村振兴如何实现。分析原因，可能是学生缺乏相应的生活体验，这提醒教师要打通课堂小社会与社会大课堂的对接堵点，让课堂社会化、生活化成为思政课目标达成的重要着力点。

从思维建模关键能力提升观察，全班分为8个组，3个组在环节一议题描述、环节三议学策划、环节四议学延伸中描述演绎表达等总体表现突出，思维活跃度高，建模能力比较强；7个组分别在不同的一个子议题中有优势；只有1个组思考能力相对较弱，课堂表现不尽如人意，需在以后的思政课堂中更多关注、更快提升。

　　从学科价值及素养生成等相关指标进行观察，环节一议题描述2个子议题课堂活动，学科价值、素养生成共提升，效果相对较好；环节二议题辨析2个子议题课堂活动，学科价值、素养提升还不错；环节三议学策划、环节四议学延伸2个子议题学科价值、素养提升难度较大，效果一般。仔细斟酌，对厦门经济特区的学生来说，脱贫攻坚、乡村振兴、共同富裕等似乎心理距离更远，感知欠缺。这提醒我们，思政课堂更需要向社会延伸，加大时政教育、"四史"教育力度，做好思想"补课"，助力学生学科价值和核心素养的生成。

　　总体来看，通过对本节课"学生学习—达成—目标达成度"的观察，感觉到学生准确把握教材内容的能力、信息收集整合的能力比较好，能够实现与教材的对接，语言相对精练，学科术语准确，但学生演绎、推理还不够到位，运用教材知识、课程资源等解决相关问题的能力仍需不断提高，在学科知识体系的建构和思维素养的提升方面仍有一定的不足。

　　建议在课堂教学中做好以下几个方面：一是继续开展议题式教学，特别是探究问题，要留给学生充足的时空，提前收集材料，广泛涉猎，独立思考，并联系社会经验做好整合提炼，提高信息处理能力和议题分析能力；二是在平时教学中加强议题式教学训练，对照任务线处理议题或问题，不能简单地描述教材内容和社会现象，必须提出具体化建议，学以致用，生成智慧，从而进一步提高课堂教学目标达成度。

　　3.学生参与度思考

　　（1）观察点说明。学生深度参与课堂教学活动，实现师生联动、智慧灵动是思政课教学有效的重要指标。能让学生主动、积极参与课堂，深度学习，提升素养，是观察学生参与的目标所在。本节课学生的参与度达到预期效果。

　　（2）观察工具设计。本节课我们根据教学设计和议题式教学要求，从"倾听方式"观察学生主要的学习行为，判断学生在课堂上的参与度，重点关注辅助倾听、参与回答、参与讨论、积极展示四个方面。由此，我们设计的观察工具及观察记录如表3。

表3 学生参与度观察记录

学生参与活动环节	辅助倾听方式 补充查阅其他	参与回答情况			参与讨论、积极展示情况		
		人数	形式	典型实例	参与数	展示数	表征
新课引入	观看课件、提取信息	/	齐答	/	43	/	/
环节一：议题描述 中国梦—劳动创业梦 子议题1：劳动精神、劳模精神中蕴含哪些创业素质	课前收集整理课堂展示生成	2	个答	担当奋斗、积极投身创新创业	43	2	个体梳理
子议题2：如何实现中国梦—劳动创业梦	查阅书本、整理展示、相互补充	4	个答	热爱劳动、志智双扶、乐于承担社会责任、勇于创新、尊重劳动	40	3	小组交流、合作探究
环节二：议题辨析 中国梦—绿色发展梦 子议题1：要经济发展还是要生态环境	议题讨论、补充完善、记录要点	6	个答组答	相辅相成	39	3	合作交流、补充整理
子议题2：如何实现中国梦—绿色发展梦	查阅笔记、补充汇总	6	个答	保护环境、绿色消费、勤俭节约等	36	5	分组展示、补充完善
环节三：议学策划 中国梦—共同富裕梦 子议题：从脱贫攻坚到乡村振兴，如何实现共同富裕	查阅资料、补充时政、重点研讨	6	个答组答	优势互补、"输血""造血"、发展教育、培养人才……	38	6	分组展示、指导生成
环节四：议学延伸 中国梦—你我共筑梦 子议题：面对新时代巩固拓展脱贫攻坚成果，走好乡村振兴路，中学生该做些什么	查阅报刊、补充时政、记录要点、互动修评	/	/	/	43	/	个体梳理、交换修正

(3)观察结果分析与教学建议。从辅助倾听观察,有记录信息、查阅书本、课前收集整理、课堂展示生成、相互补充、议题讨论、记录要点、重点研讨、互动修评等多种方式,表明学生能以学习为中心,积极主动地参与课堂学习活动,有一定的参与深度与广度。

从参与问答、参与讨论、积极展示情况观察,个答24人次;参与讨论最少36人,最多43人;展示少则2组,多则6组;表征形式主要有个体梳理、小组交流、合作探究、分组展示、补充完善、指导生成、交换修正等。可以看出,学习方式的改变引发学习热情的提高;议题设计社会化、生活化、时政化、综合化,贴近学生实际,让学生有话要说、有话可说、有话会说;大部分学生通过课本知识和课前收集整理,能主动思考、参与讨论、小组发言、互相补充,在发挥个人优势和团队合作协助方面扮演了比较好的角色;8个小组的代表展示也比较到位,令师生满意,达到了预期效果。

建议教师强化团队的分工协作,加大培育合作团队的力度,进一步规范小组的合作学习,增强团队学习的自觉性、主动性和凝聚力,充分发挥议题式教学在学生参与、师生互动、思维激发、团队提升等方面的优势。

4.师生对话度说明

(1)观察点说明。课堂中生生互动、教学联动的深入有效,决定着课堂的思维效能和教学效益,也是教师教学智慧和教育智慧的展现。由此,我们从师生对话的不同类型进行观察,重在观察师生课堂的活动效益。

(2)观察工具设计。本节综合探究课采用议题式教学,整合活动线、任务线和情境线,立足问题解决,注重师生对话交流,由此设计了解型、理解型、探究型、协助型、展示型等五个不同类型的对话联动方式,进一步观察课堂的民主、平等、开放、合作情况。据此,我们设计观察工具并做观察记录如表4。

表4 师生对话观察记录

对话联动	了解型		理解型		探究型		协助型		展示型	
	一般了解	深入了解	一般理解	较深理解	一般探究	深入探究	小组协助	联动协助	个体展示	代表展示
环节一:议题描述 中国梦—劳动创业梦 子议题1:劳动精神、劳模精神中蕴含哪些创业素质 子议题2:如何实现中国梦—劳动创业梦		2次	1次		1次			1次	1次	
环节二:议题辨析 中国梦—绿色发展梦 子议题1:要经济发展还是要生态环境 子议题2:如何实现中国梦—绿色发展梦	1次	3次	1次	1次		1次	1次	1次		2次
环节三:议学策划 中国梦—共同富裕梦 子议题:从脱贫攻坚到乡村振兴,如何实现共同富裕		2次	1次	1次	1次			1次		2次
环节四:议学延伸 中国梦—你我共筑梦	1次	1次		1次	1次			1次		1次

(3)观察结果分析与教学建议。从"教师教学—联动—师生对话度"的观察记录看,本节课师生对话共计32次。其中,了解型10次,其中一般了解2次,深入了解8次;理解型6次,其中一般理解3次,较深理解3次;探究型5次,其中一般探究3次,深入探究2次;协助型5次,小组协助1次,联动协助4次;展示型6次,个体展示1次,代表展示5次。

从本节课五个不同对话类型的观察记录看,师生了解型对话10次,其中一般了解2次,分别是环节一议题描述和环节四议学延伸;深入了解8次,涵盖三个议题"中国梦—劳动创业梦""中国梦—绿色发展梦""中国梦—共同富裕梦"

和四个环节中大部分具体问题。可以发现学生参与对话有基础,问题了解有习惯,大部分学生愿意积极参与课堂教学活动。

理解型6次,其中一般理解3次,涉及议题描述、议题辨析、议学策划前三个环节;较深理解3次,涉及议题辨析、议学策划、议学延伸后三个环节。可以看出学生认可议题式教学方式,能主动参与议学活动,对议题或问题进行思考。

探究型5次,其中一般探究3次,分别针对议题描述、议学策划、议学延伸三个环节,针对问题的层次性比较强;深入探究2次,分别是议题辨析和议学策划两个环节。直面重难点,学习小组长带动有力,教师引导有效,能把握住关键性问题进行课堂探究,效果明显。

协助型5次,小组协助1次,源自环节二议题辨析,注重团队协同,解决难点;联动协助4次,分属四个环节,总体学习团队协助意识比较强。总体来看,思政学科凝聚力值得进一步增强。

展示型6次,个体展示1次,来自议题描述环节,正常参与;代表展示5次,涵盖后三个环节。团队交流相对充分也较为有效,实属不易,应大力激励。

共计32次对话,反映出本节课师生对话度比较高,三个议题、四个环节都较好地引发学生的思考和展示,课堂呈现民主、平等、开放、合作氛围,有助于学生进一步提升学科素养,观察结果符合预期。

建议在课堂教学中,教师能采取更多有效措施,更好地激励学生,让更多学生深入参与课堂对话,进一步提高学生参与问题解决及新问题生成的水平和能力。

【附:教学设计】

(一) 教学思路

本节课以"中国梦,我们的梦——如何践行社会责任、促进社会进步"为总议题,串联教材的四个探究问题,设计四个环节:"中国梦—劳动创业梦""中国梦—绿色发展梦""中国梦—共同富裕梦""中国梦—你我共筑梦"。

综合考虑四个方面:

在教学流程上,遵循"议题描述—议题辩论—议学决策—议学延伸"路径,稳步推进,凸显结构化。

在内容任务上,涉及劳动、创业、创新、绿色消费、先富共富、分配制度等,既有学科知识概括,又有生活经验提炼,要点精准。

在情境创设上,坚持生活化和活动性,考虑材料选用的具体化、数据化,整合资源,有用有趣。

在议学拓展上,选择以"志愿者""公益活动"为切入点,引导社会参与,培养劳动、劳模和工匠等多种精神和锐意创新、自主创业等优秀品质。

(二)教学路线

本课以议题式教学为主要方式,议题、情境、活动和任务形成四条线索。

议题线:由"议题描述—议题辩论—议学决策—议学延伸"四个环节组成,设计一个总议题、六个子议题引领课堂,贯穿始终。

情境线:由"发扬劳动精神、投身创新创业—绿色生产消费、保护生态环境—脱贫攻坚赓续乡村振兴,实现共同富裕—参与公益行动、践行责任促进步"四个情境构成情境线,落实议中学。

活动线:由"调查、商议和展示—辩论、评析—探究、归纳—商议、展示"三个活动构成活动线,推进议中学。

任务线:由"描述、了解多种精神—辩论、理解绿色发展—探究、提供实现举措—参与、践行责任要求"四个任务构成任务线,是关键的学科目标。

(三)教学结构

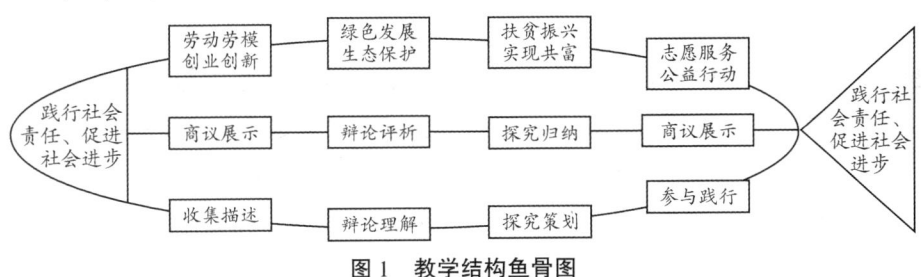

图1 教学结构鱼骨图

(四)课前准备

围绕"中国梦—劳动创业梦"议题,让学生搜集劳动模范、优秀工匠和自主创业者的典型事迹,并制作相关板报、班刊或校报。

围绕"中国梦—绿色发展梦"议题,让学生调查校园、社区、村庄节约资源、保护环境的现状及措施,制作调查总结表。

围绕"中国梦—共同富裕梦"议题,让学生搜集福建省厦门市翔安区和甘肃省临夏州永靖县"东西部扶贫协作和对口帮扶"牵手协作,决战脱贫攻坚成功案例,探究多方并举、志智双扶的扶贫做法,总结脱贫工作经验,制作宣传板报。

(五) 教学环节

总议题:中国梦、我们的梦——如何践行社会责任、促进社会进步

议题描述:中国梦—劳动创业梦

子议题1:劳动精神、劳模精神中蕴含哪些创业素质?

子议题2:如何实现中国梦—劳动创业梦?

议题情境:党的十八大以来,习近平总书记多次强调,要在全社会大力弘扬劳模精神、劳动精神,引导广大人民群众树立辛勤劳动、诚实劳动、创造性劳动的理念。在东西部协作脱贫攻坚阶段,我们要发扬劳模精神及精益求精的工匠精神,把脱贫攻坚工作做深、做细、做实。

议学活动:教师PPT展示学生搜集的劳动模范、优秀工匠和自主创业者的典型事迹,以及相关板报、班刊或校报的图片等。学生结合材料分析劳模精神的内涵特征,明确弘扬劳动精神的必要性与重要性;围绕"爱劳动、做劳模、树匠心"主题进行交流,探讨如何认识劳模精神、工匠精神,领悟创业精神的内涵,谈谈自己对劳动和创业的看法。基于学生讨论,教师进行提炼总结。

设计意图:通过展示,肯定学生的劳动成果,让学生从真实情境出发,了解工匠精神、劳动精神、劳模精神的基本内涵及相互关系,激发学生自主探究的兴趣;以议题为导向,通过设计探究活动,培养学生理论联系实际的思考与操作能力;引导学生结合材料了解志智双扶的重要性,强调生活逻辑与理论逻辑的统一;引导学生从自身立场出发,进一步认知劳动精神和企业家精神的重要价值,为将来就业与创业做好规划,增强劳动光荣意识,投身创新创业的时代大潮,积极准备、担当奋斗,接续实现中国梦—劳动创业梦;通过学生自我生成问题答案及教师总结,使学生树立正确的就业创业观,乐于承担社会责任,养成尊重劳动、热爱劳动、勇于创新的品质。

答案提示:本议学任务涉及劳动精神、劳模精神、工匠精神、创新与创业、中国梦等多个概念,在实际教学中要以几个概念为抓手,展开呈现,比较分析。

议题辨析:中国梦—绿色发展梦

子议题1:要经济发展还是要生态环境?

子议题2:如何实现中国梦—绿色发展梦?

议题情境:2020年4月18日,在翔安区委区政府大力推动下,总投资30亿元的甘肃黄河丹霞旅游股份有限公司在临夏州永靖县落地运营。不久之后,永

靖县 23.36 平方公里的炳灵丹霞地质公园、130 平方公里的刘家峡水库等旅游区域,将以崭新面貌呈现在游客面前。

在脱贫攻坚过程中,甘肃永靖念好"山"字经、做好"海"文章,生态先行,绿色发展,重点实施了美丽乡村、教育扶持、产业园区共建、农业产业化等发展项目,培育"绿水青山—金山银山",走出一条"山海合作、脱贫致富"的新路。

在我国 2030 年碳达峰、2060 年碳中和及全球能源转型浪潮的大背景下,我们预计 2021 年全球新增光伏装机有望同比增长 45.5%。

议学活动:教师展示学生调查校园、社区和村庄节约资源、保护环境的总结表,运用生活经验和相关学科知识,辨析、讨论、明确"经济发展与环境保护"之间的关系;阅读山海协作扶贫材料,结合自我认知反思生活中不合理的消费现象,明确消费心理的表现及正确消费观的内容;就如何建设绿色学校或绿色社区提出你的建议。学生代表展示讨论成果,教师提炼总结。

设计意图:从生活与理论角度,进一步加深对"绿水青山就是金山银山"理念的认识,联系我国碳达峰、碳中和的时间目标,引导学生树立正确的消费观,坚持绿色低碳消费,促进人与自然和谐统一;引导学生从消费者角度思考"建设美丽中国,实现中国梦—绿色发展梦,我们应该做什么",为建设绿色生态家园提出合理化建议。

答案提示:发展经济与保护生态环境相辅相成。优越的生态环境有利于经济发展,经济发展有利于开展生态环境保护工作。消费心理有四种:从众心理、求异心理、攀比心理、求实心理。我们应坚持正确的消费观,即量入为出,适度消费;避免盲从,理性消费;保护环境,绿色消费;勤俭节约,艰苦奋斗。

本议学任务既涉及宏观层面的经济发展与生态环境保护的关系,又涉及微观领域个人绿色低碳消费问题,跨度较大。个人绿色消费与生态环境保护之间存在密切联系。

议学策划:中国梦—共同富裕梦。

子议题:从脱贫攻坚到乡村振兴,如何实现共同富裕?

议题情境:几年来,翔安对永靖实行既"输血"、又"造血"的产业帮扶,形成"翔安—永靖模式",确保真扶贫、扶真贫,增强永靖发展的内生动力。

一是产业"造血",帮当地农户拔穷根。通过项目带动、国企共建等方式,不断激发永靖县自行"造血"功能,助力永靖跑出脱贫攻坚"新速度"。2019 年,翔安区从厦门引进4家企业落地永靖县,完成投资近2000万元,带动贫困人口1992人。在文旅方面,2020年4月18日,总投资30亿元的甘肃黄河丹霞旅游股份有限公司在临夏州永靖县落地运营,重点打造23.36平方公里的炳灵丹霞地质公园、130平方公里的刘家峡水库等旅游区。

二是就业"活血",为贫困劳动力提供岗位。2017年,翔安区发挥政府劳务部门和劳务中介作用,牵头推进两地产业协作及永靖县劳动力输转;协助甘肃古典建设集团在翔安成立厦门分公司,组织更多劳动力到厦门实现稳定就业。央视《新闻联播》和《人民日报》曾将其作为典型案例进行专题报道。2019年,完成就近就业、第三地就业、新增在厦稳定就业总人数近4000人。2020年1月至2020年9月,翔安区组织劳务输转7批共572人(其中建档立卡贫困人员408人)来厦稳岗就业。

三是消费"输血",让永靖好产品走出大山。2020年6月3日,在翔安区启动运营了"甘肃永靖扶贫产品展销中心",销售金银花、甜荞麦、黄芪等永靖县农特产品30余种,另配冷链冻库储存当地直运的特色牛羊肉,同时建立线上线下完备的销售渠道,2019年实现消费扶贫总额比2018年同期增长200%。

四是结对帮扶,做好志智双扶的大文章。翔安区注重以创业带动就业,培训永靖县创业致富带头人200余人、创业成功近200人,带动建档立卡贫困户就业约900人。翔安4镇1街、15个村居、27家企业、11个社会组织,与永靖65个贫困村签订了帮扶协议书,两地31所学校、29家医院签订结对协议,并选派38名优秀教师到永靖县支教,实现结对帮扶全覆盖。

五是爱心捐赠,带动社会力量加入帮扶。截至2020年10月,翔安募集各类社会团体、爱心企业、善心人士捐赠,带动更多社会力量加入帮扶队伍,累计社会帮扶资金1000多万元。

议学活动:"翔安—永靖模式"为精准脱贫提供了哪些宝贵经验?谈谈你对"先富"与"共富"关系的认识,并运用学科知识,联系脱贫攻坚、乡村振兴,从分配角度谈谈该如何实现共同富裕。

设计意图:让学生从精准脱贫、共同富裕"翔安—永靖模式"中得出普适性的经验方法,提高学生分析问题、解决问题的综合能力;调动运用已学知识,理论联系实际,学以致用,增强公共参与素养与家国情怀;学生合作探究,展示劳动成果,激发自主探究,培养奋斗精神、自力更生精神和乐于助人的品质;分析讨论精准脱贫的方法和建议,为脱贫攻坚和乡村振兴提供借鉴,进一步增强对实现共同富裕紧迫性与必然性的认知。以"翔安—永靖模式"为例,以从特殊性到普遍性的逻辑思路引导学生深入理解"打赢脱贫攻坚战"的战略意义,帮助学生提升对社会主义本质要求和社会主义制度优越性的认识,进而增强学生的家国情怀和责任意识。

答案提示:从实际出发,优势互补,既要"输血",又要增强贫困地区的"造血"功能;发展教育,提高科技水平与文化水平,重视人才培养;结对扶贫,责任明确……

"先富"和"共富"相互联系、相互渗透、相互促进。"先富"是途径、动力,"共富"是目标。两者的关系实质上是效率与公平的关系,要想"先富"必须提高效率,没有"共富"也就没有公平。共同富裕不等于同步富裕,人们的收入差距只要相对合理,就是共同富裕和社会公平。"先富"以"共富"为目标,"共富"以"先富"为途径……

初次分配和再分配都要注重公平,初次分配要实行按劳分配原则,完善按要素分配的体制和机制……要规范收入秩序,坚持消除贫困,完善社会保障。

议学延伸:中国梦—你我共筑梦

子议题:面对新时代巩固拓展脱贫攻坚成果,走好乡村振兴路,中学生该做些什么?

议题情境:2021年2月25日,全国脱贫攻坚总结表彰大会在北京人民大会堂隆重举行。习近平总书记强调,经过全党全国各族人民共同努力,在迎来中国共产党成立100周年的重要时刻,我国脱贫攻坚战取得了全面胜利,现行标准下9899万农村贫困人口全部脱贫,832个贫困县全部摘帽,12.8万个贫困村全部出列,区域性整体贫困得到解决,完成了消除绝对贫困的艰巨任务,创造了又一个彪炳史册的人间奇迹!

习近平总书记指出,乡村振兴是实现中华民族伟大复兴的一项重大任务。乡村振兴战略是党的十九大提出的一项重大战略,是关系全面建设社会主义现代化国家的全局性、历史性任务,是新时代"三农"工作的总抓手。在新时代巩固拓展脱贫攻坚成果、走好乡村振兴路、奋力实现中国梦的奋斗过程中,中学生该如何参与?

议学活动:明确中学生可以通过成为志愿者、参与各种公益活动、学习结对、文化旅游、爱心捐助等多种方式参与。

设计意图:培养学生责任担当意识,指向学科核心素养提升,实现个人发展与社会进步相统一。

本课小结:教师引导学生谈感受,教师总结。

板书设计:

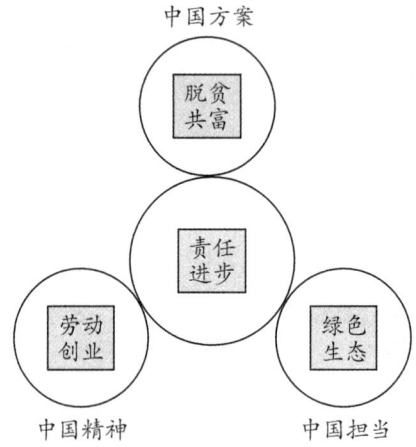

"我国的个人收入分配"议题式教学课堂观察

丁 巧

【简介】

授课教师:丁巧,中学一级教师,对议题式教学有一定研究,曾连续三年获得全国议题式教学设计大赛特等奖,擅长调动学生积极性和主动性,有较强的探究能力,综合素养较高。

教学主题:"我国的个人收入分配"新授课。

教学议题:如何从个人收入分配中品味获得感?

观察教师:台州一中政治学科教研组全体成员。

活动目的:新课标明确指出,思想政治学科是活动型学科课程,要求课程内容活动化、活动内容课程化,而议题式教学就是活动型学科课程行之有效的教学方法。议题如何确定、议题式教学是否契合统编教材、如何开展议题式教学、议题式教学如何发挥学生主体作用等,都是思政课教师必须面对和思考的问题。为了在本校高中思想政治学科教学中更好地研究、推广议题式教学,特举行此次课堂观察活动。

【课前会议】

(一)丁巧老师说课

1.主题说明

(1)本框地位。思想政治必修2《经济与社会》第二单元第四课第一框"我国的个人收入分配",是第三课"我国的经济发展"在政策层面的具体要求,也是第二单元"经济发展与社会进步"的重点内容。学习本框内容有助于学生深入理解习近平新时代中国特色社会主义思想,科学认识我国经济发展与社会建设中的有关问题,也为理解下一框"我国的社会保障"提供了论据。

(2)本框内容。本框主要阐述了个人收入的分配方式、个人收入的获取途

丁巧,浙江台州人,本科学历,台州市第一中学教师,中学一级教师,主要研究课堂有效性和深度教学。

径、完善收入分配的原因和措施,下辖两目。第一目"按劳分配为主体、多种分配方式并存",通过六段"文字描述"、三个"探究与分享"、三个"相关链接",阐述我国的个人收入分配制度、居民收入的获取途径和合法方式,介绍实行该分配制度对于优化资源配置、促进经济发展的作用;第二目"完善个人收入分配",主要内容是完善个人收入分配的原因和措施。

2.学情分析

(1)学生心智特征。本课的授课对象是高一学生,他们已具备一定的政治素养,对个人收入分配方式和获取方式具有一定的认知意向,对完善个人收入分配的措施有一定的认知兴趣。同时,高一学生的思想活动和行为方式呈现多样性、可塑性,对辩论、恳谈会、现场绘图等三个任务充满探究欲望,对"议中学"的教学方式抱有期待。

(2)学生认知结构。一方面,学生通过对我国基本经济制度、现代化经济体系、经济建设的新思想新理念、以人民为中心的发展思想等知识的学习,具备一定的经济学素养,为学习本框打好了基础;另一方面,从对学生的随机采访可知,学生对个人收入分配的了解主要来自初中教材,认识不够广泛和深入。课前,适当布置小调查和搜集相关信息等活动,可以帮助学生更顺利地参与课堂议学活动。

3.教学目标

结合家庭收入实例,厘清和掌握个人收入的方式与途径;通过辩论"按要素分配是否会导致我国收入差距过大化",评析实现共同富裕、促进社会公平正义的收入分配政策,培养思辨能力和科学精神;通过模拟"脱贫攻坚恳谈会"、现场生成"坊城新村走向共富"的路线图,迁移、应用"完善个人收入分配的措施"等知识,树立以人民为中心的发展思想,认同我国社会主义分配制度,增强制度自信,激发主人翁意识,培育政治参与素养和政治认同素养。

4.教学重难点

教学重点:完善个人收入分配的措施。

教学难点:对按要素分配机制的理解。

5.教学环节

导入:请每组组长上台分享本组成员的家庭收入情况,引入个人收入分配的学习,点出本课的主题——我国的个人收入分配。

议题:如何从个人收入分配中品味获得感?

环节一:议题描述·初探坊城新村的收入分配。要求学生自学教材第44—49页内容,梳理内容框架,完成表格1。根据自己家庭收入,结合教材第44—48页内容,将这些家庭收入按分配方式、获取途径、收入形式填入表格2。

环节二:议题辩论·透视坊城新村的收入分配。要求运用生活经验和相关学科内容,分组对"按要素分配是否会导致我国收入差距过大化"进行辩论,在辩论中明晰按要素分配的意义,明确我国现行分配制度的原因,培养思辨能力和探究精神。

环节三:议题决策·揭秘坊城新村的收入分配。要求结合习近平总书记决胜脱贫攻坚座谈会讲话内容,模拟"坊城新村脱贫攻坚恳谈会",模拟领导干部与村民共商乡村振兴方略、共话脱贫攻坚奔小康、建设美丽家园的过程,汇总形成《坊城新村关于推行"民意恳谈会"模式推进乡村脱贫致富的实施意见》等文字材料,在活动中培育制度自信和公共参与素养。

环节四:议题追问·展望坊城新村的光明未来。通过小组商议,现场绘制坊城新村走向共富的路线图,组长代表本组展示并解读,在活动中培育政治认同素养和主人翁精神。

总结:结合环节一的知识结构对本课知识进行归纳提升。

6.教学创新

本课指向学科核心素养,以中心议题"如何从个人收入分配中品味获得感"统领教学,整体设计考虑以下四个方面:第一,在教学流程上,遵循"议题描述—议题辩论—议题决策—议题追问"的路线,逐步展开议学活动。第二,在学科内容上,涉及个人收入的分配方式和获取途径、完善个人收入分配的原因和措施等四个部分。第三,在情境创设上,选择家庭收入来源情况统计、村民民意调查、决胜脱贫攻坚座谈会等。第四,在议题追问环节,选择对完善个人收入分配措施进行深化探究,设置绘制共富路线图的挑战性任务。

7.教学困惑

议题式教学需要充分发挥学生的主体意识和主观能动性,课堂的生成性较强,这对学生的综合素养要求较高;教材内容较多,对于教师的课堂时间和节奏把控要求也较高;议题式教学能否用于常规课并取得预期效果,也是值得思考和研究的。

(二)成员交流

林巧老师(观察者):收入的分配方式、获取途径、收入形式内容抽象,比较难,你打算如何落实?

丁巧老师(授课教师):的确,家庭收入的构成形式多种多样。我在第一个环节通过问卷调查了解学生的家庭收入,引导学生结合自身的家庭收入区分"收入的分配方式、收入的获取途径和收入的形式"。

季敏老师(观察者):生活中的确有很多人认为"按要素分配会扩大城乡收入差距,导致我国收入差距过大化,不利于社会公平"。通过设置辩题"按要素分配是否会导致我国收入差距过大化"不失为一个可操作性的方法。那么,通过辩论你想达到什么目的?辩论要怎么开展?

丁巧老师(授课教师):希望学生理解"按要素分配不可避免会扩大不同生产要素所有者之间的收入差距,甚至导致两极分化,需要政府完善再分配调节机制"。要求学生自由分组、自由组队,在课前布置好辩题任务,引导学生寻找论据,课上给学生5分钟自由辩论的时间,然后交给课代表进行总结点评。这既可以培养学生团队合作、资料搜集的能力,又可以培养学生独立思维、语言表达、应变能力和观察倾听的能力。

陈茂彪老师(观察者):模拟恳谈会很有新意,也紧跟时代潮流,我觉得很不错。那么,设置这个活动你想达到什么目的呢?是否可以达到预期效果?需要学生做哪些准备?

丁巧老师(授课教师):如果学生只能从教材中获取知识或者从准备的材料来解读信息,是远远不够的。学生可以通过模拟恳谈会,去感知、了解完善个人收入分配,促进社会公平的一些具体途径。学生应该能更加深刻地理解我国正在努力完成这项对中华民族具有重大意义的伟业,在活动中更好地培育学生政治素养和主人翁精神。

王衡老师(观察者):现场绘制"坊城新村走向共富"的路线图应该是本课最大的亮点。请说说你的设计意图。

丁巧老师(授课教师):我以"坊城新村的村民收入情况"为主情境,由"家庭收入来源情况—村民的民意—习近平总书记决胜脱贫攻坚座谈会—现场生成走向共富路线图"等具体情境组成。以当地的坊城新村为素材并贯穿全课,具有时代性、地方性和真实性。从简单情境入手,升级到复杂情境和挑战性情境,具有一定的层次和梯度,引导学生将抽象学科知识与真实情境相融合,学会运用学科内容解析各种复杂社会问题和面对生活挑战。

(三)讨论确定观察点

本课主要是为了研究"总议题和子议题如何确定、议题式教学是否契合统编教材、如何开展议题式教学、议题式教学如何发挥学生主体作用"等,议题设计的引领性、探究性、创新性和合理性是观察核心,由林巧、方如意两位老师负责。此外,观察"问题指向明确性、问题与话题的关联度、问题层次的高低及问题应答的方式",由龚旭燕、贺媚娜两位老师负责;观察"学生课堂参与的主动性、积极性,以及参与的广度和深度",由季敏、李文华两位老师负责;观察"本课知识落实和知识目标达成情况",由陈茂彪、冯梦莹两位老师负责;观察"活动开展的有效性、针对性和探究性"等情况,由王衡、李佳敏两位老师负责。

【课中观察】

(一)观察工具

观察表、录播教室。

(二)观察位置

林巧、方如意:分别坐在教室左后方和右后方,重点观察"议题设计的引领性、探究性、创新性和合理性"。

龚旭燕、贺媚娜:分别坐在教室左前方和右前方,重点观察"问题指向明确性、问题与话题的关联度、问题层次的高低以及问题应答的方式"。

季敏、李文华:分别坐在教室左前方和右前方,重点观察"学生课堂参与的主动性、积极性,以及参与的广度和深度"。

陈茂彪、冯梦莹:分别坐在教室左右过道,重点观察"本课知识落实和知识目标达成情况"。

王衡、李佳敏:分别坐在教室左右过道,重点观察"活动开展的有效性、针对性和探究性"。

注:此次授课在录播教室,因此,在学生到达授课地点之前就按照需要分好6组,有两组成员6人,有四组成员7人。小组长座位相对固定,便于组织组员讨论,其他学生座位则相对自由。

【课后报告】

(一)授课教师反思

本框教学设计遵循了议题式教学的基本原则,整体设计上考虑四个方面的内容:

在议题设计上,该框总议题为"如何从个人收入分配中品味获得感"。议题设计贴近学生生活实际,融合教学内容,直面教学难点和困惑,可以很好地达成教学目标,能够在课堂架构中起到引领和纽带作用。

在情境创设上,以"坊城新村的村民收入情况"为情境。本课以当地的坊城新村为素材,贯穿全课,成为课堂架构的载体。教学设计从简单情境入手,再升级到复杂情境和挑战情境,具有一定的层次和梯度,引导学生将抽象学科知识与真实情境相融合,学会运用学科内容解析各种复杂社会问题和面对生活挑战。

在活动设计上,本框的教学流程遵循了"议题描述—议题论证—议题决策"的顺序,安排了"搜集、展示—采访、讨论、展示—恳谈—撰写—商议、绘制、展示"等活动;设计了"描述和了解坊城新村的村民收入方式和途径—描述和了解坊城新村的村民收入分配存在的问题—论证和理解要解决坊城新村的收入分配问题的原因—决策和应用坊城新村走向共富的路线图"等任务;确定了"初探坊城新村的收入分配—透视坊城新村的收入分配—揭秘坊城新村的收入分配—展望坊城新村的光明未来"等环节。活动丰富、形式多样,符合活动型学科课程的特点,能够充分调动学生的学习热情和积极性。

在素养落实上,本框的学习帮助学生理解以人民为中心的发展理念,阐明完善个人收入分配的必要性,使学生更加认同党和国家现阶段采取的一系列分配政策和措施。同时,师生共同探究我国完善个人收入分配的措施,能促进学生科学地认识问题和正确地解决问题。学生能在探究我国个人收入分配过程中理解并支持国家保护合法收入、取缔非法收入的措施,最终明白完善个人收入分配不只事关国家和政府,人人都有责任,中学生应该增强法律意识、责任意识,做参与者而不是旁观者。

(二)观察分析报告

1.议题设计的观察反馈报告

(1)观察点说明。议题式教学的核心是以议题为引领,围绕议题开展情境式教学,通过探究活动培育学生学科核心素养。因此,本节课重点观察议题设计。包括观察学生对总议题、子议题的理解和领悟情况,观察学生是如何回答每个子议题引领的几个问题,课前预期的达成情况、课堂生成和预设的比例情况、学生回答问题和思考的深入与全面情况等。

(2)工具设计与观察结果见表1。

表1 议题设计观察记录

总议题	子议题	议题引领性	议题探究性	议题创新性	议题合理性	备注
如何从收入分配中品味获得感	家庭收入是怎么来的,又该如何归类				该议题贴合学生生活,符合学生实际,在导入环节设置该议题合理、有效	以中心议题"如何从个人收入分配中品味获得感"统领教学,遵循"议题描述—议题辩论—议题决策—议题追问"的路线,逐步展开议学活动
	按要素分配是否会导致我国收入差距过大化		该议题极具思辨性,学生需要拓展思维,整合知识,激发思考的热情			
	如何完善个人收入分配、促进社会公平、增强人民的获得感	该议题很好地统领该环节,准确、明了地指明教学方向,具有引领性				
	现场绘制"坊城新村走向共富"的路线图			该议题的设置富有新意,是一种挑战性任务,学生的回答创意十足。议题设计极具创新性		

(3)观察结果反馈及教学建议。结果反馈:本课总议题来源于"课程标准中的教学提示",议题设计客观、贴合教材内容、符合学生心智特点。根据总课题设置四个子议题。

子议题1:家庭收入是怎么来的,又该如何归类?这个议题贴近学生生活实际,难度较低,可以较快激发学生学习兴趣和热情。

子议题2：按要素分配是否会导致我国收入差距过大化？随着村民收入差距拉大，有村民出现心理落差，甚至怀疑现有分配制度，因此需要加深认识、澄清误区。该议题的设置让学生看到按要素分配的积极作用，也为优化收入分配、促进社会公平埋下伏笔。

子议题3：如何完善个人收入分配、促进社会公平、增强人民的获得感？掀起学生群体共话脱贫攻坚和乡村振兴的热潮，进一步激发学生参与本村脱贫致富的责任感和积极性，帮助学生树立"村中大事村民自己说、自己议、自己做"的思想。

子议题4(微项目)："坊城新村走向共富"路线图。现场绘制，促使学生更好地理解和认同我国现阶段个人收入分配制度，树立劳动光荣信念，培养公平精神，增强热爱劳动、热爱人民的情感，对我国实现脱贫攻坚更有信心，并明确自身在脱贫攻坚中的义务和职责，增强学生的社会责任感和实践参与力。

整体来说，总议题和子议题设计合理科学，具有探究性和创新性，具有很强的操作性和引领性。

教学建议：本节课前面三个议题设计难度合适，贴近学生生活。第四个议题创意十足，但是，学生在思考过程中手足无措，表现出茫然。应对该议题进行修改完善，如绘制"坊城新村走向共富"美好蓝图、拍摄"坊城新村走向共富"微视频、为"坊城新村走向共富"录制祝福语等。

2.问题设计的观察反馈报告

(1)观察点说明。师生在课前的话题选择和素材收集加工是开展教学的基础。依据话题和收集的素材设计驱动教学的问题，是提高教学效率的前提。设置什么样的问题反映教师专业能力，对学生的学习效率具有决定性影响。因此，本节课另一个观察重点是问题设计。

设计的问题是否能有效促进学生学习，取决于问题指向是否明确明晰、问题与话题是否关联度高、问题层次的高低及学生应答的方式等。这些因素可以根据学生的课堂应答做出判断。

(2)工具设计与观察结果见表2。

表2 问题设计观察记录

环节	问题	问题指向明确性	问题与话题的关联度	问题层次的高低	学生问题应答的方式
议题描述——初探坊城新村的收入分配	将这些家庭收入按分配方式、获取途径、收入形式填入表1	课前预设,问题指向明确清晰	很紧密,问题契合主题、话题	问题难度不大,属于低难度题目	集体应答
	梳理本框内容框架,完成表2	课堂生成,问题指向明确	比较紧密,主要是知识体系	梳理知识,问题设置难度较低	填表
议题辩论——透视坊城新村的收入分配	对"按要素分配是否会导致我国收入差距过大化"进行辩论	课堂生成,问题指向明确	比较紧密,学生在刚开始时有迷茫的表现,经过引导后逐渐进入正题	辩论题,问题设置难度较大,对学生思维激发较大	自由辩论
议题决策——揭秘坊城新村的收入分配	模拟恳谈会方式,商议、讨论、评析完善个人收入分配的措施,并形成相应文字材料	课堂生成,问题指向明确	紧密,与教材内容对接较紧密,有助于对教材知识的理解	模拟恳谈会并形成文字稿,难度较大,需要学生表达能力和调用知识的能力	小组代表分组汇报
议题追问——展望坊城新村的光明未来	商议、绘制、展示"走向共富"路线图	课堂生成,问题指向理解较难	紧密,落实教材"消除贫困"的知识	难度非常大,是挑战性任务,对思维能力、动手能力、团队协作能力要求很高	小组画图

（3）观察结果反馈与教学建议。结果反馈:本节课共四个环节,每个环节都有一个核心问题,按照"是什么—为什么—怎么样"的程序展开学习,学习过程充满理性思维,较好地落实知识体系建构和思维能力培养。四个问题分别以简答、辨析、归纳、探究等形式呈现,与话题关联紧密,问题指向明确,问题与能力提升直接相关,有助于激发情感。问题提出后,采用个人回答、集体回答、角色分析、小组讨论等应答方式。在这个过程中,学生思维活跃,表现出浓厚的兴

趣,可见问题设计符合学情。从学生的回答看,问题得到有效解决,说明目标落实比较好。

教学建议:模拟恳谈会并形成文字稿的难度较大,建议为学生提供恳谈会流程图及《实施意见》的参考模板,既可以帮助学生减少参与阻力,又可以帮助学生拓宽思路、增强实效。

(4)精彩生成汇总。

问题1:说说你家庭收入的来源,讨论这些家庭收入的来源,并将这些家庭收入按分配方式、获取途径、收入形式填入表格。

学生发言汇总:在国有企业和集体企业工作获得的奖金、工资和津贴,农民通过承包集体土地种植蔬菜、水果、林木等获得的收入,均属于按劳分配和劳动性收入;农民流转土地经营权获得的收入、出租房屋获得的租金、银行存款获得的利息、炒股获得的股息和红利、技术转让费等,均属于按要素分配和财产性收入;私营、外资企业中劳动者的工资属于按要素分配和劳动性收入。

问题2:分组对"按要素分配是否会导致我国收入差距过大化"进行辩论。

学生辩论总结:按要素分配有利于让各种要素的活力竞相迸发,推动资源优化配置、促进经济发展,也为村民创造更多财富,增强广大人民的获得感。但不可避免会扩大不同生产要素所有者之间的收入差距,甚至导致两极分化,需要政府完善再分配调节机制,规范收入分配秩序,让改革发展的成果惠及最广大人民,增强广大人民的获得感。我国为了充分调动劳动者积极性和创造性,激励劳动者学习科学技术、提高劳动技能,制定了按劳分配为主体、多种分配方式并存的分配制度,也是我国兼顾效率与公平、避免出现收入差距过大化的重要政策。

问题3:模拟恳谈会方式,商议、讨论、评析完善个人收入分配的措施,并形成相应文字材料。

学生发言汇总:通过走访调查,了解到我们周边很多村都和当地龙头企业开展合作,实行"村民合作社+龙头企业+农户"经营模式,发展特色生态农业;村民合作社入股企业,企业按照规定标准给村集体分红;利用村民学校定期聘请专家对村民进行培训,让农民成为有含金量的职业;实行贫困户兜底,大力开发本村公益性岗位,优先解决本村贫困劳动力人口就业,实现"一人上岗,全家脱贫";政府财政资金重点向困难户倾斜,充分发挥政府投入在扶贫开发中的主体和主导作用,全力支持实施大扶贫战略行动,重点支持农村"三变"改革和农民专业合作社发展,因地制宜进行产业扶贫;着力改善制约贫困地区发展的水、电、路、讯、房、寨等基础设施条件;统筹教育精准扶贫、新型农村合作医疗、困难群众基本生活救助等专项资金。这些措施都是咱们国家在脱贫攻坚中的具体实事,真正理解了教材内容"坚持在经济增长的同时实现居民收入同步增长、劳动生产率提高的同时实现劳动报酬同步提高"。初次分配坚持按劳分配原则,完善按要素分配的体制机制;再分配完善以税收、社会保障、转移支付为主要手段的再分配调节机制。规范收入分配秩序,在"扩大、增低、调高、取非"方面持续发力。精准扶贫,消除贫困等。

问题4:商议、绘制、展示"走向共富"路线图。

学生4:要实现共同富裕,需要多方努力,采取众多方式,才能达成目标。比如,每个人都要积极提高自身素质和技能,靠诚实劳动和合法经营致富。除此以外,个人积极参加城乡居民基本养老保险和医疗保险、维护自身合法权益。国家努力拓宽增收渠道,提高家庭收入水平;发挥人民首创精神,努力实现科技和创新成果转化。

3.学生课堂参与的观察反馈报告

(1)观察点说明。学生是课堂的主人,学生课堂参与的热情度、广度和深度是衡量一节课的重要指标。因此,要观察学生在整节课中,是否全程参与、全员参与;在小组合作过程中,分工是否明确合理、组员参与情况如何;代表汇报时表达的准确性、充分性及其他学生辅助、倾听情况。

(2)工具设计与观察结果见表3。

表3 学生课堂参与观察记录

学生参与	辅助倾听方式				参与问答			参与讨论	
	补充	查阅	其他	人数	形式	典型事例	人数		表达
议题描述——初探坊城新村的收入分配	查阅教材,记录信息			6	个别回答、齐答	家庭收入	38		同桌交流
议题辩论——透视坊城新村的收入分配	查阅资料,提供辩论素材,记录信息			5	个别回答	按要素分配扩大收入差距	36		分正反方辩论

续表3

学生参与	辅助倾听方式			参与问答			参与讨论	
	补充	查阅	其他	人数	形式	典型事例	人数	表达
议题决策——揭秘坊城新村的收入分配	查阅资料、补充要点、记录要点			4	个别回答	形成方案	39	分四个组开展讨论,合作学习
议题追问——展望坊城新村的光明未来	动笔绘制			4	个别回答	形成路线图	40	四人一组,分组绘制,合作学习

(3)观察结果反馈与教学建议。结果反馈:在"参与问答"和"参与讨论"方面,可以看出学生在这堂课的每个环节的参与热情都很高。学生大部分能主动回答,形式有齐答和个别回答两种。在参与讨论中,关于人数的计算是通过反向来观察的,即记录没有参与讨论的学生。我们可以看出,积极参与讨论的学生占绝大多数,形式有四人小组讨论、同桌交流等,尤其是分四个组进行讨论时,讨论时间更充分,参与讨论的人数更多,学生代表在汇报时精准到位。在"辅助倾听方面"方面,形式有记录信息、查阅书本、动笔记录、补充与提问等,学生能高度参与课堂学习,说明学生具有较深的参与度。我们观察到,第三、四环节,学生参与度最高。我们认为与如下因素有关:第一,学习方式的改变引起学习热情的改变。议题式教学过程中,讲台是属于学生的,课堂由学生主导,在这种情况下,学生的学习参与热情完全不同。第二,学习主题贴近学生经验和社会热点,与学生身边的生活息息相关,因此学生能迅速结合教材知识进行讨论和分析,有话可说、有话能说、有话会说,从而提高课堂参与度。

教学建议:在分组讨论过程中,教师可以要求组内安排和设置记录员、发言员、资料搜集员、对本组进行打分的观察员等角色。这样,可以让更多学生参与活动,确保每位学生有事可做、有事能做。

4.知识目标达成的观察反馈报告

(1)观察点说明。知识落实是任何一节课都应该关注的,知识目标是任何一节课的基础目标。议题式教学应该关注在课堂上能否促进知识目标的达成,因此,我们要观察导入、理解、应用和迁移四个环节的基础知识落实与知识目标达成情况。

（2）工具设计与观察结果见表4。

表4 知识目标达成情况记录

环节	知识	知识的表达		知识的运用		
		正确	熟练	准确	较熟练	不熟练
议题描述——初探坊城新村的收入分配	个人收入的分配方式、获取途径和收入形式	家庭收入				分配方式、获取途径、收入形式
议题辩论——透视坊城新村的收入分配	按要素分配机制	按要素分配会扩大差距				需要优化收入分配
议题决策——揭秘坊城新村的收入分配	完善个人收入分配的措施	收入分配的措施				结合生活情境分析完善收入分配的机制
议题追问——展望坊城新村的光明未来	完善个人收入分配，必须坚持消除贫困	完善个人收入分配，必须坚持消除贫困				共同富裕路线图的绘制

（3）观察结果反馈与教学建议。结果反馈：根据课程标准，我们判断知识目标的落实指标主要有厘清和掌握个人收入的方式与途径，评析实现共同富裕、促进社会公平正义的收入分配政策，应用、迁移个人收入分配的完善措施等知识。

关于个人收入的方式和途径，几个组长都能清晰地判断家庭收入状况，并且根据教材准确填表，说明、理清和掌握"个人收入的方式和途径"这一知识。

关于"评析实现共同富裕、促进社会公平正义的收入分配政策"，课堂上开展"按要素分配，是否会导致我国收入差距过大化"的辩论。学生积极性很高，并且能结合自己事前准备的素材旁征博引，证明学生对收入分配政策有了基本的理解和掌握，尤其是对按要素分配机制有了更深层次的解读和判断。

关于"运用和迁移个人收入分配政策",在模拟"脱贫攻坚恳谈会"和现场生成"走向共富的路线图"两个探究性活动中,学生积极发言、踊跃思考,在小组探究中落实该目标。

最终实现在活动中帮助学生树立以人民为中心的发展思想,认同我国社会主义分配制度的目标,增强学生制度自信,激发学生主人翁意识,培育学生公共参与和政治认同素养。

教学建议:教材知识较零散,内容也较多,建议教师可以在四个环节结束后,带领全班学生或者邀请课代表上台,结合环节一的知识结构归纳提升本课知识,总结教材的重难点,或者通过课堂训练巩固落实知识。

5.活动开展情况的观察反馈报告

(1)观察点说明。课程标准明确指出,思想政治学科是活动型学科课程。在议题式教学中,必须充分调动学生的主动性和积极性,通过丰富多彩的活动帮助学生理解知识。因此,要观察活动开展的有效性、针对性和探究性。

(2)工具设计与观察结果见表5。

表5 活动开展情况记录

环节	活动	活动有效性	活动针对性	活动探究性
议题描述——初探坊城新村的收入分配	搜集资料、商议家庭收入分类	自学教材第44—49页的内容,梳理本框内容框架,完成表2。该活动落实教材知识,强化知识的理解	分享本组成员的家庭收入,讨论这些家庭收入的来源,并将这些家庭收入按分配方式、获取途径、收入形式填入表1,该活动贴合学生生活实际,针对性强	
议题辩论——透视坊城新村的收入分配	辩论"按要素分配是否会导致我国收入差距过大化"			商议、辩论、展示"按要素分配是否会导致我国收入差距过大化"的观点。正反双方在鱼骨图上各写六个关键词理清辩论思路,明确按要素分配的意义,活动具有探究性

续表5

环节	活动	活动有效性	活动针对性	活动探究性
议题决策——揭秘坊城新村的收入分配	模拟"坊城新村脱贫攻坚恳谈会",汇总形成《坊城新村关于推行"民意恳谈会"模式推进乡村脱贫致富的实施意见》等文字材料			模拟领导干部与村民共商乡村振兴方略、共话脱贫攻坚奔小康、建设美丽家园的过程,汇总形成《坊城新村关于推行"民意恳谈会"模式推进乡村脱贫致富的实施意见》等文字材料。活动富有创意、新意,需要活学活用教材知识
议题追问——展望坊城新村的光明未来	生成坊城新村走向共富的路线图			商议、绘制、展示走向共富的路线图(请根据商议,在下方空白处画出路线图)。组长代表本组展示并解读,需要学生自主探究、合作感悟

(3)观察结果反馈与教学建议。结果反馈:本节课安排了"调查、商议—辩论、争议—模拟恳谈会、撰写实施意见—商议、绘制、展示路线图"等活动,每一环节都以"展示"呈现议学成果,是课堂架构的路径,且活动丰富、形式多样,符合活动型学科课程的特点,能够充分调动学生的学习热情和主动性。

教学建议:第三、四个活动极具探究性和挑战性,学生参与度高,有利于发散学生思维,但是该环节时间有限,学生能上台展示的机会有限。建议课后将所有小组的成果在教室进行展示,以便更全面展示、肯定学生的思考结果,还可以激发学生参与课堂的热情,进一步推动学生高阶思维发展。

【附:教学设计】

(一) 思路框架

本课采用议题式教学,议题、情境、活动和任务四要素形成四条路线。

议题线:由"如何从个人收入分配中品味获得感"引领,由"议题描述—议题辩论—议题决策—议题追求"四个环节构成,议题贯穿学习过程,在课堂架构中起引领和纽带作用。

情境线：以"坊城新村的村民收入情况"为总情境，由"家庭收入来源情况—村民的民意—习近平总书记决胜脱贫攻坚座谈会—现场生成走向共富路线图"等具体情境组成。以当地的坊城新村为素材并贯穿全课，具有地方性、时代性和真实性。从简单情境入手，再升级到复杂情境和挑战情境，具有一定的层次和梯度，引导学生将抽象学科知识与真实情境相融合，学会运用学科内容解析各种复杂社会问题和生活挑战，是课堂架构的载体。

活动线：由"调查、商议—辩论、争议—模拟恳谈会、撰写实施意见—商议、绘制、展示路线图"组成，每一环节都以"展示"呈现议学成果，是课堂架构的路径。

任务线：由搜集资料、商议家庭收入分类，描述和了解坊城新村的村民收入方式和途径—辩论"按要素分配是否会导致我国收入差距过大化"，认同相关制度和政策—模拟恳谈会，应用"完善个人收入分配、促进社会公平、增强居民的获得感的措施"—"迁移知识，生成坊城新村走向共富的路线图，坚定制度自信、培养参与精神"等组成，具有一定难度，指向教学目标，活动丰富、形式多样，符合活动型学科课程的特点，能够充分调动学生的学习热情和主动性。

议题、情境、活动和任务四个要素构架模型如图1所示：

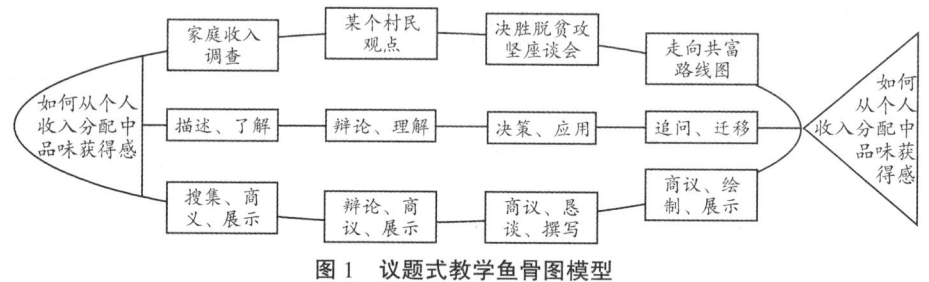

图1 议题式教学鱼骨图模型

(二) 主体设计

总议题：如何从收入分配中品味获得感？

导入：同学们，这节课我们要学习个人收入分配的相关知识。大家是否清楚自己的家庭收入？这些家庭收入又是怎么来的呢？

(请每组组长上台分享本组成员的家庭收入情况)

环节一：议题描述·初探坊城新村的收入分配

子议题1：家庭收入是怎么来的，又该如何归类？

学科概念：个人收入的分配方式、获取途径和收入形式。

议题情境:由学生分享各自的家庭收入。

议学任务:自学教材第44—49页内容,梳理本框内容的框架,完成图2。通过问卷调查了解自己的家庭收入,并根据教材第44—48页内容,将这些家庭收入按分配方式、获取途径、收入形式填入表6。

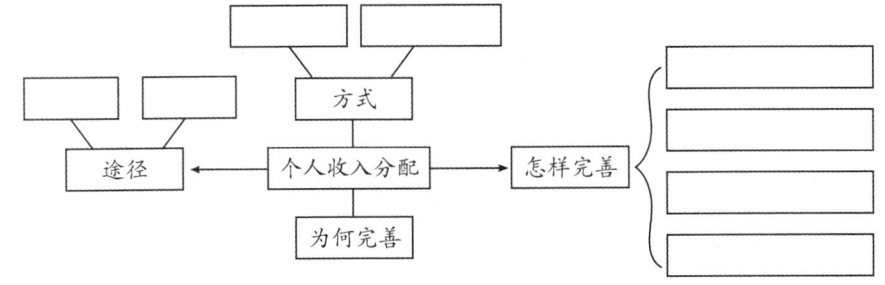

图2 教材内容框架图

表6 家庭收入调查表

家庭成员	收入	分配方式		获取途径		收入形式	
		按劳分配	按要素分配	劳动性	财产性	初次分配	再分配
成员1							
成员2							
……							

议学活动:搜集资料、商议家庭收入分类、填写并展示图2和表6。

设计意图:联系习近平总书记走访坊城新村的最新时政素材,学生可以更深切体会到党中央对"三农"问题的重视,体会到党和国家坚持以人民为中心,为实现脱贫致富作出的巨大努力,从而产生更强烈的政治认同。同时,从介绍自己家庭收入这样的简单情境导入,贴近学生生活实际,难度较低,可以较快激发学生学习兴趣和热情。通过调查、介绍、汇总家庭收入完成资料搜集,学生也可以通过知识与情境的关联,理解个人收入的分配方式和获取途径,实现生活逻辑与学科逻辑的统一。

(教师点评总结并导入新课)

环节二:议题辩论·透视坊城新村的收入分配

子议题2:按要素分配是否会导致我国收入差距过大化?

学科概念:按要素分配机制。

议题情境:党的十九大报告指出,拓展居民劳动性收入和财产性收入渠道,要完善按要素分配的体制机制。但也有部分坊城新村的村民认为,按要素分配会扩大城乡收入差距,导致我国收入差距过大化,不利于社会公平。

议学任务:运用生活经验和相关学科内容,分组对"按要素分配是否会导致我国收入差距过大化"进行辩论,在辩论中明晰按要素分配机制的意义,明确我国现行分配制度的原因,培育科学精神和公共参与素养。

议学活动:商议、辩论、展示"按要素分配是否会导致我国收入差距过大化"的观点。

设计意图:传统观念认为"不患寡而患不均"。随着村民收入差距扩大,有居民出现心理落差,甚至怀疑现有分配制度。因此,需要加深认识、澄清误区。通过辩论让学生看到按要素分配的积极作用,也为优化收入分配、促进社会公平埋下伏笔。

(教师点评并总结个人收入分配的意义,明确我国制定分配制度的原因和重要性,解释个人收入分配政策的完善)

环节三:议题决策·揭秘坊城新村的收入分配

子议题3:如何完善个人收入分配、促进社会公平、增强人民的获得感?

学科概念:完善个人收入分配的措施。

议题情境:中共中央总书记、国家主席、中央军委主席习近平于2020年3月6日在京出席决战决胜脱贫攻坚座谈会并发表重要讲话。他强调,到2020年现行标准下的农村贫困人口全部脱贫,是党中央向全国人民作出的郑重承诺,必须如期实现。这是一场硬仗,越到最后越要紧绷这根弦,不能停顿、不能大意、不能放松。各级党委和政府要不忘初心、牢记使命,坚定信心、顽强奋斗,以更大决心、更强力度推进脱贫攻坚,坚决克服新冠肺炎疫情影响,坚决夺取脱贫攻坚战全面胜利,坚决完成这项对中华民族、全人类都具有重大意义的伟业。在此讲话指导下,全省各地纷纷开展了有针对性的"脱贫攻坚恳谈会"。

议学任务:结合习近平总书记决胜脱贫攻坚座谈会讲话内容,模拟"坊城新村脱贫攻坚恳谈会",模拟领导干部与村民共商乡村振兴战略、共话脱贫攻坚奔小康、建设美丽家园的过程,汇总形成《坊城新村关于推行"民意恳谈会"模式推进乡村脱贫致富的实施意见》等文字材料,在活动中培育科学精神和主人翁精神。

议学活动:模拟恳谈会方式,商议、讨论、评析完善个人收入分配的措施,并形成相应文字材料。

设计意图:在恳谈会的推动下,学生掀起群体共话脱贫攻坚和乡村振兴的热潮,进一步激发参与本村脱贫致富的责任感和积极性,树立"村中大事村民自己说、自己议、自己做"的思想,促使农村恳谈会蔚然成风。

(教师点评并归纳完善个人收入分配的措施)

环节四:议题追问·展望坊城新村的光明未来

子议题4:"坊城新村走向共富"路线图。

学科概念:完善个人收入分配,必须坚持消除贫困。

议题情境:由学生生成"坊城新村走向共富"路线图。

议学任务:小组商议,现场绘制"坊城新村走向共富"路线图,组长代表本组展示并解读,在活动中培育政治认同素养和主人翁精神。

议学活动:商议、绘制、展示"坊城新村走向共富"路线图。

设计意图:通过前面的环节,学生基本明确了完善个人收入分配的措施,在此环节现场绘制共富路线图,使学生更好地理解和认同我国现阶段个人收入分配制度,树立劳动光荣的信念,培养公平精神,增强热爱劳动、热爱人民的情感。对我国实现脱贫攻坚更有信心,并明确自身在脱贫攻坚中的义务和职责,增强学生的社会责任感和实践参与力。

(教师构建本课概念结构)

板书设计:

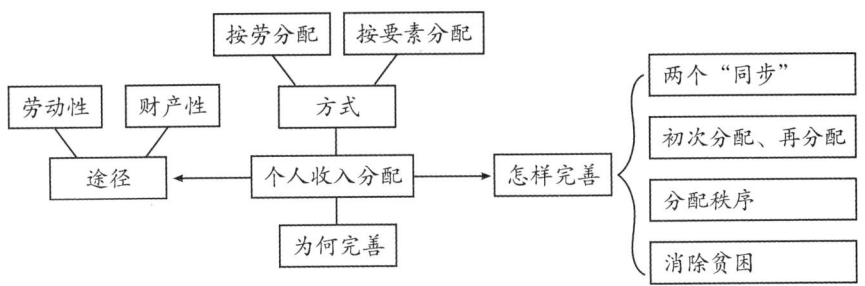

(三)延伸设计

贵州省六盘水市盘关镇贾西村地处乌蒙山区,村里坡耕地占了一半,石漠化面积大。村民们播苞谷、种土豆,产量非常低,贫困发生率曾高达33.8%。考察发现,当地山上的野果子刺梨耐旱、耐贫瘠、保水保土,适合在石漠化山区生长。刺梨因富含维生素C而畅销,一年种植、三年盛果,能收获三四十年,一亩年收入近4000元。

盘关镇党委经过调研,决定以贾西村为核心区,联合七个贫困村,组建刺梨农民专业合作总社,引导国有企业参股介入,形成"公司+总社+分社+农户"的合作经营新模式:公司负责深加工、销售,发挥龙头优势;总社统一资金、种苗、技术;分社组织农户种植、养护。这项改革使农户每年享有耕地保底分红,农民成了产业工人,不仅有务工收入,还按参股比例分配利润。三年来,园区刺梨种植面积迅速发展,覆盖村户快速扩大。2016年,产业带动人均增收3940元,257户685人稳定脱贫。

(1)请运用所学经济生活知识,分析盘关镇合作经营模式是如何促进当地贫困户脱贫的。

(2)假设你被派到农户家做工作,你会采取什么方式劝说农民改变传统经营方式、参与刺梨专业合作社?(列举两个办法)

参考答案:(1)①该镇根据当地生产特点和市场需求,调整经营战略,种植适销对路的农产品。②创新经营模式和管理方式,分工协作,延长产业链,增加产品附加值,提高资源利用率和经济效益。③完善收入分配关系,农民变产业工人,劳动收入增加;农民按照参股比例分配利润,农户的耕地保底分红,农民按生产要素贡献取得收入,促进当地贫困户脱贫。

(2)①在当地找几名通过转变经营方式、参加合作社实现脱贫的农民到其他农户家里"现身说法"。②请农民到刺梨专业合作社进行实地参观,详细介绍经营方式和收入分配方式。

"建设现代化经济体系"议题式教学课堂观察

戚继颖

【简介】

授课教师:戚继颖,中学一级教师,多年担任学科备课组长、教研组长,致力于议题式教学的尝试和研究。

教学主题:"建设现代化经济体系"高一新授课。

教学议题:新时代我国如何实现经济高质量发展?

观察教师:学校政治组全体成员及邀请的其他学校的教师和专家。

活动目的:科学的课堂观察是课堂的助推器。为了更好地学习贯彻落实新课标,开展议题式教学,使学生基于真实生活情境,通过体验、探究、发现来建构自己的学科知识,发展能力、形成品格,最终使学生能够把学科知识和技能迁移运用到真实生活情境,特邀本校政治组全体成员及其他学校的教师进行此次课堂观察活动。

【课前会议】

(一)戚继颖老师说课

1.主题说明

(1)本框地位。本框内容,在学习社会主义基本经济制度和市场经济体制、我国经济发展新理念的前提下,具体分析当前和今后一段时期我国经济发展的主要任务:建设现代化经济体系,迈向高质量发展阶段。本课知识理论性较强,为了更好地理解消化相关知识,采取议题式教学,让师生在议中学、在学中议。

(2)本框内容。本课内容是必修2《经济与社会》第二单元"经济发展与社会进步"第三课"我国的经济发展"第二框内容。一共设置两目:第一目"国家强 经济体系必须强"。教材通过1个《探究与分享》和1个《相关链接》,说明建设现代化经济体系的必要性,介绍了现代化经济体系的内容及相互之间的关

戚继颖,江苏江阴人,研究生学历,江阴市山观高级中学教师,主要研究高中议题式教学,立项江苏省个人专项课题"议题式教学培育高中生政治认同素养的课例研究"。

系。第二目"推动经济高质量发展"。教材通过3个《探究与分享》和5个《相关链接》，说明推动经济高质量发展必须建设好现代化经济体系，并着重介绍应该建设什么样的体系，以及应该从何处着手。

2.学情分析

(1)学生心智特征。高一学生思维广阔性较初中阶段已经有了很大提升，对社会经济现象有一定理解，具备一定分析社会经济现象的能力，但对现代化经济体系比较陌生。

(2)学生知识经验。上一框已经学习了"坚持新发展理念"，具有一定的知识储备，但由于这部分知识理论性和实践性都很强，学生生活阅历有限，理解和掌握起来有一定难度。

3.教学目标

(1)通过探究深化供给侧结构性改革的必要性、意义和途径，认识供给侧结构性改革是针对我国发展中突出矛盾和问题提出来的，培育科学精神。

(2)了解现阶段为什么要建设现代化经济体系、建设现代化经济体系的内容，以及如何建设的具体措施，更加认同党和国家现阶段所采取的一系列发展政策和措施，提升对国家政策的政治认同。

(3)通过合作探究，围绕现代化经济体系建设中某个问题组织调研或参观，并撰写报告，提出对策或建议，能够积极参与经济与社会生活，提升公共参与素养。

4.教学重难点

教学重点：建设现代化经济体系的举措。

教学难点：大力发展实体经济的原因和措施。

5.教学环节

总议题：新时代我国如何实现经济高质量发展？

环节一　议题导入："习近平：支持长江三角洲区域一体化发展，并上升为国家战略"。

环节二　议题描述与论证：实现经济高质量发展——逐梦前行长三角。

环节三　议题决策与迁移：建设现代化经济体系——乘风破浪"新"江阴。

环节四　议题拓展与延伸：随着长三角一体化不断推进，高质量的人才需求将进一步加大。作为未来的劳动者，你将如何制订接下来的学习计划？

6.教学创新

通过议题式教学，转变思想政治课教学方式、培育学生学科核心素养。通过情境创设、活动铺垫,促进学生转变学习方式,践行"学为中心"。

7.教学困惑

本节课的议题设计是否能触发学生兴趣、符合学生最近发展区的"题",是否让学生想议、能议、敢议,是否能在有限的教学时间内有效解决教学疑难问题等,都是我比较担心的问题。

(二)成员交流

姚强老师(观察者):议题是议题式教学中最为关键的要素,是串联其他要素的重要纽带,是议题式教学的核心。我和赵芹老师一直在研究议题式教学中的议题设计,这次我们也是重点从议题的设计上展开观察。本节课设计了哪些议题？议题是否与课程内容高度契合,是否能激发学生兴趣,提升学生的学科核心素养？

戚继颖老师(授课教师):本次议题式教学共设计了一个总议题和两个子议题。议题是情境中提炼而成,融入情境,落实到各个学习任务之中。这节课的目标是议题式教学不仅要与学科内容高度契合,还要更好地调动学生"议中学"的积极性。麻烦姚强和赵芹两位老师从议题设计这个角度进行课堂观察。

刘延慧老师(观察者):我听了主持人和老师们的课前发言,结合我和王海萍老师选择的观察点,想了解一下:本课的知识内容较为抽象,你们如何保证议题设在学科、学生、生活交汇之处？如何设计学生活动？如果你们的问题超出学生已有知识能力储备,你们打算如何在课堂上化解这个问题,从而提高学生的参与度？

戚继颖老师(授课教师):我们会提前调查了解学生的相关知识储备和生活经验,尽可能多地考虑一些可能性,做好充分准备。如果有超出我们准备之外的情况,我们会一起想办法解决。麻烦刘延慧和王海萍两位老师从学生参与度这个角度进行课堂观察。为了方便近距离观察学生的参与情况,麻烦两位坐在教室前后两个位置,小组讨论过程中两位可以在教室内走动、观察、记录。

孔佳燕老师(观察者):学习目标是课堂教学的灵魂,是教学实施的依据,是课堂教学的出发点,也是师生共同的目的地。因此,我想结合知识的落实情况这个观察点,着重从知识梳理、知识理解、知识应用、知识迁移等方面进行观察,同时观察学科核心价值和学科素养的达成情况。

戚继颖老师(授课教师):好的,辛苦各位。

(三)讨论确定观察点

姚强、赵芹:课程性质、资源、议题设计。

刘延慧、王海萍:学生学习、互动、学生参与度。

孔佳燕、刘志洋:学生学习、达成、学习目标落实。

【课中观察】

(一)观察工具

观察表、摄像机一台。

(二)观察位置

为便于观察和互动,根据观察点分工和学生座位情况,刘延慧老师和王海萍老师在讲台两侧观察,姚强和赵芹老师在教室后方观察,孔佳燕老师在教室右侧观察,刘志洋老师在教室左侧观察。

现场观察者按照事先安排好的位置就座,与学生距离较近,方便了解学生的情况。

【课后报告】

(一)授课教师反思

为了贯彻和落实新课标关于议题式教学的要求,本节课围绕"新时代我国如何实现经济高质量发展"总议题,分别设计了"实现经济高质量发展——逐梦前行长三角"和"建设现代化经济体系——乘风破浪'新'江阴"两个子议题。

本节课的教学内容是建设现代化经济体系这一国家战略,离学生的生活距离比较远。为了提高学生对国家战略的理解和认同,本人在教学设计过程中,尽可能地创设贴近学生生活的情境提出问题。选用本土化情境,可以拉近国家战略与学生之间的距离,减少学生对知识的陌生感和对国家政策的距离感,有利于进一步培育学生对经济体系的政治认同。

高一学生思维广阔性较初中阶段已经有了很大提升,对社会经济现象有一定的理解,具备一定分析社会经济现象的能力,但对现代化经济体系相对比较陌生。所以,我对于这次议题式教学还是有些犹豫、困惑、不安和焦虑,对于本节课的教学效果比较担心。实践证明,我的担心是多余的,议题式教学作为高中思想政治新课程改革的重中之重,一线教师应该及时调整自己、抓住时机、勇于尝试。

从课堂上学生的知识点表述、材料分析、问题解决可以看出,本节课的教学目标基本达成。本节课给学生提供独立探究的真实或者模拟真实情境,引导学生参与、发现、追问和思考,这也是教学目标得以达成的重要原因。

通过活动设计,将学科内容问题化,引导学生归纳学科性知识的同时进一步关注引领精神成长的价值性知识,最终将本节课知识内化于心、外化于行。

(二)观察分析报告

1.议题设计课堂观察报告

(1)观察点说明。议题设计不仅要重视课程标准中的素养目标要求,还要兼顾情境素材的相关性。设计什么样的议题?议题式教学要"带学生到哪里去"?不仅考验教师的专业水平,还会对学生学习效果产生决定性影响。因此,观察议题设计,就抓住了本节课的核心和关键。基于此,本节课议题设计维度的观察指标主要从问题设计、学生反应的相关观察点出发,包含议题是否契合教学内容、议题是否适合师生和时代实际、议题的开放性和可辨性、议题是否指向学科核心素养等方面。

(2)观察工具设计与观察结果记录见表1。

表1 议题设计课堂观察记录

	评价指标	观察点	课堂记录
议题设计	契合课程内容	1.是否依据新课标的内容要求设置议题	是
		2.是否依据新课标的核心知识设置议题	是
		3.是否展示价值判断的基本观点	是
	开放性、可辨性	4.能否从多个视角进行分析、解释	是
		5.是否"有统一标准,无标准答案"	无
	时代性	6.议题是否能结合时代实际,融合时代实际和教学内容	是
	核心素养	7.是否指向学科核心素养	是
		8.能否在教学中有效、真实地落地	是

(3)观察结果分析与教学建议。本节课共设置一个总议题、两个子议题,按照"为什么要建设现代化经济体系—现代化经济体系是什么—如何建设现代化经济体系"的逻辑思路推进。议题的设计和选择与教学目标高度契合,问题指向比较明确清晰,问题呈现形式有辨析、归纳、探究等多种形式,契合学科知识、贴近学生生活、符合学生心理,有利于学生提取有效信息,由浅入深,一步步解决问题。学生参与度高,思维活跃,兴趣浓厚,问题解决有效。建议教师在议题设计的鲜活度、有效性方面再下功夫,持续提升学生的高阶思维能力。

2.学生参与度课堂观察报告

(1)观察点说明。学生是学习的主体,学生参与度是影响教学效果的重要因素,同时是评价学生学习效果的关键点。学生参与度应该从参与广度和参与深度来检测与评价。参与广度主要从学生参与的人数来评价,参与深度则应该从学生行为参与、思维参与和情感参与三个层次来评价。行为参与主要是指学生参与的形式,思维参与主要是指学生认知投入的情况,情感参与主要表现为学生在课堂上的情感表现和情感体验。

基于以上几个方面的考虑,本节课重点从学生的主动应答情况、主动质疑情况、参与讨论情况等方面观察学生参与度。

(2)观察工具设计与观察结果记录见表2。

表2 学生参与度课堂观察记录

课堂评价指标	观察点	课堂记录
主动应答情况	能否专注地倾听同学的发言?是否能有理有据、有说服力地表达和解释解决问题的方案	全班2人
	是否积极参与老师和同学的对话,共享解决问题的方案	全班10人
	解决问题过程中,能否认真思考,思维是否开阔,思路是否清晰	能认真思考,部分思维不是很开阔,思路不是特别清晰
	是否经历自主辨识、分析过程,并做出判断的过程	是
主动质疑情况	是否有与老师、同学不同的观点	有
	是否对老师和同学提出的观点大胆质疑	1人
	是否用事实或者实例支持自己的观点	是
参与讨论情况	主动参与人数、时间、形式及质量	个别回答20人次,主动分享交流10人次,其中2人质量较高
	集体回答次数、时间、形式及质量	齐答15次,质量中等
	小组讨论次数、时间、形式及质量	小组讨论3次,有发言、记录、查阅、辩论、补充等

(3)观察结果分析与教学建议。本节课通过大量的学生活动解决议题中提出的问题,推进学习进程。学生参与的数量较多,有10个学生能够主动站起来回答问题,所有学生都在规定时间内参与讨论,绝大多数学生都能记录信息、翻阅书本、勇敢质疑。在回答"江阴发展的着力点更依赖于实体经济还是虚拟经济?为什么要这么做"这一问题时,由于学生对于什么是实体经济和虚拟经济不是很了解,大部分学生都能及时翻阅教材的《相关链接》,主动解决问题。在回答"你还知道哪些江阴制造走向了世界?越来越多的江阴制造走向世界,这对我国经济高质量发展有何启示"这个问题时,学生争先恐后地列举走向世界的江阴制造,表现出对自己家乡的高度自豪感,课堂参与度比较高。根据以上观察结果,我们认为本节课学生参与广度和参与深度比较高,希望在以后的课堂中继续提升。

3.学习目标落实课堂观察报告

(1)观察点说明。学习目标是学生一切学习活动的出发点和归宿。因此,我和刘志洋老师选择结合本课教学环节观察学生学习目标达成情况。我们选择第一排的优等生和第七排的学困生作为主要观察对象,通过课堂问答、议学单记录等形式观察学生在基础知识梳理、知识理解、知识应用、知识迁移等方面的具体情况,主要从知识目标、思维深度、核心素养目标三个维度观察课堂学习目标的落实情况。

(2)观察工具设计与观察结果记录见表3。

表3 学习目标落实情况课堂观察记录

教学环节	知识落实 知识点	知识目标 完成方式	完成情况	思维深度 反应速度(学生回答过程是否有较快反应速度)	深刻性(学生回答过程是否有逻辑、有条理)	全面性(学生回答过程是否能够坚持全面辩证的观点)	核心素养目标 政治认同	科学精神	法治意识	公共参与
环节一 议题导入:"习近平:支持长江三角洲区域一体化发展,并上升为国家战略"	建设现代化经济体系的必要性	观赏对话	完成	较快		有条理	√			

续表3

教学环节 \ 知识落实	知识目标			思维深度			核心素养目标			
	知识点	完成方式	完成情况	反应速度(学生回答过程是否有较快反应速度)	深刻性(学生回答过程是否有逻辑、有条理)	全面性(学生回答过程是否能够坚持全面辩证的观点)	政治认同	科学精神	法治意识	公共参与
环节二 议题描述与论证:实现经济高质量发展——逐梦前行长三角	现代化经济体系的内涵	观赏对话商议展示	完成	较快	有逻辑有条理	学生回答:交通、教育、医疗、环境、就业等经济发展方面,收入分配体系、城乡区域协调发展体系、全面开放体系、市场体系、产业体系等。概况全面	√			√
环节三 议题决策与迁移:建设现代化经济体系——乘风破浪"新"江阴	建设现代化经济体系的措施	组内讨论组间辩论	完成	一般	回答过程有逻辑、有条理	学生回答思维开阔,思考有深度	√			√
环节四 议题延伸:随着长三角一体化不断地推进,高质量的人才需求会进一步加大。作为未来的劳动者,你会如何制定接下来的学习规划	学习规划	撰写展示	完成	中等	交流有条理	思考全面				

(3)观察结果分析与教学建议。议题式教学既要落实理论知识的目标,又要落实核心素养目标。在开展议题式教学时,结合教材重难点内容设置议题,让学生能够积极参与课堂讨论和探究,自主利用理论知识分析现实问题,由此形成良好的科学思维,积累自主建构理论知识意义的有效经验。在讲授教材知识的同时,要深入挖掘教材,围绕结构化议题体系开展序列化活动,要有明确的

学习任务,清晰指向素养目标,真正成为承载学习内容的活动方式,更好促进学习目标的落实。

【附:教学设计】

(一)思路框架

本课采用议题式教学,议题、情境、活动和知识四要素形成四条路线。

议题线:以"议题导入—议题描述与论证—议题决策与迁移—议题拓展与延伸"等环节构成。由"新时代我国如何实现经济高质量发展"议题引领如下问题串:长三角区域一体化发展为什么要上升为国家战略?江阴需要从哪些方面融入一体化?江阴是如何做的?江阴经验对建设现代化经济体系有何借鉴意义?江阴发展的着力点应该更依赖实体经济还是虚拟经济?制订规划。

情境线:以"习近平:支持长三角区域一体化发展,并上升为国家战略"为总情境,由视频"长三角区域一体化发展如何规划"、江阴融入长三角一体化的举措、制订学习规划等具体情境组成。从简单情境入手,不断升级到复杂情境。

活动线:师生对话—观赏、商议展示—组内讨论、组间辩论—撰写、展示。

知识线:建设现代化经济体系的必要性(为什么)—建设现代化经济体系的内涵与构成(是什么)—建设现代化经济体系的措施(怎么样)—学习规划。

议题、情境、活动和任务四个要素构架模型如图1所示:

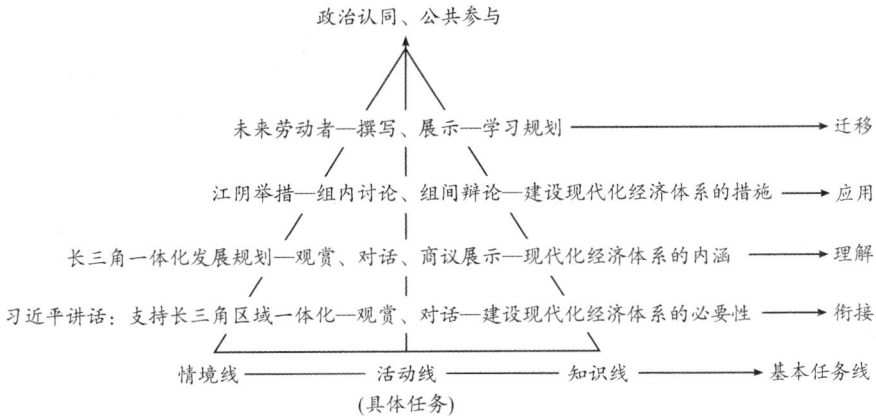

图1 教学结构鱼骨图

(二)主体设计

议题:新时代我国如何实现经济高质量发展?

环节一 议题导入:播放"习近平:支持长江三角洲区域一体化发展,并上升为国家战略"视频学习活动:长江三角洲区域一体化发展为什么要上升为国家战略?

答案提示:建设现代化经济体系是我国经济发展的战略目标,也是我国转变经济发展方式、优化产业结构、转变经济增长动力的迫切要求。只有建立现代化经济体系,才能更好地适应现代化发展潮流和赢得国际竞争主动权,也才能为其他领域的现代化提供有力支撑,为实现人民对美好生活的向往打下坚实而强大的物质基础。

设计意图:通过视频,让学生了解长江三角洲区域一体化发展是贯彻落实党的十九大报告关于建设现代化经济体系的要求。PPT展示党的十九大报告中习近平总书记关于建设现代化经济体系必要性的阐述,让学生梳理教材内容的同时,了解时事政治和国家政策,培育政治认同。

环节二　议题描述与论证:实现经济高质量发展——逐梦前行长三角

议题情境:视频"长三角区域一体化发展如何规划"。

议学活动:抓住长三角一体化发展的重大机遇,推动经济高质量发展,江阴需要从哪些方面融入一体化?

答案提示:交通、教育、医疗、环境、就业等经济发展方面,收入分配体系、城乡区域协调发展体系、全面开放体系、市场体系、产业体系等。(各个环节:生产、交换、分配、消费;各个层面:宏观、中观、微观;各个领域:经济、政治、文化、社会、生态)

设计意图:通过观看视频,使学生了解长三角一体化规划的大概情况。通过学生的交流分享,说明从哪些方面融入长三角一体化,引导学生在举例中描述现代化经济体系的内涵,从学生家乡乡土资源入手,激发学生学习兴趣,将现代化经济体系的内涵这一抽象内容具体化,让学生直观地把握习近平总书记对"建设什么样的现代化经济体系"的论述,了解这七个方面是一个统一整体,要一体建设、一体推进。PPT展示习近平总书记十九届六中全会上的重要讲话强调的"新时代,强调必须推动高质量发展",与前面习近平总书记的讲话相呼应。同时,让学生了解家乡处在经济高质量发展的重大机遇期,增强学生家乡建设的责任感和使命感。

环节三　议题决策与迁移:建设现代化经济体系——乘风破浪"新"江阴

议题情境:材料一　长江经济带覆盖沿江11个省市,横跨我国东中西三大板块,人口规模和经济总量占据全国"半壁江山",发展潜力巨大。但该区域的发展不平衡非常明显。其中,有已经基本完成工业化、现代化的先发展地区,也有处于初级工业化与传统农业并行的欠发达地区。2020年颁布的《〈长江三角洲区域一体化发展规划纲要〉江苏实施方案》(以下简称《方案》)从强化区域联动发展、促进城乡融合发展、推进跨界区域共建共享三个方面,明确提出"支持江阴—靖江工业园区建设跨江融合发展试验区"。2021年11月,《江阴—靖江工业园区加快建设高质量跨江融合发展试验区三年行动计划(2021—2023)》明确指出,深入践行跨江联动,融合发展理念打造更高水平的两地发展增长级、先进制造集聚地、跨江融合桥头堡、联动协作示范区,全面建设具有引领和示范意义的全省高质量跨江融合发展试验区。

材料二　着力推进一体化,描绘了城乡融合的江阴画卷:深入实施乡村振兴战略,全省全国示范镇、特色小镇、美丽乡村遍布江阴。扎实推进农业农村现代化,促进农业产业兴旺发达、村级经济发展壮大、广大农民增收致富、农村环境美丽宜居。

材料三　近年来,江阴市把创新驱动作为核心战略,不断提升制造业高质量发展的核心竞争力;"千企大会"专题聚焦产业智能升级,由点及面打造示范车间、工厂、产业园、特色镇的发展体系;"互联网+江阴制造"稳步推进,2019年新增"上云"企业743家,出台扶持数字经济发展的政策意见,印发金融支持实体经济高质量发展的若干意见,优化完善产业强市政策。2021年,江阴出台产业强市政策6.0升级版,持续推进创新驱动核心战略和产业强市主导战略。2021年中国民营企业500强榜单发布,江阴14家企业上榜!

材料四　2020年1月,由中建钢构江苏有限公司为埃及苏伊士运河EL-Ferdan双翼平旋铁路大桥钢结构项目生产的钢结构顺利到达埃及塞得东港。从20世纪90年代开始,由法尔胜等江阴企业参与建设的桥梁频刷世界纪录,已经打造多款江阴制造,其中包括港珠澳大桥、苏通大桥、杭州湾跨海大桥、土耳其伊兹米特大桥、挪威Halogaland大桥、韩国仁川大桥等800余座桥梁,江阴的桥梁制造技术正稳步走向世界。

2020年12月,美国商务部发布公告称,以"保护美国国家安全"为由,将总计77个实体列入"实体清单",其中有多达59家中国企业、高校和个人,而借口是,这些实体存在所谓"违反美国国家安全或外交政策利益的行动",中芯长电半导体(江阴)有限公司被列入其中。

议学活动1:融入长三角一体化,江阴是如何做的?快速提炼关键词,并思考江阴经验对建设现代化经济体系有何借鉴意义。

答案提示：区域协调、城乡融合、乡村振兴、创新引领、开放等。借鉴意义：建设创新引领、协同发展的产业体系；建设彰显优势、协调联动的城乡区域发展体系；建设更高水平开放型经济新体系。

设计意图：材料内容比较多，第一小问分享关键词可以提升学生快速提炼有效信息的能力和概况总结的能力。在此基础上，进一步思考江阴经验对建设现代化经济体系有何借鉴意义，由浅入深、层层深入。

议学活动2：江阴发展的着力点应该更依赖实体经济还是虚拟经济？

答案提示：实体经济是一国经济的立身之本，是国家强盛的重要支柱。要把发展经济的着力点放在实体经济上，筑牢现代化经济体系的根基。江阴发展的着力点应该更依赖实体经济。虚拟经济本身不直接创造财富，但对现代化经济体系建设具有重要作用。江阴在着力发展实体经济基础上，也要发展虚拟经济。

设计意图：通过名词点击和课前的资料搜集，学生对虚拟经济和实体经济有了一定认识。设置思辨性话题，让学生在争论过程中，进一步明确实体经济和虚拟经济的区别与联系，进一步理解经济发展要靠实体经济，也要靠虚拟经济。

环节四　议题延伸：随着长三角一体化不断推进，高质量的人才需求会进一步加大。作为未来的劳动者，你将如何制订接下来的学习计划？

设计意图：在长三角一体化大背景之下，让学生反思自己的学习和生活，明确方向、制订计划、不断前行。

课堂小结。

板书设计：

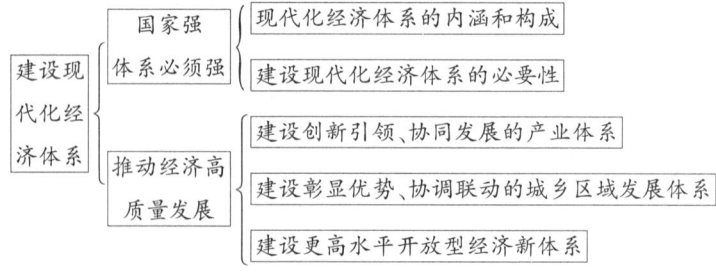

"坚持党的领导"议题式教学课堂观察

钮娟华

【简介】

授课教师:钮娟华,中学一级教师。

教学主题:"坚持党的领导"高二新授课。

教学议题:党如何领导人民打赢脱贫攻坚战?

观察教师:吴江高级中学政治教研组部分教师、吴江区政治名师共同体成员。

活动目的:为了更好地推进"三新"背景下的议题式教学,打通知识和素养的"任督二脉",让议题式教学在常态课中落地、生成,并接受高考检验,培养学生的学科素养和价值情怀,本校思政学科组内教师、本区政治名师共同体成员参与了此次课堂观察活动。

【课前会议】

(一)钮娟华老师说课

1.主题说明

本框属于统编教材高中思想政治必修3《政治与法治》第三课第一框"中国共产党领导是中国特色社会主义的本质特征"。

2.学情分析

(1)学生心智特征。高二学生心智逐渐成熟,对外界好奇心增强,但内心矛盾冲突较大。同时,思维方式从感性思维向理性思维飞跃,有一定的抽象概括能力,自我意识进一步增强。

(2)学生已有知识经验。通过前一阶段的学习,学生已经形成对党的性质、宗旨、指导思想等的初步认识,但更多停留在零散和感性阶段,缺乏全面系统和深刻理性的认知,政治认同有待提高。

3.教学目标

以新时代脱贫攻坚、乡村振兴为素材,通过合作探究,在搜集资料、实地调

钮娟华,江苏苏州人,本科学历,吴江高级中学教师,苏州市学科素养竞赛一等奖获得者,中学一级教师,主要研究课堂教学。

查、参与策划等活动中体验领悟党加强全面领导的方式和重要性,从而拥护党的领导,增强关注和参与国家事务的主人翁精神。

4.教学重难点

教学重点:党的领导方式。

教学难点:新时代如何坚持和完善党的领导。

5.教学环节

课前准备。①学生查阅资料,搜集脱贫攻坚战取得全面胜利的素材。②学生分成四个小组:政策组——学政策、明方向,搜集党的十八大以来党中央关于脱贫攻坚的政策文件;思想组——写标语、凝共识,宣传脱贫攻坚精神;先锋组——写表彰词,践行先锋行为;振兴组——实地调查,助力乡村振兴。

教学思路。2021年2月25日,全国脱贫攻坚表彰大会召开,标志着我国完成了消除绝对贫困的艰巨任务,创造了又一个彪炳史册的人间奇迹。奇迹的取得,离不开党中央的正确领导。脱贫既是一个终点,又是一个新起点。在这样的时代大背景下,本框题创设四个环节。

环节一:政策篇——磅礴气势,我来畅谈

鲜活真实的素材,一直是小课堂教学背后的大社会场域。学生通过课前查阅资料、搜集整理、制作成果,以契合活动型学科课程提倡的"动"中做、"动"中学、"动"中思的理念,再让学生课中分享,提高学生关注时事与合作探究的能力。

本环节以"党的政策报春晓"导入,开展小组汇总、代表分享的议学活动,学生以多种成果形式(如图文、PPT、视频资料、手账等)展示,讲述党的十八大以来党关于脱贫攻坚的政策文件,并进一步阐述相关政策部署的积极意义。

环节二:思想篇——坚定信念,我来续写

写宣传标语,是新高考中常见的开放性题型之一。引导学生通过小活动、小触动、小分享,从感性认知上升到理性归纳,符合学习认知规律和自主建构过程,也坚持了灌输性和启发性相统一的要求。科学理论的正确灌输,需要通过主动内化来完成。本环节观看"脱贫攻坚精神"视频片段,设置"续写脱贫攻坚宣传语"的议学活动,并论证精神引领的价值。

环节三:先锋篇——表彰模范,我来出演

学习先锋模范事迹,假如我是党员,我会_____。通过为全国脱贫攻坚楷模写表彰词、念表彰词,谈感受、思所得,让学生对于所取得的脱贫攻坚全面胜利的不易有更真切的理解,不自觉地被先锋模范的事迹所感染,被党员先锋、党组织的战斗堡垒作用和党总揽全局的魄力所激励,激发为中华民族伟大复兴而奋斗的积极性、创造性。本环节设置了试写表彰词(150字左右)的议学活动,引导学生进行"假如我是党员"的畅谈。

环节四:振兴篇——实地调查,我来传达

2021年中央一号文件《中共中央国务院关于全面推进乡村振兴加快农业农村现代化的意见》正式发布,对新发展阶段优先发展农业农村、全面推进乡村振兴做出全面部署。"十四五"开局之年,中央"三农"工作的重心也顺势发生历史性转移。从脱贫攻坚到乡村振兴,是另一阶段的开始和奔赴。本环节创设了"为家乡更美好,_____可以_____"的实地调查和"绘制解决策略图"(思维导图)的议学活动,旨在让学习真正有意义地发生,让学生真正有意义地学有所用。

(二)成员交流

观察者A:教学设计能否反映活动型学科课程实施的思路,关键在于确定开展活动的议题。议题,既要包含学科课程的具体内容,又要展示价值判断的基本观点;既要具有开放性、引领性,又要体现教学重点、针对教学难点。本框的议题设计是如何体现这些要求的?

钮娟华:本框的教学重点是党的全面领导,凸显党的总揽全局和协调各方的领导核心地位。本课的议题是"党如何领导人民打赢脱贫攻坚战"。脱贫攻坚是党的十八大以来取得的成就,也是"十四五"开局之年的新起点,是学生熟悉的国家时政,具有开放性和价值引领作用。

观察者B:围绕议题展开活动设计时,活动设计应该有明确的目标和清晰的线索,统筹议题涉及的主要内容和相关知识,并进行序列化处理。活动是议题得以"议"的有机载体,也是内容的展示形式。本节课的活动设计如何联结教学内容?

钮娟华:围绕议题,设置了四个环节,即"政策篇——磅礴气势,我来畅谈""思想篇——坚定信念,我来续写""先锋篇——表彰模范,我来出演""振兴篇——实地调查,我来传达"。四个环节都以"我"来切入,尊重学生的主体地位和创造精神。

观察者C:活动型学科课堂很容易成为内容和形式分离的课堂,花样多但内容不集中、不紧凑、不凸显。课堂活动丰富是好的,但如何处理好知识与素养、活动与内容之间的关系呢?

钮娟华:进行课堂设计时,我先对教参、教材、新课标等做了深入系统的研究,提炼归纳本课的主干知识。本课的主体知识框架是:党的领导方式是什么、为什么、怎么做,落脚点在怎么做。这也对应本课的四个环节,实现学生知识的积累、情感的提升和素养的生成。

观察者 D:知识是素养的基石,素养是知识的升华。课堂教学应侧重价值引领,而辨析和思维碰撞基础上的价值引领更深刻、更有效。这节课似乎没有思维高潮,比较平和,这个怎么处理?

钮娟华:是的,这也是很多常态课要面对的问题。在价值冲突中深化理解、在比较鉴别中提高认识,需要加强思维的碰撞。而且,每堂课都必须要有辨析环节吗?这也是一个困扰我的问题。

(三)讨论确定观察点

观察者 A 等:议题设计。

观察者 D 等:情境创设。

观察者 B 等:学生参与度。

观察者 C 等:知识落实。

【课中观察】

(一)观察工具

观察表。

(二)观察位置

教师 A 等三位教师分别选择坐在教室 1 排和 8 排,观察议题呈现后学生的反应,以及议题贯穿课堂始终的落实情况。其中,两位教师选择坐在第 8 排,更方便观察整个教室学生的课堂表现,尤其是后排学生对课堂的兴趣度和专注度。本课的议题契合"减贫事业"这一热点时政话题,符合学生的先有概念,能快速拉近教材与学生之间的距离,为课堂教学打下良好基础。

教师 D 等三位教师选择坐在 5 排和 6 排,这样可以近距离观察学生在课堂情境创设中的表现和反应。同时,能和学生有一定的交流与互动,以更真实地做好观察记录。

教师 B 等四位教师坐在学生中间,可以对学生有全方位、多角度的观察。学生参与是教学的重点。学生的参与程度既能反映教学活动的开展情况,又能体现学生学习效果的达成度。

教师C等三位教师选择坐在教室的中间和最后,以便全面、详细地了解学生掌握知识和运用知识的情况。这样,既可以观察学生课堂的参与度,又可以观察学生学习记录情况。

(三)观察过程

本课的观察过程分为课前、课中和课后。课前,观察者提前进入课堂,询问学生对本框内容的预习程度和期待度,并在征得同意的基础上,翻阅学生准备的学习资料,了解学生对课前准备活动的满意度和对思政课堂的整体感受。课中,各个观察者根据自己选择的观察工具进行课堂观察和记录,并针对性地选择观察点,希望能更近距离地全面观察学生、教师和课堂,并随时做好记录。本课主要用到四个观察工具,分别是议题设计观察表、情境创设观察表、学生参与度观察表和知识落实观察表。课后,观察者询问附近学生的学习目标达成情况,在征得同意的基础上,翻阅学生的课堂笔记和议学单上的记录,并简单交流。课后报告是一场集合了学生、观察者、执教者智慧的面谈和修正,给执教者再构课堂提供了参考。

【课后报告】

(一)授课教师反思

"坚持党的领导"这一框的理论性和学理性都很强,我在处理文本内容和设计教学流程时,遵循"逆向设计"原则,从终点出发,从学生学习本框要达到的目标出发,回归学生知识经验和生活实践,设计相应议题,创设情境和活动载体,结构化、序列化地处理学科内容和教学活动,从而实现深度学习、有意义学习,涵养学科核心素养。具体来讲,主要从三个方面入手。

1.精选真实情境,立于先有概念

新课标强调,思政课要力求构建学科逻辑与实践逻辑、理论知识与生活关切相结合的活动型学科课程,要着眼于学生的真实生活和长远发展,进行学科内容的丰富和处理。因此,教师在选取情境素材时,要遵循文本理论逻辑,寻找文本内容与现实生活的联结点,使学生在真实的鲜活素材中"柔化"刚性的文本知识。

本框的总情境是"中国减贫事业",既是八年辉煌成就的总结,更是"十四五"开局之年新的起点,这个时代正好和学生同频共振,是学生所处的大环境,也是学生自我小时代的一种投射。因此,我依托真实的生活情境进行课堂教学预设,引导学生在真实情境中领悟和内化文本知识,真正认同学科政治内涵、涵养政治素养。

2. 优化活动环节,指向创新精神

活动型学科课程的实施要使活动设计成为教学设计和承载学科内容的重要形式。一方面,要采用序列化的活动设计对接学科内容;另一方面,要针对相关活动,进行及时且适当的教学评价。可以说,活动环节是本课的"躯体",躯体的灵活和强健,直接关系整堂课的氛围和效果。

本框的学科内容和大概念主要包括三个维度:党的领导方式是什么?(区分政治、组织和思想领导)为什么要坚持党的领导?(必要性+重要性)怎样在新时代坚持和完善党的领导?(完善领导体系,国家机关各司其职,统一接受党的领导)对应这些结构化的学科内容,我设计了以下四个活动环节:(1)政策篇——磅礴气势,我来畅谈。(2)思想篇——坚定信念,我来续写。(3)先锋篇——表彰模范,我来出演。(4)振兴篇——实地调查,我来传达。四个环节,都以学生视角切入,尊重学生的主体地位和创造精神。

3. 重视同辈群体,凝聚认同素养

新课标要求,在课程实施中,要充分利用现代信息技术,丰富教育资源,拓展教育空间,通过议题推动教师转变教学方式,营造师生互动、开放民主的课堂氛围,引领学生转变学习方式,在合作学习和探究学习过程中,逐步内化知识,生成能力和素养。

在课前准备环节,我提前把学生分成四个小组:(1)政策组——明政策,搜集党的十八大以来党中央关于脱贫攻坚的政策性知识。(2)思想组——写标语,凝共识,宣传脱贫攻坚精神。(3)先锋组——写表彰词,学习先锋模范。(4)振兴组——实地调查,民生所向,助力振兴。学生素养的生成,不是依靠独立的个体完成的,需要考虑周围重要的他人。因此,要考虑学习小组同辈群体的辐射和带动作用。

本框虽然活动形式丰富,学生参与度较高,但课堂节奏过于平稳,没有出现思维的碰撞和高峰,没有走向高阶思维。课后反思,我认为主要有三个方面的不足:(1)问题质量不高而且缺乏区分度。有质量的问题是触发学生思维的引擎,而学生思维活度不够,直接原因就是问题指向不明,略显随意。(2)课堂讨论浅显,学习没有真正发生。虽然设计了四个活动环节,但教学过程中,活动浮于表面、流于形式,没有经过充分而深入的讨论。面对学生的质疑,我也没有正面引导和生成,缺乏教学的大格局。(3)知识落实不够,无法兼顾知识和素养。

本节课有素养落实、有活动推进,但知识落实不够,使课堂失稳。以上几点,希望观察教师批评指正。

(二)观察分析报告

1.议题设计观察组汇报

教师A:"党如何领导人民打赢脱贫攻坚战"议题立足时政大背景,综合考虑学科内容、教学重难点、时政背景、学生智力水平,能起到统领教学内容的作用,具有一定的探究性和开放性。在整堂课中,"党的领导""减贫事业"始终贯穿,成为课堂的主心骨。但是,该课题思辨性和创造性不明显,无法关联本课难点知识,需要再加工。

表1　议题设计观察工具及观察记录

观察点	课堂记录	评价(★★★★★)
议题是否具有开放性	一般	★★★
议题是否具有思辨性	一般	★★★
议题是否具有时代性	符合时政大背景	★★★
议题是否具有引领性	具有一定的价值引领	★★★
议题设计是否贴合学科内容	体现学科重点	★★★★
议题设计如何体现教学重点	凸显党的领导	★★★★
议题设计如何针对教学难点	体现不明显	★★
教师教学如何利用议题	"中国共产党领导"是学科重点和价值引领,"脱贫攻坚"是情境大背景	★★★
议题能否引发学生兴趣	尚可	★★★
议题是否指向学科核心素养	政治认同	★★★
议题是否贯穿教学全过程	党的领导贯穿课堂	★★★

2.情境创设观察组汇报

教师D:围绕议题创设了"政策部署—脱贫精神—表彰模范—传达民意"四个情境,同时依托情境配置相应的活动要求,对接结构化的学科内容。议题、情境和活动都是课堂得以展开的"脚手架",给学生提供了一个互动、互议、互评的大舞台,从而达成文本知识与价值素养的有效衔接。本框的活动设计充分尊重学生的主体意识和创新意识,无论是宣传标语还是学生自制奖杯,都能感受到学生的热情和能量,也营造了民主开放的学习氛围。但活动设计中的问题指向性不强,浮于表面,学习不够深入,价值引领力度不够。

表2　情境创设观察工具设计及观察记录

观察点	课堂记录	评价(★★★★★)
创设了什么情境	政策部署—脱贫精神—表彰模范—传达民意	★★★
情境是否围绕议题创设	比较符合	★★★
情境如何围绕议题进行创设	党的政治领导、思想领导、组织领导	★★★
情境的创设有什么特点	真实性、可操作性	★★★
情境的创设是否指向学科核心素养	政治认同、科学精神等	★★★
情境创设是否达成学习目标、如何达成	基本达成了知识教学目标,指向素养目标	★★★
情境创设利用了什么资源、如何利用	多媒体资源、实地考察等	★★
情境创设形成了怎样的课堂氛围	学生展示,课堂民主活跃	★★★★
情境创设达成怎样的教学效果	效果较好,学生反应热烈	★★★★

3.学生参与度观察组汇报

教师B:学生的参与是教学的重点。学生的参与程度既能反映教学活动的开展情况,又能考查学生学习效果的达成度。本课中,学生整体参与度较高,主体性强、兴趣高,但知识落实不太扎实,有些学生上完课后,只见活动,未见笔记。课堂节奏欢快,学生热情高涨,表现较好。

表3　学生参与度观察工具及观察记录

观察点	课堂记录	评价(★★★★★)
学生前期分小组准备情况	学生分成四个小组,课前准备充分,参与度较高	★★★★
对课堂是否保持兴趣	兴趣度较高	★★★★
学生主动参与形式(个人/小组)	小组合作,个人展示,形式多样,有展示、演讲、绘制等	★★★★
学生主动质疑人数	课堂缺少思维高峰	★★
学生倾听度如何	良好	★★★★
学生主动参与展示的情况	较好	★★★★

续表3

观察点	课堂记录	评价(★★★★★)
学生参与形成的课堂氛围如何	氛围民主活跃,课堂节奏明朗轻快	★★★★
学生整体的听课效度如何	整体较好	★★★★
学习目标达成度	政治认同等素养目标落实较好,尤其在第四个环节;但知识目标落实有所欠缺	★★★★

4.知识落实观察组汇报

教师C:选择坐在教室的中间和最后,以便全面详细了解学生掌握知识和运用知识的情况,既可以观察学生课堂的参与度,又可以观察学生书本的记录情况。通过观察发现,学生对于党的三种领导方式的理论区分还不清晰,没有掌握提炼关键词的方法。同时,课堂主干知识脉络不明晰,知识点上略显零散和单薄,需要加强理论文本的整体架构和深度思维的落实。

表4 知识落实观察工具及观察记录

观察点	课堂记录	评价(★★★★★)
主干知识梳理程度	未见学生梳理主干知识	★★
重点知识理解程度	学生较好区分党的三种领导方式	★★★★
是否有当堂练习/何种形式	无	★★
难点知识突破程度/形式	通过实地调查、传达民生、绘制策略图的形式,突破难点	★★★★
知识的实践性应用形式	绘制策略图	★★★★
知识的迁移度情况	知识用于新情境中,结构性较强	★★★★
整体知识与社会实践活动的关联度	匹配度、关联度都尚可	★★★★

【附:教学设计】

总议题:党如何领导人民打赢脱贫攻坚战?

议题情境:中国减贫。

(一)课前准备

学生查阅资料,搜集脱贫攻坚战取得全面胜利的素材。

学生分成四个小组:政策组——明政策,搜集党的十八大以来党中央关于脱贫攻坚的政策性知识。思想组——写标语,凝共识,宣传脱贫攻坚精神。先锋组——写表彰词,学习先锋模范。振兴组——实地调查,民生所向,助力振兴。

(二)教学流程

2021年2月25日,习近平在全国脱贫攻坚表彰大会上庄严宣告:我国脱贫攻坚战取得了全面胜利,现行标准下9899万农村贫困人口全部脱贫,832个贫困县全部摘帽,12.8万个贫困村全部出列,区域性整体贫困得到解决,完成了消除绝对贫困的艰巨任务,创造了又一个彪炳史册的人间奇迹!

环节一:政策篇——磅礴气势,我来畅谈

议题情境:党的政策报春晓。党中央历来高度重视扶贫开发,新中国成立后,特别是改革开放以来,我国组织大规模有计划的扶贫,使贫困地区面貌发生明显改变。党的十八大以来,以习近平同志为核心的党中央把脱贫攻坚作为全面建成小康社会的最艰巨最繁重的任务,纳入"五位一体"总体布局和"四个全面"战略布局……

议学活动:小组展示,代表发言。说说党的十八大以来,我国在脱贫攻坚工作上的政策性指导,并阐释进行全面部署的积极意义。

答案提示:PPT、视频资料、手账等多种形式展示。

设计意图:鲜活真实的身边素材是小课堂教学背后的大社会场域。提倡学生课前查阅资料、搜集整理,以契合活动型学科课程提倡的"动"中做、"动"中学、"动"中思的理念,让学生通过课前准备和课中展示,增强关注时事的意识,提高分析问题的能力,拉近学生与教材、教师、课堂之间的距离,为生命课堂的展开做好铺垫。

环节二:思想篇——坚定信念,我来续写

议题情境:视频"脱贫攻坚精神"。脱贫攻坚精神是"上下同心、尽锐出战、精准务实、开拓创新、攻克艰难、不负人民",是在脱贫攻坚伟大斗争中锻造形成的。脱贫攻坚精神是爱国主义、集体主义、社会主义思想的集中体现,是中国精神、中国价值、中国力量的充分彰显,赓续了伟大的民族精神和时代精神。

议学活动:结合脱贫攻坚精神,小组分享脱贫攻坚宣传语,阐述标语的价值。

答案提示:关爱贫困人口,关心扶贫事业;弘扬中华美德,援手扶贫帮困;学会一种技能,带富一个家庭;创新脱贫机制,助推产业发展……

脱贫攻坚精神是爱国主义精神和时代精神的生动体现,这些宣传标语作为承载文化内涵的有机载体,发挥了宣传习近平新时代中国特色社会主义思想的作用,加强了党在意识形态领域的领导作用,有助于引导全社会培育和践行社会主义核心价值观,培养担当民族复兴大任的时代新人,加强党的思想引领力。

设计意图:写宣传标语,是如今新高考中常见的开放性题型之一。引导学生通过这种小活动、小触动、小分享,把自我认识从感性上升到理性,符合认知发展规律,坚持了灌输性和启发性相统一的思政课改革创新要求。

环节三:先锋篇——表彰模范,我来出演

议题情境:2021年2月25日,全国脱贫攻坚表彰大会在北京举行。大会对全国脱贫攻坚楷模荣誉称号获得者(毛相林、白晶莹、刘虎、李玉、张小娟、张桂梅、赵亚夫、姜士坤、夏森、黄文秀)和10个集体,以及全国脱贫攻坚先进个人(1982人)、先进集体(1501个)进行了表彰。

议学活动:学习先锋模范事迹,选择其中一位试写表彰词(150字左右)。代表朗诵、展示和分享感受。

答案提示:全国脱贫攻坚楷模的先进事迹(略)。

党建引领减贫事业,各级党组织、领导干部、广大党员组织人民群众为实现党的任务和主张而奋斗,加强党的群众组织力和社会号召力。以组织体系建设为重点,发挥各级党组织的战斗堡垒作用和党员的先锋模范作用。

设计意图:学习先锋模范事迹,内化为自觉行动。通过为全国脱贫攻坚楷模写表彰词、念表彰词,谈感受、思所得。通过体验式、沉浸式学习,让学生对脱贫攻坚全面胜利的来之不易有更真切的理解,不自觉地被先锋模范的事迹所感染,激发学生为中华民族伟大复兴而奋斗的积极性、创造性。

环节四:振兴篇——实地调查,我来传达

议题情境:2021年中央一号文件《中共中央国务院关于全面推进乡村振兴加快农业农村现代化的意见》正式发布,对新发展阶段优先发展农业农村、全面推进乡村振兴做出全面部署。"十四五"开局之年,中央"三农"工作的重心也顺势发生了历史性转移。

议学活动:走进农村,走进家乡,走进生活,调查"十四五"开局之年,人们的美好生活需求有了哪些新的表现,请你传达,并绘制解决策略图。

答案提示：经济上——收入增加，敢于消费，愿意消费。健全多渠道的就业途径和收入分配方式，财政支出更多倾向于民生领域，收入差距更小等。政治上——人民的权益得到更充分保障，国家机关为人民、靠人民，减少形式主义和官僚主义等，提供更多服务，清正廉洁。文化上——文化产业成为拉动经济的支撑产业，文化事业不断丰富，人民基本的文化需求得到满足，精神文明与物质文明共同发展。生态上——美丽中国、美丽乡村建设一直在路上，人民的幸福感、获得感不断提升。

设计意图：通过序列化活动促进高阶思维的生成，提升学生知识素养和学科核心素养，旨在培育学生迁移应用能力，把所学所思所得运用到具有挑战性的生活情境中，提升学生的社会参与和实践能力。

板书设计：

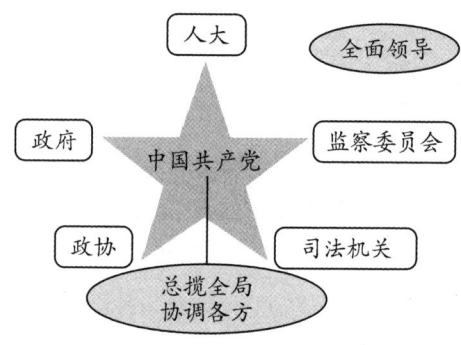

"坚持人民民主专政"议题式教学课堂观察

郭晓静

【简介】

授课教师:郭晓静,中学一级教师,对议题式教学有一定的研究和实践。

教学主题:"坚持人民民主专政"新授课。

教学议题:国家安全知多少?

教学内容:统编教材必修3《政治与法治》第四课第二框"坚持人民民主专政"。

活动目的:为了更好地开展统编新教材教学,探索活动型学科课程框架下的议题式教学实施策略,政治组举行了此次课堂观察活动,来自我校高中政治组的部分教师参加了此次议题式教学公开课。

【课前会议】

(一)郭晓静老师说课

1.主题说明

统编新教材必修3《政治与法治》第二单元以人民当家作主为主题,第四课重点介绍我国人民民主专政的国体,第五课、第六课分别介绍我国保障人民当家作主的四个政治制度。本课为第四课第二框,在第一框讲述我国的国体是人民民主专政,社会主义民主是最广泛、最真实、最管用的民主之后,专题讲述专政、民主与专政的关系及国家职能等知识。梳理本框基本理论可知,人民民主专政的国家性质决定了国家职能,坚持人民民主专政与履行国家职能有着内在的联系。本框的一个《探究与分享》栏目通过也门撤侨事件谈对总体国家安全观的理解,由此萌生以总体国家安全观为议题来串联本框教学。

总体国家安全观也是国家进行思政教育的一个重点,在大中小学思政课一体化建设背景下,我们关注到统编《道德与法治》教材八年级上册第四单元第九课已经介绍过国家安全及个人如何维护国家安全等内容。本框教学可以延伸

郭晓静,本科学历,厦门外国语学校教师,中学一级教师,福建省教师教学技能大赛一等奖获得者,主要研究议题式教学、单元教学设计。

到国家层面是如何维护国家安全的、为什么要维护国家安全,落脚到青年学生如何维护国家安全。螺旋式上升进行价值渗透和行为引导,循序渐进落实立德树人根本任务。

2.教材分析

(1)本框为必修3《政治与法治》第二单元"人民当家作主"第四课"人民民主专政的社会主义国家"的第二框。第四课从国家性质的角度明确人民当家作主是人民民主专政的本质,第二框在第一框讲述我国的国体是人民民主专政,社会主义民主是最广泛、最真实、最管用的民主之后,对专政、民主与专政的关系及国家职能进行系统介绍,是对第一框的补充和延伸,与第一框构成我国国体的完整知识体系。

(2)本框分为"坚持民主与专政的统一"和"社会主义现代化建设的可靠保障"两目。第一目承接第一框的内容先讲述发扬社会主义民主的意义,与第一框内容合起来完整回答为什么要发扬人民民主(即为什么要坚持人民民主),接下来明确国家专政的任务及原因,人民民主与专政两个方面统一于人民民主专政,我国的国体是人民民主与专政的统一。第二目主要讲述国家职能包括对内职能与对外职能,我国的国家职能与人民民主专政的国体相适应,能够为社会主义现代化建设提供可靠保障。

3.学情分析

(1)学生心智特征。记忆力是人的智力的基础。高一学生的记忆力已趋于成熟,能够以学习目的支配记忆活动,更多地采用意义识记法,力求理解教材内容的内在联系。因而,在教学过程中要引导学生理解和把握教材内容的内在联系。高中学生的思维具有较高的抽象概括性、反省性、深刻性和批判性等特点,能够用理论指导分析综合各种材料,辩证思维能力发展比较迅速。他们一般不盲从,喜欢探究事物的本质,喜欢怀疑、争论,但易走极端,具有片面性、主观性,易产生肯定一切或否定一切的倾向。因此,在教学过程中,要注重引导学生运用正确的逻辑思维方法和辩证思维方法思考问题、分析问题、解决问题。

(2)学生已有知识经验。学生在初中已经学过关于国家安全的一些基本知识,本学期在《政治与法治》模块学习了第一单元"坚持党的领导",已经具体了解了我国的国家性质,以及人民民主的内涵及特点。高一学生对于政治领域的一些新闻事件应有所耳闻,具备一定的感性认识,但政治领域的一些理论对于大部分高一学生来说还是比较难以真正理解和体会的。我校高一(12)班为"钱学森班",学生基础较扎实,综合素质好,思维比较活跃。学生虽然对初中学过的关于国家安全的基本知识有一些印象,但仍有不少遗忘。教师经常使用议题式教学,学生对于小组合作学习的方式比较熟悉。

4.教学目标

(1)通过学习,能够举例说明我们国家的对内职能和对外职能,支持国家履行职能,保障人民当家作主,树立总体国家安全观。

(2)通过讨论和分析,能够阐述维护国家安全的理由,全面辩证地分析国家性质与国家职能的关系,说明坚持人民民主专政的必要性和重要性,认同我国的国体,增强制度自信。

(3)通过学习,懂得并用实际行动维护国家安全,培养公共参与意识和能力。

5.教学重难点

教学重点:为什么要坚持人民民主专政,国家专政的任务及其原因,我国的国家职能。

教学难点:人民民主与专政的辩证统一关系。

6.教学环节

导入课题:通过1901年和2021年两个辛丑年的对比,引出议题"国家安全知多少",简单回顾国家安全的内涵及外延。

环节一:议题描述——在中国是什么让你倍感安全?由"让我们倍感安全的人们"入手,通过小组讨论感受不同职业的人们为维护国家各方面安全"负重前行",进一步认识他们工作的背后是国家在履行对内职能和对外职能,在感激之情自然流露中增强对国家的认同感。

环节二:议题论证——为什么要维护国家安全?由当下最热的时政话题"新疆棉事件"创设情境,第一个环节的结论"我国通过履行国家职能维护国家安全",进一步追问"为什么要维护国家安全",通过小组商议,对维护国家安全的必要性与重要性进行解释论证,达成对人民民主专政的深刻理解,并进一步认同我国的国家性质,树立总体国家安全观。

环节三:议学延伸——维护国家安全,我们能做什么?围绕国家安全的议题进一步深入探究,维护国家安全的主体除了国家,还有公民个人。课堂结尾要求学生在全民国家安全教育日来临之际,依据国家相关法律撰写维护国家安全的倡议书,既有利于学生内化、迁移所学知识,完整建构对国家安全的认知,又有利于增强法治意识和公共参与素养。

(二)成员交流

孙老师(观察者):议题式教学一定是围绕议题展开的,好的议题要具有引领性、可议性、学科性、开放性等。

郭老师(授课老师):对,我围绕议题,基于情境设计议学任务,通过学生小组合作完成议学任务,落实本课的学科内容。我们可以从情境、任务、活动及学科内容四个维度观察我这次议题设计是否具有引领性、可议性、学科性、开放性。

孙老师(观察者):好的,这个观察任务就交给我吧。

蔡老师(观察者):强调学科核心素养并不等于不要知识。议题式教学方式如何实现知识的落实?这是我比较关注的方面。

郭老师(授课老师):好的,那就辛苦蔡老师从学习目标的达成这个角度进行课堂观察。当然,我们的学习目标除了知识目标,还有思维能力的培养及核心素养目标。

黄老师(观察者):议题式教学和传统教学明显的不同在于学生合作学习中"议"的过程。我特别想知道,你如何组织学生"议",并在"议"中引导学生的学。

郭老师(授课老师):是的,议题式教学离不开"议",本节课我将通过三次前后桌学习小组的议学活动来推动。在课前,我会为每个小组发一张议学单,在"议"的过程中,每个小组有一名学生负责记录。这个班级的常态课中我也经常采取这种形式,学生对学习小组议学的流程比较熟悉。同时,教学评一体,议学活动的组织与评价不能分离,就请黄老师从教师课堂教学组织及评价的角度进行课堂观察。

陈老师(观察者):那我就从学生课堂参与度的角度来观察吧,看看议题式教学到底能不能充分调动学生的积极性,提高课堂的参与度。

郭老师(授课老师):好的。学生的课堂参与包括参与小组讨论、参与课堂发言,同时也包括学生的专注倾听。这个角度的观察需要关注全班学生,你可能要坐到教室的正中间,这样比较方便观察,小组讨论过程中有需要的话,也可以在教室里面走动观察。

陈老师(观察者):好的,我到时候根据需要随时变化。

(三)讨论确定观察点

孙小娟:议题设计。

陈宇诗:学生课堂参与度。

黄雪华:教师课堂教学组织及评价。

蔡坤发:学生学习目标达成。

【课中观察】

(一)观察工具

观察表、录播教室。

(二)观察位置

授课班级54人,录播教室的长条大桌不方便移动,但教室中间及两边过道相对宽敞,教室后面也有足够空间。因此,四位观察者可在教室左边、中间、右边、后边任意位置观察,并且根据观察需要在教室过道中走动了解。

负责观察议题设计的孙老师选择教室后排观察点,方便观察整个课堂的状态。负责观察学生课堂参与度的陈老师选择教室中间,并根据需要随时调整位置观察各小组学生课堂参与状况。负责观察教师课堂教学组织及评价的黄老师选择教室后排作为观察点,正对授课教师,便于观察授课教师的表现。负责观察学生学习目标达成的蔡老师选择教室左边靠前的过道作为观察点,面向学生,便于观察学生的学习状态及效果。

【课后报告】

(一)授课教师反思

(1)知识体系的建构逻辑清晰。本课围绕"国家安全"这个核心概念建构知识体系,从内涵外延、原因、措施、意义等层面展开,把坚持人民民主专政与国家职能两个重点知识密切联系起来,逻辑性强。

(2)学生课堂参与积极。本课议题一以贯之,情境素材贴近学生,能引起学生共鸣。无论是小组讨论还是小组分享,学生都很投入,积极参与。

(3)目标基本达成。从学生表述知识点、分析材料、撰写的倡议书中可以看出,他们已经基本达成应有的知识目标和能力目标。

(4)不足之处。时间分配不够合理。环节一的内容其实比较简单,但小组商议的时间安排过长,小组交流的时候为了扩大参与面,让每个小组学生都起来回答问题似乎也没有必要。环节一花费时间过长,导致环节三时间比较紧,学生展示无法充分展开。没有让学生提前预习,课堂教学效率不高,可以考虑让学生提前预习、自主建构,课堂上由学生小组合作完善知识体系。

(二)观察分析报告

1.议题设计观察报告

作为一节议题式教学公开课,要突出议题式教学的特点。本课从议题式教学的情境、任务、活动、学科内容几个要素入手进行观察。

表1 议题式教学要素观察记录

教学环节\议题设计	情境	任务	活动	学科内容
新课引入	两个辛丑年的对比			国家安全的内涵与外延
环节一:议题描述——在中国是什么让你倍感安全	视频"家国一日";图片"哪有什么岁月静好,只是有人替你负重前行"	记录"是哪些人为了中国人民的安全在负重前行" 说一说为什么中国人民的安全离不开他们	小组商议	国家职能
环节二:议题论证——为什么要维护我国国家安全	"新疆棉事件"背后的涉疆问题	解释与论证我国维护国家安全的必要性与重要性	小组商议	人民民主专政
环节三:议题延伸——维护国家安全,我们能做什么	第六个全民国家安全教育日	面向青年学生撰写一份维护国家安全的倡议书	建议	综合运用学科内容,从公民角度阐述为什么要维护国家安全及如何维护国家安全

(1)本节课设计的议题是"国家安全知多少",总体国家安全观本身就是思政学科立德树人的一个教育点所在。这一议题也可以串联人民民主专政和国家职能的学科知识,并且可以结构化、系统化地呈现学科内容的知识架构,具有引领性和学科性。

(2)情境创设贴近学生生活,贴近学生关注点,基于情境的议学任务设计能够调动学生积极性,让学生有话可说,具有可议性。

(3)议题延伸环节设计模拟社会实践、撰写倡议书等活动,要求学生迁移与运用相关知识(包括本课所学及初中所学),这是学生在教学活动中对将要从事的社会实践的初步尝试,具有开放性。

2.学生参与度观察报告

作为一节组内公开课,有实时录像,课堂上学生不会出现不听讲及写其他学科作业的情况。因此,在设计观察指标时,我们考虑从倾听方式角度观察学生的学习参与情况。根据教学设计,本节课学生主要的学习行为有辅助倾听、参与小组讨论、参与课堂问答。我们就从这三个方面入手,判断学生在课堂上的参与度。本课三个环节都组织了学生小组议学的活动,本班共54名学生。观察结果记录如表2。

表2 学生参与情况观察记录

教学环节 \ 学生参与	辅助倾听			参与小组讨论		参与课堂问答		
	记录	查阅	其他	人数(可先记录没有参与的人数)	方式(发言、记录、查阅、补充等)	人数(记录参与课堂问答的人数)	形式(齐答或个别回答)	回答典例(简单记录学生的回答内容)
新课引入						齐答时全班个别回答6人	齐答及个别回答都有	文化、经济、政治安全等
环节一:议题描述——在中国是什么让你倍感安全	翻看课本记录议学单			50人	记录查阅发言	14人	个别回答	军人、消防员、医生、人民警察、扶贫工作者、外交官、人民教师等
环节二:议题论证——为什么要维护我国国家安全	翻看课本记录议学单做笔记			50人	发言查阅记录	齐答时全班个别回答3人	齐答及个别回答都有	人民幸福息息相关、民族团结、社会稳定、伟大复兴、人民民主等
环节三:议题延伸——维护国家安全,我们能做什么				50人	记录发言	1人	个别回答	学法懂法、履行义务、军事基地等涉及国家安全的地方及人员,不拍照、不发朋友圈等

(1)在"辅助倾听"方面:课堂上,学生通过翻看课本、记录议学单、做笔记等方式辅助倾听,主动翻阅课本,及时做相应记录。这既反映了该班学生较好的学习习惯,又反映了学生在本节课高度参与。

(2)在"参与小组讨论"方面:小组讨论时,绝大多数学生积极参与,或是查阅课本、组内发言、进行记录。可以看出,这节课每一个小组讨论环节,学生的参与热情都很高。

(3)在"参与课堂问答"方面:本节课的问答形式有齐答、个别回答两种。其中,个别回答共有24人次,绝大多数为学生主动回答。可以看出,这节课学生参与度广,发挥了学生的主体作用。从个别学生回答后班级学生的自发鼓掌,可以看出学生有较高的参与度。

3.教师课堂教学组织及评价观察报告

根据教学设计,本课教师主要通过讲授法及小组合作学习组织教学。因此,在设计观察指标时,我们考虑从讲授、组织小组讨论、组织小组分享三个角度对课堂教学组织方式进行观察。同时,从教学评一体角度,不仅要观察教师课堂教学的组织方式,还要观察课堂上教师对学生的评价,从评价时机、评价方式、评价效果三个维度进行观察。观察结果记录如表3。

表3 课堂教学组织情况观察记录

教学环节 \ 学习目标达成	课堂教学组织方式			评价		
	讲授	组织小组讨论(若有,简要记录如何组织)	组织小组分享(若有,简要记录如何组织)	其他	评价时机(是否及时评价)	评价方式(语言或肢体语言)	评价效果(评价是否准确及学生的反映)
新课引入	√			师生问答			
环节一:议题描述——在中国是什么让你倍感安全	√	明确任务,教师深入各小组了解指导	由小组派出代表汇报,教师引导并板书		能及时评价,帮助学生提炼观点	语言恰当,语气生动	评价准确,帮助学生提升,反映良好

续表3

教学环节 \ 学习目标达成	课堂教学组织方式				评价		
	讲授	组织小组讨论（若有，简要记录如何组织）	组织小组分享（若有，简要记录如何组织）	其他	评价时机（是否及时评价）	评价方式（语言或肢体语言）	评价效果（评价是否准确及学生的反映）
环节二：议题论证——为什么要维护我国国家安全	√	明确任务，指导查看材料，教师深入各小组了解指导	个别小组派代表汇报，教师提示议学单的作用并指导答题思路	师生追问	能及时评价，重点强调	语言恰当、语气生动、适当的肢体语言	评价准确，帮助学生提升，反映良好
环节三：议题延伸——维护国家安全，我们能做什么		明确任务，教师深入各小组了解指导	个别小组派代表汇报		能及时评价，适当引导	语言恰当、语气生动、适当的肢体语言	评价准确，帮助学生提升，反映良好

（1）本节课中，教师组织教学以小组合作学习为主，引导学生"议"中学，凸显议题式教学的特征。同时，议题式教学并非不要讲授，一些基础的理论知识，以及知识点的深挖和提升，离不开教师讲授。

（2）教师通过讨论前的情境铺垫、任务解读，让学生明确小组商议过程中要解决什么问题。在小组讨论过程中，教师深入各小组，或倾听，或参与讨论，或加以指引，或及时评价，让小组的讨论更深入、更有效。在小组分享交流中，教师通过追问、点评、板书等方式开展教学，并通过语言或肢体动作对学生的发言及时评价，适当引导。

4.学生学习目标达成观察报告

依据教学目标，学生学习目标包括知识的理解及掌握，逻辑思维、辩证思维方法的巩固，以及核心素养的提升。我们分别从这三个角度设计观察指标。观察结果记录如表4。

表4　学生学习目标达成情况观察记录

教学环节＼学习目标达成	知识目标的达成		思维深度的达成		核心素养目标的达成			
	表述(回答过程中的表述是否准确)	运用(回答过程中知识的运用是否熟练)	逻辑思维(回答过程是否有逻辑有条理)	辩证思维(回答过程是否能够坚持全面辩证的观点)	政治认同	科学精神	法治意识	公共参与
新课引入								
环节一:议题描述——在中国是什么让你倍感安全	准确	不涉及本课知识的运用	比较有条理	无涉及	√		√	
环节二:议题论证——为什么要维护我国国家安全	基本准确	比较熟练	比较有条理	在教师引导下,能够较全面辩证地分析	√	√		
环节三:议题延伸——维护国家安全,我们能做什么	基本准确	比较熟练	有条理	比较全面	√	√	√	√

(1)议题式教学一样要围绕学科知识展开,学科核心素养的培育不能脱离学科内容,在"议学"过程中一样可以达成知识目标。学习的过程既包括接触新鲜的知识,又包括及时操练,议题式教学更有利于知识目标的达成。当然,学习的操练不仅是在课堂,还需要通过课后的作业不断强化,以更好地巩固知识目标。

(2)议题式教学的议学任务不能脱离情境。只有从简单情境到复杂情境再到劣构情境,才能一步步提升学生综合运用所学知识解决实际问题的学科核心素养。议题式教学的议学任务,是有一定思维含量的可议问题,在"议"的过程中训练科学的思维方法,促进思维能力的提升。

【附:教学设计】

(一)教学思路

本节课的主要内容是人民民主专政中的专政及国家职能。结合2020年6

月30日全国人大常委会通过《中华人民共和国香港特别行政区维护国家安全法》这一热点,确定本课的核心概念——国家安全。由此,设计议题"国家安全知多少",在落实教材知识的同时,进行国家安全法的普法教育,增强学生的法治意识和公共参与素养。

议题的开展从生活逻辑入手,再由生活逻辑引出理论逻辑,实现两者的统一,据此调整教材顺序,先讲国家职能,让学生从感性具体的生活情境体会国家通过履行职能维护国家安全,再从理论上深入分析维护国家安全的必要性和重要性,对人民民主专政的国体进行深度剖析。最后的议学延伸,引领学生回归真实生活情境迁移应用所学知识,若课堂上未能完成可作为课后探究作业。

(二) 教学路线

本课以议题式教学为主要方式,议题、情境、活动和任务四个要素形成如下四条线。

议题线:以"国家安全知多少"为议题,设置"议题描述—议题论证—议学延伸"三个环节,使议题贯穿教学始终。

情境线:围绕国家安全,由感性具体的情境"让我们倍感安全的人们"入手,到时政热点"新疆棉事件"背后的涉疆问题,最后回归真实生活实际的"全民国家安全教育日",为"议中学"提供载体。

活动线:由"商议—商议—建议"组成。

任务线:由"说一说我国是如何维护国家安全的—解释与论证我国维护国家安全的必要性与重要性—商议、撰写并展示宣传册"组成。

(三) 教学结构

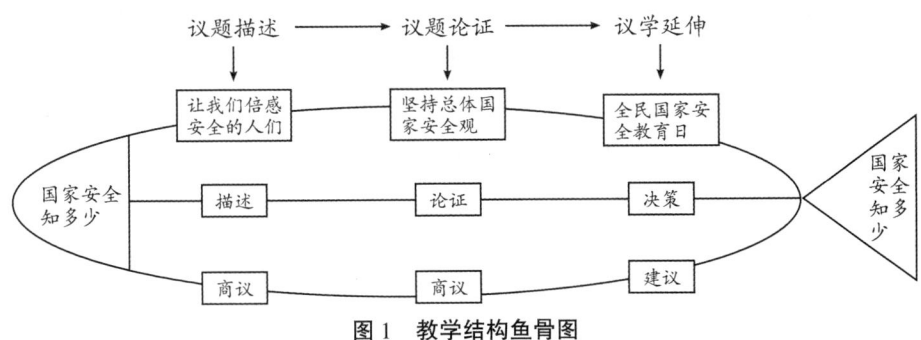

图1 教学结构鱼骨图

(四) 教学过程

议题:国家安全知多少。

导入:两个辛丑年的对比。

1901辛丑年:签订《辛丑条约》,割地赔款,丧权辱国。

2021辛丑年:中美高层战略对话,美国没有资格居高临下同中国说话!

引出议题:国家安全知多少。

国家安全是指,国家政权、主权、统一和领土完整、人民福祉、经济社会可持续发展,国家其他重大利益相对处于没有危险和不受内外威胁的状态,以及保障持续安全状态的能力。

国家安全包括政治安全、国土安全、军事安全等传统安全,也包括经济安全、科技安全、资源安全、文化安全、信息安全、核安全、社会安全、生态安全、生物安全等非传统安全。

环节一:议题描述——在中国是什么让你倍感安全

学科概念:国家职能。

议题情境:播放视频"家国一日";展示图片"哪有什么岁月静好,只是有人替你负重前行"。

议学活动:小组讨论,记录下你们认为"是哪些人为了中国人民的安全在负重前行",并说一说为什么中国人民的安全离不开他们。

设计意图:由"让我们倍感安全的人们"入手,通过小组讨论感受不同职业的人们为维护国家各方面安全"负重前行",进一步认识他们的工作背后是国家在履行对内职能和对外职能,在感激之情自然流露中增强对国家的认同感。

小结:(1)国家职能包括对内职能和对外职能。对内职能:维护国家稳定,通过依法打击危害社会主义制度的各种破坏活动,打击危害国家安全和统一的各种颠覆破坏活动、暴力恐怖活动、民族分裂活动、宗教极端活动,打击危害人民群众生命财产安全的各种犯罪活动实现。促进社会发展,通过在中国共产党领导下,制定和执行正确的路线、方针、政策,组织开展社会主义经济建设、政治建设、文化建设、社会建设和生态文明建设实现。对外职能:防御外来侵略,保卫国家安全,通过坚定维护国家的独立和主权,坚定维护国家的领土完整,坚定维护国家的各项安全和发展利益,坚定维护国家的尊严实现。

(2)国家职能与国体的关系。我国的国家职能与人民民主专政的国体相适应,为社会主义现代化建设提供可靠保障。

环节二:议题论证——为什么要维护国家安全

学科概念:人民民主专政。

议题情境:某印度媒体刊登印度国家安全顾问委员会成员的涉疆错误文章,散布中国新疆存在所谓"种族灭绝""强迫劳动""压制宗教自由"的谎言,试图挑拨中国民族关系和中国与伊斯兰国家之间的关系,公然干涉中国内政。美国、英国、加拿大、欧盟等国基于谎言和虚假信息,以所谓新疆人权问题为借口对中国有关个人和实体实施单边制裁。瑞典时装公司H&M以所谓"强迫劳动""少数民族歧视"的谣言为借口,声称将"抵制新疆棉花",在华引发广泛声讨和抵制浪潮。

议学活动:小组商议、解释与论证我国维护国家安全的必要性与重要性。

设计意图:由时政话题"新疆棉事件"创设情境,学科任务由第一个环节的结论"我国通过履行国家职能维护国家安全",进一步追问"为什么要维护国家安全"。通过小组学生的商议,对维护国家安全的必要性与重要性进行解释论证,达成对人民民主专政的深刻理解,进一步认同我国的国家性质,树立总体国家安全观。

小结:(1)为什么要坚持人民民主专政?从民主的角度看:人民是国家的主人,拥有管理国家事务、管理经济和文化事业、管理社会事务的权利。我们的人民民主是社会主义民主,是一种新型民主,是维护人民根本利益的最广泛、最真实、最管用的民主。只有充分发扬社会主义民主,保证人民依法享有广泛的权利和自由,尊重和保障人权,才能调动亿万人民群众投身社会主义现代化建设的积极性,使社会主义各项事业保持蓬勃的生机。从专政角度看:国家履行维护国家稳定、防御外来侵略等职能时,就是国家政权在担负对极少数敌对分子实行专政的任务。在我国,社会主义制度建立之后,剥削阶级作为一个阶级已被消灭,阶级矛盾已不是社会的主要矛盾。但是,由于国内和国外因素的影响,阶级斗争在一定范围内长期存在,在某种条件下还有可能被激化。

(2)民主与专政的关系。民主与专政的适用范围不同,我国坚持人民民主的同时坚持专政。民主是专政的基础,专政是民主的保障,两者缺一不可。

环节三:议学延伸——维护国家安全,我们能做什么

议题情境:播放视频"全民国家安全教育日"。

国家安全,人人有责,人人参与。2021年4月15日是第六个全民国家安全教育日。

议学活动:基于第六个全民国家安全教育日,面向青年学生撰写一份倡议书。(相关法律支撑:国家安全法、香港特别行政区维护国家安全法、反分裂国

家法、网络安全法、核安全法、反恐怖主义法等)

设计意图:本课以"国家安全"为核心概念展开议题探究。维护国家安全的主体除了国家,还有公民个人,课堂结尾要求学生依据国家相关法律撰写维护国家安全教育的倡议书,既有利于学生内化、迁移所学知识,完整建构对"国家安全"的认知,又有利于增强法治意识和公共参与素养。

板书设计:

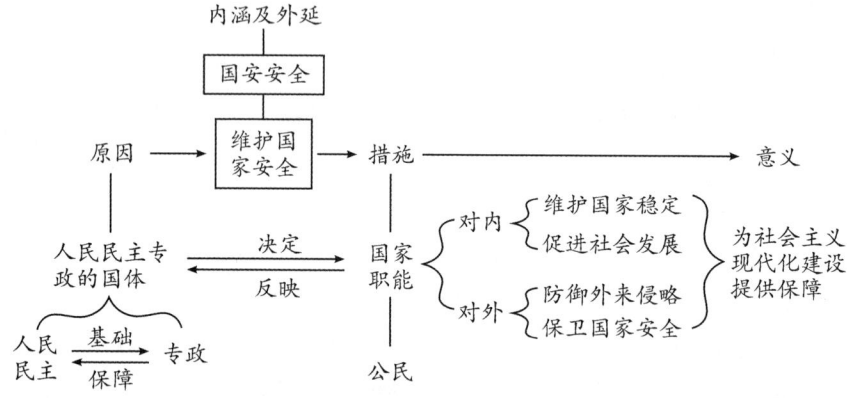

"人民代表大会:我国的国家权力机关"议题式教学课堂观察

耿书慧

【简介】

授课教师:赵艳颖,中小学一级教师,擅于创新课堂教学活动,对议题式教学有兴趣研究和实践。

教学主题:"人民代表大会:我国的国家权力机关"高二学测复习课,以新授课方式进行。

教学议题:怎样看待人大代表的作用?

观察教师:议题式教学观察组全体成员5人。

活动目的:为了在我校更好地推广议题式教学,方便学科组教师共同探讨议题式教学策略,赵老师把这节课上报为"每周一课",我校政治组全体教师、教科室相关负责人、年级部领导等20人左右参与听课。

【课前会议】

(一)赵艳颖老师说课

1.主题说明

(1)本框地位。本框是统编教材高中思想政治必修3《政治与法治》第二单元第五课第一框。第二单元的题目是"人民当家作主",人民代表大会制度是人民当家作主的最高形式和重要途径。人民代表大会是人民代表大会制度的基石,人大的立法权也为第三单元法治国家、法治政府、法治社会的建设提供了立法依据。

(2)处理说明。高二学测复习进度恰好到人民代表大会制度,虽然处于学测复习阶段,但打算把这节课作为新授课处理。这样,能更好地保证完整实施这次议题式教学设计,为我校思想政治学科议题式教学的研究与实践提供完整

耿淑慧,江苏徐州人,任教于江苏省郑集高级中学,高级教师,徐州市最美教师,徐州市青年优秀骨干教师,徐州市优课一等奖获得者,主要研究课堂教学。

的课例,也为下一步我校政治教师共同学习研究议题式教学提供更规范的资料。议题式教学也是活动型课堂的一种形式,是新课标倡导的新型课堂。本课以学生自主学习为依托,以学生活动为明线,以教师引导为暗线,以提升学科素养为目标。前期,我校观摩过耿书慧老师热点专题的议题式课堂,但新授课在我校尚属第一次,希望这次尝试能够成功。

2.学情分析

(1)学生心智特征。高二学生心理逐渐成熟,拥有强烈的表达欲望,具备一定的分析与综合思维能力,正处于信息加工和整理、逻辑推理和论证、批判思维和语言表达等高阶思维的形成发展阶段。同时,这个年龄段的学生对于新鲜未知事物保持着好奇与敏感,议题式教学的活动形式容易激发他们的兴趣,唤醒他们的参与意识。

(2)认识结构。高二正处于学测备考阶段,学生对本框知识比较熟悉,具备一定的用政治理论分析、解读社会生活现象的能力。但高二(1)班学生不是特别活跃,对思想政治学科的重视度也不高,谈不上兴趣,这也是多数高二班级的状态。通过第一单元的学习,学生有一定的政治与法律基础,但我校是农村高中,学生对人大与人大代表关注度不高,一些学生对人大、全国人大、人大常委会、全国人大常委会、人大代表等主体区分不清,理解不同主体的职能有一定难度。因此,在教学过程中,要注重把教材内容与生活实际联系起来,选择符合学生心智特征的教学方法,激发学习热情,提高课堂活力,增强教学的针对性和有效性。

3.教学目标

了解人民代表大会相关知识,运用马克思主义的科学世界观和方法论,分析、解读和评析社会政治现象,增强守法意识。

学习人大代表的权利和义务、人民代表大会的职权,感悟我国社会主义政治制度的优越性,自觉拥护中国共产党的领导,逐步确立正确的政治方向,坚定制度自信、道路自信。

在政治实践中,能自觉地支持和监督人民代表大会工作,认真对待选举权与被选举权,监督人大代表,提升自身素质。

4.教学重难点

教学重点:人民代表大会的性质、地位和职权。

教学难点:人民代表大会的性质及人大代表的职责。

5.教学环节

议题:怎样看待人大代表的作用?

主题情境:今年人大的责任情怀。

环节一:不一样的两会

子议题1:疫情未完全消失,为什么还要召开人民代表大会?

环节二:一样的责任

子议题2:"一府两院一委"与全国人民代表大会是什么关系?

环节三:多年的情怀

子议题3:在民法典产生过程中,人大代表行使了哪些职权?

环节四:我的担当

6.教学创新

第一次运用议题式教学本身就是创新。同时,学生活动有课前活动、课上活动、课后活动。

7.教学困惑

从整体看,处处有学生活动,但活动形式还是较为单一、重复。活动类型上,缺少层次性,因而缺少深度和高度。同时,我担心几个方面:第一,学生按小组课前搜集资料能否按时保质?第二,平时的思想政治课堂学生习惯了被动听,课堂上是否能真正动起来?第三,课后的角色扮演环节,学生会不会把知识一抄了之?

(二)成员交流

耿书慧老师:学生热情高,主动性强,课堂的参与度高,这是议题式教学模式自带的魅力所致,可能也和学生的学习习惯、学习方式有关。赵艳颖老师对议题式教学很感兴趣,平时关注议题式教学理论,也更渴望在实践中试行。新授课的议题式教学设计和实施在我校是第一次,有许多可以调整改进的地方,大家可以谈谈自己的看法。

张克老师:课前和课后活动太多,感觉不太适合,会加重学生负担。学生搜集资料的活动是不是可以由教师来完成,让学生的活动集中在课堂。

耿书慧老师:搜集资料完全可以交由学生,学生愿意做,也能做好。如果学生是第一次搜集资料,建议教师参与并进行引导、提醒、把关。同时,我认为资料的形式可以多样化。至于第二个议题,可以引导学生当堂制作全国人民代表大会与"一府两院一委"的简易关系图,并让小组代表展示讲解关系图。

孔德申老师:这节课容量很大,节奏应该紧凑,赵艳颖老师的每个环节的过渡要自然简约,否则可能保证不了教学设计的完整实施。

耿书慧老师:最后一个角色扮演可以采用活动模拟的形式。让一个小组课堂表演情景剧"人大代表的产生",然后让当选的人大代表进行演讲"我会做什么"。至于演讲是在选举前还是在选举后,可以再调整。

苏德辉老师:对,这节课的容量很大,所以活动的安排可以更灵活。第一个思考题可于课前让搜集资料的小组一并解决,课堂上直接展示,其他小组补充。

(三)讨论确定观察点

苏德辉:学生活动参与度。

孔德申:学生活动达成度。

张克:教师教学流畅度。

耿书慧:议题设计有效度。

【课中观察】

(一)观察工具

录播室录像设备、观察表。

(二)观察位置

苏德辉老师负责观察学生活动参与度,需要在课堂进程中近距离判断学生真实参与、学生小组分工、学生参与热情等。因此,苏老师坐在教室的偏前位置,既能有较好的视野观察全体学生,又能在观察过程中就近直接参与小组讨论。

孔德申老师负责观察学生活动的达成度,侧重观察学生活动的成果,以及学生在学科知识、学科能力、学科素养等方面的实现效果。因此,孔老师坐在教室后面,重点观察记录小组在展示环节中的表现。

张克老师负责观察教师教学的流畅度,侧重观察教师在组织学生活动时承接转合方面的引导语,在每项学生活动后的总结体会是否有升华,在知识疏漏处是否有订正补充,在活动进行中是否有参与引导。因此,张老师坐在教室右前,便于近距离观察赵艳颖老师的课堂教学行为,也便观察师生之间的互动。

耿书慧老师观察议题设计的有效度,主要基于师生特别是学生在课堂上对议题的分析,反思议题设计是否科学有效。耿老师的观察应是全方位的,既要观察学生在活动中对议题的理解、分析,以及观察小组最后达成的共识是否与议题本身的指向相一致,又要观察教师自身对议题的理解能否渗透在学生活动中。因此,耿老师坐在教室中偏后的位置,既能在课堂进程中近距离倾听学生对议题的理解分析,又能观察赵艳颖老师在议学活动中对议题的引领。

【课后报告】

(一) 授课教师反思

这是我第一节尝试议题式教学,整体感觉良好。教学氛围一改往日的平淡寡味,变得生动活泼,学生也由原来的被动接受变为主动学习、积极参与,课堂效果出乎意料。同时,由于议题式教学是新事物,我对议题式教学了解不太多,理论上学习不够,没有成熟的课堂案例可以借鉴,本节课还有很多需要完善的地方,在日后的教学实践中应进一步学习提升。

(1) 教学目标的达成度。学生的学科核心素养在课堂进程中潜移默化地得到提升。学生通过课堂可以感受人民代表大会制度的优越性,坚定制度自信与道路自信。学生在课堂上通过小组合作讨论,用学科理论分析与解读情境,全面辩证分析问题,提出解决问题的具体措施,培育科学精神。通过角色扮演等活动,增强主人翁意识,学会责任担当。整体来说,本课教学目标基本达成。

(2) 教学行为的有效性。整体来讲,本课的教学行为是有效的。学生的课前和课堂活动均指向教学目标,从活动的结果看,教学目标基本达成。例如最后一个活动,学生进行角色扮演,知识内容涉及人大代表的产生方式、人大代表的权利和义务。从活动过程看,其他小组学生在观看的同时,也能运用本课知识进行点评并提出建议,在生生合作、组组合作中完成对理论知识的理解和运用。

(3) 教学策略的有效性。议题式教学通过情境创设、议题设计、学生活动等,促进学生学科核心素养的提升。它以学生活动线为明线,以情境线、知识线为暗线,兼顾形式与内容,最大限度地激发学生自主学习、合作学习的潜能,让不同程度的学生在议题合作中实现各自的发展。

当然,我也会有疑惑:议题式教学是不是每节课都可以用?是不是每种课型都有效?我校耿书慧老师已展示过热点专题课、新授课,那复习课、讲评课可不可以?或者说,我们能不能在不同的课型都用?课前我也担心,这样的活动量会不会影响教学进度的问题。一节课下来,担心是多余的。

(二) 观察分析报告

1. *学生活动参与度和达成度课堂观察*

(1) 观察点说明。学生是学习的主体,自主学习与合作学习可以最大限度地调动学生的主动性、积极性和创造性。议题式教学突出学生活动,学生活动线是议题式教学的明线。课堂上有多少学生参与活动,每个学生多大程度参与活动,是衡量议题式教学设计的关键观察点。学生活动的频率要适度,学生活动的形式要多样,学生活动的分工要清晰,学生活动的组织要有序,学生参与活动的热情要被激发,学生活动的结果要有效。

(2)观察工具设计与观察结果记录。学生参与度量化起来比较困难,以往大多是宏观概括学生的课堂状态,为了更精准评价议题式教学中的学生参与度,必须对其进行量化。五个方面观察学生活动的参与度:第一,有无游离于课堂的学生;第二,小组讨论的广度;第三,小组代表展示的频率;第四,在小组活动时有无不参与的学生;第五,有无组际互动。据此设计观察工具并记录观察结果如表1。

表1 学生活动参与情况观察记录

教学环节 \ 学生活动	游离课堂人数	小组讨论	小组代表展示	不参与小组活动人数	组际互动
环节一:不一样的两会	无	第六小组学生搜集资料	第六小组代表展示资料和议题1的共识	无	1次;补充召开人民代表大会的理由
环节二:一样的责任	无	所有小组进行讨论	第三小组展示视频,第二小组代表展示简易关系图	第五小组有两个学生旁观	2次;第四小组与第一小组对关系图进行补充、调整
环节三:多年的情怀	无	所有小组参与	第一小组代表依据材料分析人大代表职权	依然是第五小组的两个学生不够积极	3次;第二小组学生纠正知识错误,第五小组学生补充材料分析,对人大代表与人大的职权判断争辩
环节四:我的担当	无	第四小组表演	第四小组代表演讲	无	2次;第二小组评价,有学生指出演讲者知识表达上存在口误

（3）观察结果分析及教学建议。学生活动的参与度和达成度可以从参与的广度与深度两个方面进行考量。通过上面的观察记录，我们从三个方面进行分析：

——从"游离课堂人数"与"不参与小组活动"看。整节课学生注意力比较集中，没有学生完全游离于课堂之外，这说明议题式教学确实能调动学生的积极性，引发学生的学习兴趣。不参与小组活动的学生比较少，固定在两个学生身上，这与学生的性格、学习习惯不无关系。这也提醒我们：第一，在小组划分上要更全面地考虑各种因素，让这样的学生不要在一个小组，分在不同小组可以变化更快。第二，在小组分工上要更有效地提高学生的参与度。第五小组的两个学生参与度不高，是不是第五小组在合作分工上没有做好？小组长、发言人、展示人、记录员能否形成轮流制度，调动每个成员参与的积极性？第三，这两位学生并不是在所有的活动中都无动于衷，据我观察，他们对第一环节、第四环节很感兴趣。这说明我们在组织学生活动时，一定要抓住学生的兴趣点、兴奋点。

——从"小组讨论、小组代表展示、组际互动"看。小组合作从时间上看有课前、课中，从活动面上看有单一小组活动、小组互动、全部小组活动。小组合作呈现全方面、立体化、多层次的特点，在组际互动时有大量的课堂生成问题，这也是学生互帮互学的体现。整节课学生活动一贯到底，充分体现了学生的主体地位，学习因此而轻松，课堂因此而精彩。在观察过程中也发现学生合作的充分度问题，部分议题学生讨论的时间不够，导致学生还没有充分思考、达成共识，就急于展示，能表达但不全面。这对学生思维的锻炼不利。大多讨论过程是知识主导型的，极少融入生活素材，说明学生对知识的运用不到位。当然，由于是第一次尝试议题式教学，学生想表达、敢表达更重要一些。

——从观察记录整体看。第一次在学科组展示议题式新授课，学生已表现出极高的兴趣，整个课堂生态发生了翻天覆地的变化，学生呈现的课堂面貌积极向上。这足以说明学科组可以也必须继续实施议题式教学，使其发挥更大的价值。

2.教师教学流畅度课堂观察

（1）观察点说明。议题式教学课堂教师如何准确定位，本身就是一个值得研究的议题。不管怎样，教师组织与引导学生活动可以保证课堂有序进行，也可以引导学生活动向着教学目标靠近。这里教师的组织、师生的互动是议题式教学的暗线,是议题式教学必不可少的。教师通过流程引导,使各个活动过渡自然流畅。教师通过师生互动可以对学生活动进行评价、总结,使课堂生成问题及时得到解决,可以更好地处理课堂意外,使教学目标顺利达成。

(2)观察工具设计与观察结果记录。教师教学的流畅度体现教师的教学机智,彰显教师的基本素质。要想保证教学的流畅度,教师要对学生活动进行课前指导和课堂活动引导。课前指导主要是对学生预习指导和相关资料准备的指导,这不属于我们课堂观察的范围。我们主要观察教师对课堂活动的引导,具体从三个方面进行观察:第一,教师是否参与学生活动;第二,教师对学生活动后是否有归纳升华;第三,有无生成性问题,教师如何处理。观察工具设计及观察记录如表2。

表2 教师课堂活动引导情况观察记录

教师活动 教学环节	参与学生活动	活动后的归纳升华	处理生成性问题
环节一: 不一样的两会	无,此环节教师应是课前指导	教师归纳人民间接行使国家权力的必要性	无生成性问题
环节二: 一样的责任	对第三小组的视频剪辑进行指导,课堂上参与第一、四小组作图	教师对不同小组的展示图进行点评	点拨生成性问题:人大、"一府两院一委"在纵向层级上的划分
环节三: 多年的情怀	课堂上参与第三、五小组的讨论	教师对学生错误的表达进行提醒,并对人大代表的知识进行总结	无生成性问题
环节四: 我的担当	课前对第四小组的情景剧进行大方向指导,课堂上欣赏情景剧	点评第四小组情景剧,并引导学生"找碴":情景剧和"人大代表"的演讲有没有出错?如果你作为人大代表演讲,还会讲到什么	提醒:人大代表与人民代表的区别、人大代表权利与义务相统一,补充质询权的资料

(3)观察结果及教学建议。教学的流畅度体现在教与学的配合上,也体现在教师对教学的引导上:如何把知识线、情境线、活动线融为一体。通过观察,我们得出以下结论:

——从"参与学生活动"看。议题式课堂的确以学生为主体,但教师绝不能旁观。学生活动方向的把控、形式的选择、活动的深度等都需要教师的参与和引导,否则学生活动就可能杂乱无章、虚假无效。这节课,赵艳颖老师参与了所有的学生活动,她在其中是引导者、倾听者、点拨者……她的辅助作用必不可少,也恰到好处。随着议题式教学实践展开,学生的能力不断提升,教师可以越来越多地放手。

——从"活动后的归纳升华"看。学生活动不是一"动"了之,每次的学生活动都要进行点拨评价和归纳升华。只有这样,才有助于学生从活动中有所得、有所悟,不仅能从理论的角度分析情境,还能从素养的角度得到提升。这节课,赵艳颖老师在每次的学生活动后都有精彩总结,有的具体形象,有的精练深刻,但都言简意赅。同时,我在观察中发现,赵艳颖老师总是先有意识地让学生点评,在此基础上进行总结,在生生互动、师生互动的基础上归纳。在下次的议题式教学实践中,教师归纳升华的形式是否可以多样化?

——从"生成性问题处理"看。课堂有许多意外,而一些意外一旦出现就形成了生成性问题。一节课生成性问题的多少与诸多因素有关,如教学内容可衍生问题的多少,教学情境是简单型还是复杂型,学生的能力、对情境的分析程度等。本节课生成性问题不太多,而且集中于知识型,赵老师处理及时,动员学生主动"找碴",效果比较好。

3.议题设计有效度课堂观察

(1)观察点说明。议题设计是议题式教学的灵魂,也是教师最费神劳力之处。议题设计是否有效,直接决定议题式教学的成败,也决定学生活动展开效果的好坏。每个教师对议题的理解有所不同。我认为,不同议题都应该指向一个标准:议题只有通过学生的合作学习才能有效解决,在解决的过程中激发学科思维、提高学科能力、培育学科素养。对议题设计有效度进行观察非常必要。

(2)观察工具设计与观察结果记录。对议题设计有效度进行观察,主要是反思下列问题:议题设计是否合理?议题设计是否指向学科核心素养?议题设计能否使学生活动有效展开?议题能否帮助学生理解运用教材的基本理论?议题解决的过程能否锻炼学科思维?课堂上,主要观察教师设计的议题体现的学生活动状况、解决议题运用的理论、学生在活动成果展示中体现的学科思维与学科素养。

表3 议题设计有效度观察记录

教学环节＼学生活动	学科素养	学生活动	学科理论	学科思维
子议题一：疫情阶段，为什么要召开人民代表大会？思考一：为什么召开人民代表大会，不是人民直接行使权力？思考二：疫情阶段，为什么要召开人民代表大会	政治认同、科学精神	第六小组学生以活动为主，展示资料、展示小组的思考结果，其他小组点评补充，学生展示时略紧张	人民是国家的主人，但人民并不直接行使国家权力；人民代表大会作为国家权力机关的地位、作用	人民直接行使国家权力利弊的全面分析，以及学生辩证思维能力；结合疫情谈召开人民代表大会的必要性的辩证唯物主义思维
子议题二：为什么每年"一府两院一委"都要在全国人民代表大会上作工作报告	政治认同、法治意识	所有小组进行商讨，建构小组简易关系图，并展示小组简易关系图	全国人民代表大会的地位、权力。全国人大与其他国家机关的关系	从文字到图形再到语言的转化能力、学科语言表达能力等
子议题三：在民法典的产生过程中，人大代表可能会行使哪些职权	法治意识、科学精神	所有小组参与讨论，占时较少，知识味偏浓，组际活动中主要以补充知识、纠正知识为主	人大代表的职权：审议权、表决权、质询权、提案权。人大代表的义务（略）	人大代表的职权与人大权力的比较区分能力；运用理论分析解读社会现象的能力
角色扮演——假如我是全国人大代表，我可以做什么	公共参与	由第四小组进行情景剧表演，选出的"人大代表"进行演讲	人大代表的产生、人大代表的权利与义务、人大代表与人民的关系等	学生的实践能力

(3)观察结果及教学建议。根据课堂观察，从三个方面总结：

——从"学科素养、学科思维"看。从整体上看，本课的议题设计紧扣学生的学科素养和学科思维。议题一引导学生从整体上认识人民代表大会的重要性，引导学生自我解惑。"人民是国家的主人，一切权力属于人民，人民为什么不直接行使国家权力呢"，这一议题乍一看和教材的知识联系不大，但其素养价值较高，对理论的完整性理解很重要。议题二、议题三知识味很浓，但第二问采用建构简易关系图的活动形式，使议题的解决过程不再乏味。议题三的解决过程相对呆板,好在赵艳颖老师采取短平快的处理方式,及时延伸到活动四的角色扮演。

——从"学生活动"看。从学生活动看议题设计的有效度,不是看是否有学生活动,而是看议题设计能否接近学生思维的"就近发展区",议题设计是否有层次、有梯度,议题设计是否有思维含量……如果再有一些带有思辨意味的议题会更好。从本节课看,议题设计遵从教材理论知识的顺序,议题一与议题二、议题三之间有层次感,议题二、议题三之间是并列关系。议题一带有思辨性,但没有搭配思辨活动。议题一可不可以让学生进行短辩论"直接行使权力好还是间接行使权力好"?我们在以后的议题式教学中,一定要考量议题之间的关系。

——从"学科理论"看。议题式教学设计一定要以学科理论为依托,情境的选择、议题的设计、学生活动都不能脱离学科理论,课堂所有环节的展开都要在政治学科话语体系中运行。这里,赵艳颖老师的议题设计明确地指向本课知识,学生也比较容易捕捉到知识信息。但议题式教学的知识价值不是停留在知识是什么,认知过程更重要,需在活动展开、议题分析中深化为什么、怎么办。在议题式教学的初期,议题设计可以有明显的知识味,使教师、学生易上手。在观察中,我也思考:议题设计一定要指向学科知识,但不能让学生一眼望穿。我们要更加努力,让设计的议题有思维的层次和高度,努力实现思政课的深度学习。

【附:教学设计】

(一) 思路框架

本课采用议题式教学,议题、情境、活动和任务四要素形成四条路线。

议题线:疫情下为什么还要召开全国人民代表大会—"一府两院一委"与全国人民代表大会是什么关系—在民法典产生过程中,人大代表行使哪些权利。

情境线:全国人大的常识资料、十三届全国人大三次会议议程—十三届全国人大三次会议"一府两院一委"工作报告视频—民法典产生流程。

活动线:课前搜集资料—小组辩论—小组讨论—角色扮演。

任务线:人民代表大会与人民的关系—人民代表大会与"一府两院一委"的关系—人大代表的职权—人大代表的产生和人大代表的履职意识、履职素养、履职能力。

(二)主体设计

议题:怎样看待人大代表的作用。

主题情境:人大的责任情怀。

环节一:不一样的两会

导入新课:播放视频"不一样的两会",让学生了解、直观感受疫情背景下2020年两会的不同之处,引入课题。

师:看了视频之后,2020年两会哪一个瞬间让你难忘?

生:回答难忘瞬间,谈个体感受。

师:2020年5月21日、22日,因新冠肺炎疫情影响而延宕两个多月的全国两会拉开帷幕。不同以往,2020年全国两会有了许多新变化:戴口罩成风景线;会期缩短至7天;默哀一分钟;代表、委员、部长等与记者"隔屏互动"……不变的是,全国两会依然是反映人民意愿、汇聚各界力量、释放政策信号、展现信心决心的重要平台,更是世界观察中国的重要窗口。今天,我们结合十三届全国人大三次会议共同学习"人民代表大会:我国的国家权力机关"。在我国,人民是国家的主人,国家的一切权力属于人民,人民直接行使国家权力和人民通过人大代表行使国家权力哪个好呢?

子议题1:疫情阶段,为什么要召开人民代表大会?

议学活动:第六小组学生课前搜集有关十三届全国人大三次会议相关资料,并在课前对此思考题进行小组讨论分析。资料搜集的角度是:全国人民代表大会的常识介绍,本届全国人大的议程。课堂上,学生代表课堂展示资料,介绍召开人民代表大会的必要性,并向学生展示小组讨论达成的共识,其他小组成员可以补充。

设计意图:学生在课前了解全国人大的基本知识,并搜集当下热点十三届全国人大三次会议的相关资料,为课堂做好铺垫。同时,提高学生搜集、分析资料的能力,掌握获取资料的一般方法。

归纳:直接行使权力的好处——充分行使权力、调动政治参与热情、真正体现人民的主人翁地位……直接行使权力的弊端——难以形成正确的集中,不能及时做出决策;国家通过"停摆"的方式召集全体人民大会不现实;人力、物力、财力投入太大,成本太高……

环节二:一样的责任

子议题2:为什么每年"一府两院一委"都要在全国人民代表大会上作工作报告?

议学活动:第三小组学生课前剪辑"一府两院一委"工作报告的视频。全体学生以小组为单位,当堂制作全国人民代表大会与"一府两院一委"的简易关系图,小组代表展示讲解。

设计意图:辩证看待人大与"一府两院一委"的关系,区分不同国家机构在政权体系中的地位,并把握不同机关之间的联系。

归纳:全国人民代表大会是国家最高权力机关,行使最高立法权。全国人大常务委员会是全国人大的常设机关,是最高国家权力机关的组成部分,由全国人民代表大会选举产生,对全国人民代表大会负责并报告工作,行使立法权、决定权、任免权、监督权,以及全国人大授予的其他职权。"一府两院一委"由全国人大产生、对它负责、受它监督。

环节三:多年的情怀

子议题3:在民法典产生过程中,人大代表可能会行使哪些职权?

议学活动:第二小组学生课前搜集民法典产生的相关资料。资料要求:突出人大代表在这一过程中的相关作用。活动要求:课堂展示资料,学生以小组为单位分析人大代表的职权。

设计意图:通过情境资料直观理解人大代表的职权,增强民主意识,感悟选举权的重要性。

归纳:人大代表代表人民的利益和意志,依照宪法和法律赋予的各项职权,行使管理国家的权力。他们享有审议权、表决权、提案权、质询权。各级人大代表与人民群众保持密切联系,听取人民群众的意见和要求,模范遵守宪法和法律。

环节四:我的担当

议学活动:角色扮演——假如我是全国人大代表,我可以做什么?

让第四小组学生课堂表演情景剧:人大代表的产生。然后,让当选的人大代表进行演讲,说明"我会做什么"。(第四小组学生可提前准备,演讲稿先行写好,其他同学作为观众可以评析)

设计意图:学生通过角色扮演,在模拟场景中实现政治参与,争当人大代表,并增强代表意识。

课堂小结:本节课主要讲述人民代表大会和人大代表有关知识,通过对人民代表大会的性质、组成、职权等内容的理解与把握,进一步感受我们的国家是人民当家作主的国家。

板书设计:

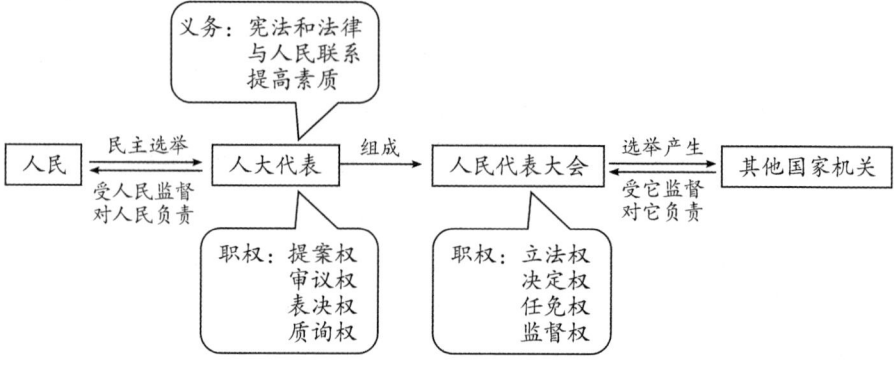

"中国共产党领导的多党合作和政治协商制度"议题式教学课堂观察

李祖宇

【简介】

授课教师:李祖宇,正高级教师,特级教师,教学经验丰富,对议题式教学深度关注。

教学主题:"中国共产党领导的多党合作和政治协商制度"高一新授课。

教学议题:协商民主有什么优势?

观察教师:安徽省广德市李祖宇名师工作室部分成员。

活动目的:为推动议题式教学,改进教师教学方式和学生学习方式,培育学生学科核心素养,广德市李祖宇名师工作室举行了此次课堂观察活动,工作室全体成员及宣城市部分高中政治教师共同参与。

【课前会议】

(一)李祖宇老师说课

议题式教学是新课标倡导的教学方式,通过议题的引入、引导和讨论,推动教师转变教学方式,使教学在师生互动、开放民主的氛围中进行。本课设计依据新课标有关精神和要求,着眼于学生真实生活和长远发展,体现思想政治活动型学科课程特点,采取议题式教学。

1.教材分析

(1)本课地位:第六课围绕我国的三项基本政治制度,重在说明这些制度是建设社会主义民主政治的重要组成部分。主要探究中国特色的政党制度、中国人民政治协商会议、符合国情的民族区域自治、我国的宗教政策与法律、基层群众自治的组织形式、人民群众直接行使民主权利的生动实践。理解我国政党制

李祖宇,安徽省广德中学教师,安徽省特级教师、中学正高级教师、安徽省模范教师,广德市中小学思想政治理论课名师工作室主持人。曾任安徽省广德中学副校长、广德市第三中学校长,主持省市级课题2项,发表论文10余篇。

度的特点和优点,明确我国不能实行西方的多党制,对于认识社会主义制度的优越性、坚定正确的政治方向具有重要的意义。

(2)本课内容:第一框"中国共产党领导的多党合作和政治协商制度"包括"中国特色社会主义政党制度""中国人民政治协商会议"两目。这是我国的基本政治制度之一,与我国的根本政治制度相适应,是中国特色社会主义民主政治的重要组成部分,是中国特色社会主义政治制度优越性的重要体现。

2.学情分析

(1)学生心智特征:本课教学对象为高一年级下学期的学生。据班主任反映,该班学生的分析、归纳能力较强,平时上课比较活跃,应该能比较积极地参与探究活动。但从高一学生的普遍认知规律看,他们往往对事物缺少全面、系统的认识和评价,需要教师进行引导。

(2)学生认知结构:高一上学期学生已经在历史课必修1中学习了近代中国革命史的一些内容,加上各种影视资料及新闻媒体对学生的影响,应当了解到民主党派不管在革命时期还是建设时期都致力于中华民族伟大复兴。这为学生进一步理解我国多党合作的制度安排奠定了基础。

3.教学目标

(1) 通过学习,掌握我国政党制度的含义,理解我国政党制度的地位和内容;理解人民政协的性质、职能;理解我国政党制度的优越性。

(2)通过讨论、辨析,提高运用习近平新时代中国特色社会主义思想分析政治现象的能力,分析说明我国的政党制度适合我国国情,具有不可比拟的优越性。同时,养成自主学习、合作探究的能力。

(3)通过学习,认同中国共产党领导的多党合作和政治协商制度是适合我国国情的新型政党制度,有其独特优势,要增强制度自信;认同协商民主的优势;理解我国的政党制度既不是一党制,又根本区别于西方多党制;在日常生活中学习我国政党制度的知识,增强公共参与意识,配合民主党派和人民政协工作,参与协商式民主,为国家治理和社会治理贡献力量。

4.教学重难点

教学重点:我国政党制度的优越性;人民政协的性质、职能。

教学难点:我国的政党制度的基本内容;协商民主的优势。

5.教学环节

导入→梳理→理解→应用→迁移。

议题:协商民主有什么优势?

环节一:议题描述　回眸·建协商民主之制

议题1:中国特色社会主义政党制度是怎样形成的?基本内容是什么?

环节二:议题论证　聚焦·履协商民主之职

议题2:有人认为,在我国,民主党派是"政治花瓶",人民政协也只是一种"摆设"。

环节三:议题辨析　点赞·显协商民主之优

议题3:组际辨析中西方政党制度的不同,总结我国政党制度的特点和优越性。

环节四:议题追问　展望·担协商民主之责

议题4:假如我是政协委员,如何助力家乡农旅产业健康发展。

(二)成员交流

高红梅、童友敏: 本框容量大,在旧教材里是两框,一堂课完成教学任务有些紧张。议题设计在议题式教学中发挥着统领作用,是贯穿整堂课的一条主线,必须串联起教材的核心内容。从学生的生活实际看,他们对政党制度和人民政协较陌生,若议题设计不当,可议性不强,学生会无所适从。

周后华、程云霞: 本课重点是我国政党制度的优越性和人民政协的性质、职能,难点是协商民主的优势。情境的趣味性、充分性、时效性直接关系到学生学习兴趣和课堂参与,关系到学生对议题的商议、讨论或辩论,关系到学生对重点知识的理解和掌握。此外,教师的点评和引导也很重要。

熊献成、钟克艳: 议题式教学的关键是议学活动的设计与实施,这是它与过去的探究课堂的重要区别,关系到学生在学习过程中的经历和体验。活动设计要与情境相匹配并以结构化形成呈现,便于学生参与其中。活动设计要有梯度,设问要体现思维进阶,以此培育学生学科核心素养。

李祖宇: 我采用议题式方式教学次数不多,课堂观察更是第一次。刚才大家从不同角度谈了对本节课的认识,都很有见地。接下来的教学实践中,我将尽力而为,力求达成教学目标。

(三)讨论确定观察点

高红梅、童友敏:议题设计(学科性、开放性、可议性、引领性)。

周后华、程云霞:学生学习(学习兴趣、参与状态、目标达成)。

熊献成、钟克艳:活动设计(学生参与度、情境对称性、活动结构化、知识支撑情况)。

【课中观察】

(一)观察工具

观察表等。

(二)观察位置

高红梅、童友敏在教室中间通道一前一后观察;周后华、程云霞在教室中间走道和后排观察;熊献成、钟克艳在教室前后斜对角观察。

【课后报告】

(一)授课教师反思

回顾整堂课,前半部分组织不顺畅,导入"政党"历史环节显得累赘;学生兴趣调动不起来,学生对相关知识的整理是被动的、机械的。后半部分的教学达到了预期效果。议题3的辨析活动中,学生讨论热烈,我也参与其中并及时引导。通过对比中西方政党在新冠肺炎疫情防控上的理念、态度、举措及结果,学生很好地总结出我国政党制度的特点和优势。第四个环节,学生以小组为单位畅想"假如我是政协委员,如何助力家乡农旅产业健康发展",各小组分别聚焦一点、集中智慧,形成不同建议或提案雏形。小组代表展示有声有色。

(二)观察分析报告

1.议题设计观察组汇报

(1)观察点说明。议题设计观察维度共有11个观察点,分别从议题设计的课标依据、课程内容、开放程度、时代特点、亲和有趣、价值引领等视角进行观察。每个观察点按5分制进行赋分,55分为满分,累计得分越高,议题质量越优。高红梅老师和童友敏老师在教室的1、2组和3、4组中间通道一前一后进行观察,有利于走近学生,及时、全面了解学生对议题的兴趣、讨论情况。

(2)观察结果。本节课共设置四个议题。从观察情况看,议题设计符合课标要求和课程内容,突出重点和难点,结合时代实际和地方实际,有很好的价值引领性,有利于培育学生的政治认同、科学精神和公共参与等学科核心素养。该观察维度平均得分49.5分,得分率90%。

表1 议题设计观察记录

时间	地点			课题				
3月26日	广德中学			中国共产党领导的多党合作和政治协商制度				
观察者1	姓名	高红梅	年龄	38	教龄	15	单位	广德中学
观察者2	姓名	童友敏	年龄	38	教龄	16	单位	广德三中
观察中心	议题的学科性、引领性、可议性、开放性							
观察记录		观察点					得分1	得分2
观察记录	1	是否依据新课标内容要求设置议题					5	5
观察记录	2	是否依据新课标核心知识设置议题					5	5
观察记录	3	是否展示价值判断的基本观点					5	4
观察记录	4	能否从多个视角进行分析、解释					4	5
观察记录	5	是否"有统一标准、无标准答案"					3	4
观察记录	6	任课教师能否驾驭议题					4	4
观察记录	7	学生对议题是否有探究的兴趣					4	5
观察记录	8	是否适合学生的学习能力和认知规律					4	5
观察记录	9	议题是否能结合地方实际,融合时代实际和教学内容					5	5
观察记录	10	是否指向学科核心素养					5	4
观察记录	11	能否在教学中有效、真实地落实					4	4
分析评价	高红梅:议题设计与情境的贴合度高,层层推进,核心知识情境化,符合学生生活实际,学生参与度高 童友敏:议题设置能结合时代实际和地方实际,教学情境线"回眸→聚焦→点赞→展望"连贯,具有整体性;符合新课标内容要求,突出政党制度、人民政协的性质和职能等重点知识;展示价值判断的基本观点,对比中外政党制度,点赞中国政党制度					合计	48	50

说明:优秀5分,良好4分,较好3分,一般2分,不好1分。

（3）教学建议。议题1可以改为问题式教学，课前让学生搜集我国政党制度形成的相关资料，了解我国政党制度形成的历史。课上，视频导入后，请学生结合所学历史知识和教材内容，梳理并回答问题。这样可以充分调动学生自主预习的积极性，培养学生独立思考问题的习惯，还可以了解学生知识整理情况。议题2指向的必备知识是人民政协的性质和职能，引导学生通过对情境的解读探究人民政协如何履职，但教学情境空泛，议题难落实，建议更换材料。

2.学生学习观察组汇报

（1）观察点说明。学生学习观察维度共有11个观察点，分别从学生的课堂参与状态、兴趣保持度、素养养成度等视角进行观察，每个观察点按5分制进行赋分，55分为满分，累计得分越高，达成度越好。周后华老师和程云霞老师在教室的中间通道和后排进行观察。选择这样的观察位置，一方面，可以近距离观察学生参与状态，学习兴趣是否浓厚、学习态度是否积极、学习激情是否饱满、学习过程是否自主、合作探究是否深入、学习场景是否真实等。另一方面，可以观察全班学生学习的全貌，记录各学习小组讨论和展示过程，观察学生解决问题过程中思维是否开阔、思路是否清晰、辩论是否有力。

（2）观察结果。我们通过一近一远、一点一面相结合的观察，从新课导入、知识梳理、知识理解、知识运用到知识迁移、知识巩固，随着教学过程的逐步推进，学生的学习渐入佳境。如知识迁移环节，结合本地发展实际，围绕地方"农旅文化产业融合发展"这一话题，以"假如我是政协委员"为地方农旅文化产业融合发展出谋划策，既紧扣时政热点，又从学生的实际生活出发，把学生的学习兴趣调动起来。学生畅所欲言，掀起课堂教学高潮，收到良好的课堂教学效果。整堂课坚持发挥学生主体作用，学生真参与、真思考、真探究、真展示，紧扣议题，在情境分析、议题讨论、结果展示中达成必备知识、关键能力、学科素养和核心价值，真正实现了"议中学"。该观察维度平均得分45.5分，得分率82.7%。

表2 学生学习观察记录

时间	地点			课题			
3月26日	广德中学			中国共产党领导的多党合作和政治协商制度			
观察者1	姓名	程云霞	年龄	36	教龄	12	单位	泾县中学
观察者2	姓名	周后华	年龄	41	教龄	17	单位	广德中学
观察中心	学生的参与状态、知识落实情况、情感状态、素养养成度等						

		观察点	得分1	得分2
观察记录	1	是否积极参与教师和同学对话、分享解决问题的方案等	5	5
	2	能否有理有据、有说服力地表达和解释解决问题的方案，能否专注地倾听同学发言	5	4
	3	解决问题过程中能否认真思考，思维是否开阔，思路是否清晰	4	4
	4	是否经历了自主辨识、分析、作出判断的过程	4	3
	5	对议题和教学内容保持兴趣的学生数量	4	4
	6	对议题和教学内容保持强烈求知欲的学生数量	4	4
	7	学生对知识的掌握程度即知识落实情况	5	4
	8	学生回答问题的正确率和课堂练习完成率、正确率	5	4
	9	学生课堂学习的展示效果(质量)	4	3
	10	学生能否主动地发现及提出问题，并解决问题	4	4
	11	学生能否反思自己的学习行为、调整学习策略	4	4
分析评价	程云霞：学生在对议题的分析、讨论和结果展示中完成了知识内容的学习，小组讨论热烈、深入，学生展示思维活跃，回答有广度和深度，师生互动顺畅自然 周后华：学生参与度高，对问题的回答积极主动，答案具有生成性、创新性。议学单中的情境材料使用、挖掘还需更加充分		合计	48	43

说明：优秀5分，良好4分，较好3分，一般2分，不好1分。

（3）教学建议。支撑议题1的情境材料不充分，学生很难在解决议题化情境问题过程中归纳整理出我国政党制度的基本内容。要么改用其他教学方式，要么补充相关素材。支撑议题2的情境材料选取自2021年全国政协会议这一鲜活的时政，学生很兴奋。但从学习过程看，情境与议题不适切，材料不具体、结构化不明显，学生从中不易了解人民政协的性质和职能，特别是如何履职。可从全国政协常委会工作报告出发，展开情景模拟，引导学生参与学习过程，切实体味人民政协的地位、性质，了解其工作内容和履职情况。

3.活动设计观察组汇报

（1）观察点说明。活动设计观察维度共有11个观察点，分别从活动设计与学生学习的参与度、情境创设的匹配度、问题设计的结构化之间的关系去观察，每个观察点按5分制进行赋分，55分为满分，累计得分越高，关联度越高，设计就越优。熊献成老师和钟克艳老师在教室的前后的对角线两个端点进行观察，便于了解教学活动的展开情况，观察并记录学生参与讨论、辨析、展示等活动的人数、时间、过程和质量，观察情境能否成为活动的有效载体，观察问题设计层次与学科知识逻辑的一致性、活动的序列化与学生认知规律的一致性。

（2）观察结果。本节课设计了四个活动。从观察情况看，活动设计面向全体学生，绝大多数学生都参与了本组的商议、讨论和辨析，有13位学生进行了展示。特别是活动3的讨论辨析，情境充分，与议题匹配度高，学生兴趣浓厚，对比分析后能建构我国政党制度"新"在哪里、"优"在何处的学科知识，增强制度认同。活动4的设计是开放的，情境极具亲和力，围绕议题，学生有话可说，角色感很强。

表3 活动设计观察记录

时间	地点			课题			
3月26日	广德中学			中国共产党领导的多党合作和政治协商制度			
观察者1	姓名	熊献成	年龄	42	教龄	20	单位	广德中学
观察者2	姓名	钟克艳	年龄	41	教龄	18	单位	广德实验中学
观察中心	学生参与度、情境充分性、问题匹配度、活动序列化等						

	观察点	得分1	得分2
	1 活动设计是否面向全体学生,是否符合学情	5	5
	2 参与讨论、辩论等活动的人数、时间、过程、质量如何	3	4
	3 学生表达和解释的机会是否充分	3	3
	4 情境是否与议题相匹配?情境的目标和线索是否清晰?是否指向学科核心素养	5	5
观察记录	5 情境是否符合学生的兴趣,能否激发学生参与	4	5
	6 情境的结构优劣程度如何	4	4
	7 问题设计是否与情境相匹配?是否指向学科核心素养	5	5
	8 问题设计是否有学科知识支撑?是否问在教学重点和学习难点上	5	4
	9 问题的思维进阶是否有利于深度学习的展开	5	5
	10 情境创设的逻辑、问题设计的逻辑	5	4
	11 活动设计的逻辑是否符合学生认知规律	4	5
分析评价	熊献成:学生对教学中第三环节的议题非常感兴趣,绝大多数学生参与讨论,有话可说。有关人民政协性质、职能部分,情境材料不充分,学科知识的支撑不够 钟克艳:问题设计符合目标要求,有利于引导学生思考。情境材料丰富,形式多样,结构层次清楚。学生积极参与、讨论充分,课堂气氛活跃。课堂上留给学生表达、展示的时间不够,少数小组未能发言,影响了教学效果	合计 48	49

说明:优秀5分,良好4分,较好3分,一般2分,不好1分。

(3)教学建议。情境创设与议学活动必须对称。情境是学生在课堂上参与议学活动的信息来源,解读并获取信息也是学生必须具备的基本能力。情境创设与议学活动不匹配,学生就无法获得有效信息,更谈不上依托情境有效解决问题,其结果往往是学生简单照读照搬教材。建议:一是更换活动2的情境材料;二是压缩教师点评、讲解时间,让学生有更充分的时间表达、展示;三是活动的组织要更严谨、有序。

【附:教学设计】

(一)思路框架

本课设计依据《普通高中思想政治课程标准(2017年版2020年修订)》有关精神和要求,着眼于学生真实生活和长远发展,体现思想政治活动型学科课程特点,采取议题式教学方式。本课整体设计需要考虑四个方面的因素:第一,在教学流程上,遵循"议题描述—议题论证—议题辨析—议题追问"顺序,以议学活动为主。第二,在学科内容上,主要涉及理解我国政党制度的特点和优越性,坚定制度自信。第三,在情境设计上,以协商民主为主议题,以视频"从中国土壤中生长出来的新型政党制度"导入新课,回眸历史,分析并概述中国共产党领导的多党合作和政治协商制度的创建历程及其基本内容;围绕对政协和政协委员活动的议题情境进行讨论,理解人民政协的性质、主题、职能;通过中美抗疫政策对比,自觉认同中国共产党领导的多党合作和政治协商制度是适合我国国情的新型政党制度,增强制度自信。第四,在议题追问环节,以"展望·担协商民主之责"活动,引导学生立足中国特色社会主义伟大实践,高举中国特色社会主义伟大旗帜,坚定道路自信、理论自信、制度自信、文化自信,将所学知识与自己的真实生活、长远发展相联系,学以致用,培育学科核心素养。

1.教学路线

本课采用议题式教学,议题、情境、活动和任务四个要素形成如下四条线:

议题线:确定主议题,由"议题描述—议题论证—议题辨析—议题追问"四个环节组成。每个环节由一个子议题引领,使议题贯穿教学过程始终。

情境线:围绕协商民主,设计"回眸·建协商民主之制—聚焦·履协商民主之职—点赞·显协商民主之优—展望·担协商民主之责"的情境线,为议中学提供载体。

活动线:由"商讨展示—商议论证—商议辩论—撰写展示"四个活动组成,为议中学开辟路径。

任务线:由"描述多党合作和政治协商制度的创建历程并概述其基本内容—依据上述情境并结合教材第58页《相关链接》,商议和讨论人民政协性质、组成、职能—分组讨论辨析,阐释我国政党制度的优越性—迁移所学知识,积极参与推动协商民主建设"组成。

2.教学结构

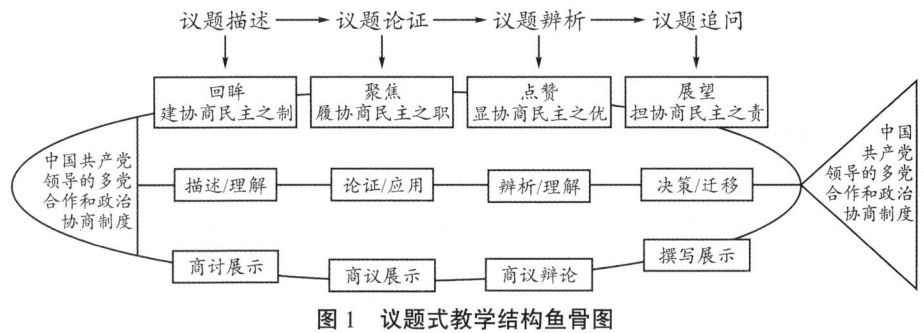

图1 议题式教学结构鱼骨图

(二)主体设计

1.资料搜集

中国共产党与各民主党派关系发展及人民政治协商制度建立的史料;毛泽东、邓小平、习近平等关于建设和发展我国政党制度的重要论述;西方政党制度的代表及特征的典例。

2.自主梳理

中国特色社会主义政党制度的含义、基本内容(首要前提和根本保证、方针、政党关系)、优势;中国人民政治协商会议的性质、职能。

3.教学过程与意图

议题:协商民主有什么优势?

导入视频:"从中国土壤中生长出来的新型政党制度"。

习近平总书记在看望参加全国政协会议的民盟、致公党、无党派人士、侨联界委员时指出,"中国共产党领导的多党合作和政治协商制度作为我国一项基本政治制度,是中国共产党、中国人民和各民主党派、无党派人士的伟大政治创造,是从中国土壤中生长出来的新型政党制度"。

环节一:议题描述 回眸·建协商民主之制

学科概念:多党合作和政治协商制度的形成。

议题1:中国特色社会主义政党制度是怎样形成的?基本内容是什么?

议题情境：

古代不受待见的"党"	中国特色"政党"
1.说文解字中 㝯 解读为"色黝黑不鲜明"；许慎：不鲜也。 2.古代成语中与党相关成语多表达贬义，如：结党营私、君子不党、党豺为虐、党同伐异、群而不党、党邪陷正、阿党相为、以党举官、党坚势盛、狐朋狗党、朋党比周、同恶相党	早在抗日战争时期，中国共产党同各民主党派、无党派人士就在抗日根据地实行"三三制"，结成最广泛的抗日民族统一战线。解放战争时期，为反对国民党的独裁统治，中国共产党又同各民主党派、无党派人士结成包括工人阶级、农民阶级、小资产阶级和民族资产阶级的人民民主统一战线。1948年4月30日，中共中央发布"五一口号"，得到了在香港的各民主党派、无党派民主人士的热烈响应，迅速掀起一场主要由各民主党派和无党派民主人士参加，以筹备新政协会议为核心内容，以推翻国民党统治、建立新中国为目的的"新政协运动"，奠定了中国共产党领导的多党合作和政治协商制度的基础。1949年9月21日至30日，中国人民政治协商会议第一届全体会议召开，标志着中国共产党领导的多党合作和政治协商制度正式确立

议学活动：通过小组商议，描述多党合作和政治协商制度的创建历程并概述其基本内容。

设计意图：通过情境分析，学生能结合自身的历史知识经验，描述多党合作和政治协商制度的创立过程，理解多党合作和政治协商制度在我国的确立有其历史必然性和独特优越性，认可这一制度安排，树立制度自信。同时，结合中国近代革命史的回顾，认识到民主党派不管在革命时期还是建设时期都致力于中华民族伟大复兴。

答案提示：中国共产党领导的多党合作和政治协商制度在新民主主义革命时期孕育，在建立中华人民共和国的过程中确立，在社会主义现代化建设时期得到发展。各民主党派现已成为各自所联系的一部分社会主义劳动者、社会主义事业建设者、拥护社会主义的爱国者、拥护祖国统一和致力于中华民族伟大复兴的爱国者的政治联盟。

环节二：议题论证　聚焦·履协商民主之职

学科概念：人民政协的职能。

议题2：有人认为，在我国民主党派是"政治花瓶"，人民政协也只是一种"摆设"。

议题情境:

(1)2021年3月5日,国务院总理在第十三届全国人民代表大会第四次会议上作政府工作报告,有这样一段话:现在,我代表国务院,向大会报告政府工作,请予审议,并请全国政协委员提出意见。国务院总理所作政府工作报告,在请人大代表"审议"的同时,请政协委员"提出建议"。这是为什么?

(2)2021年3月10日,中国人民政治协商会议第十三届全国委员会第四次会议在人民大会堂闭幕。来自34个界别的2100多名政协委员以踊跃的参政热情、求真务实的作风,在协商民主的广阔舞台上画出最大同心圆,凝聚起共识,汇聚起力量。全国政协主席指出:这次会议全体委员深入讨论政府工作报告、"十四五"规划纲要草案和其他报告,认真审议全国政协常委会工作报告等文件,坚持建言资政和凝聚共识双向发力,取得积极效果,展现了人民政协作为专门协商机构的优势作用,是一次民主、团结、求实、奋进的大会。站在"两个一百年"奋斗目标历史交汇的关键节点上,使命召唤、责任在肩。我们要更加紧密地团结在以习近平同志为核心的中共中央周围,积极投身全面建设社会主义现代化国家伟大实践,不断推进专门协商机构建设和人民政协事业发展,以优异成绩庆祝中国共产党成立100周年。

议学活动:依据上述情境并结合教材第58页《相关链接》,商议和讨论人民政协性质、组成、职能。

设计意图:围绕政协和政协委员的活动的议题情境进行讨论,理解人民政协的性质、组成、职能。提高运用习近平新时代中国特色社会主义思想分析政治现象的能力,同时培养学生自主学习、合作探究的能力。

答案提示:人民政协是中国人民爱国统一战线的组织,是中国共产党领导的多党合作和政治协商的重要机构,是我国政治生活中发扬社会主义民主的重要形式,是国家治理体系的重要组成部分,是具有中国特色的制度安排。它不是国家机关,不直接对国家事务进行决策,不直接处理行政事务。政协上下级为指导关系,不是领导关系。

人民政协围绕团结和民主两大主题,履行政治协商、民主监督和参政议政的职能。①政治协商:对国家大政方针和地方重要举措及经济建设、政治建设、文化建设、社会建设、生态文明建设中的重要问题,在决策之前和决策实施之中进行协商。②民主监督:对国家宪法、法律和法规的实施,重大方针政策、重大改革举措、重要决策部署的贯彻执行情况,涉及人民群众切身利益的实际问题解决落实情况、国家机关及其工作人员的工作等,通过提出意见、批评、建议的方式进行的协商式监督。③参政议政:对政治、经济、文化、社会生活和生态环境等方面的重要问题及人民群众关心的问题开展调查研究,反映社情民意,进行协商讨论,通过调研报告、提案、建议案或其他形式,向中国共产党和国家机关提出意见和建议。

环节三:议题辨析　点赞·显协商民主之优

学科概念:中国共产党领导的多党合作和政治协商制度的优越性。

议题3:通过组际辨析中西方政党制度的不同,总结我国政党制度的特点和优越性。

议题情境:新冠肺炎疫情中中西方政党制度的作用对比。

有人打过一个比方:西方的政党制度就像拳击赛,一定要把对方打倒;而中国的政党制度则好比大合唱,大家齐心协力干成一项事业。大合唱要有指挥,这个指挥就是中国共产党。大合唱要有主旋律,这个主旋律就是建设中国特色社会主义。

议学活动:分组讨论辨析,阐释我国政党制度的优越性。

设计意图:通过情境对比,学生能直观地感受并且积极讨论辨析我国政党制度的优越性;认识到我国的政党制度既不是一党制,又根本区别于西方的多党制,认同中国共产党领导的多党合作和政治协商制度是适合我国国情的新型政党制度,有其独特优势。

答案提示:我国政党制度的特点和优越性。

特点:我国的政党制度创立了一种新型的政党关系和制度形式,在当今世界独具特色。中国共产党同各民主党派既亲密合作又互相监督,而不是互相反对;中国共产党依法执政,各民主党派依法参政,而不是轮流执政。

中国共产党领导的多党合作和政治协商制度具有优越性。这一制度与人民代表大会制度相适应,有利于发展社会主义民主,有利于推进中国特色社会主义建设,有利于推进祖国和平统一大业,展现出强大的生命力和显著的优越性。中国共产党领导的多党合作和政治协商制度是新型政党制度:它是马克思主义政党理论同中国实际相结合的产物,能够真实、广泛、持久代表和实现最广大人民根本利益、全国各族各界根本利益,有效避免了旧式政党制度代表少数人、少数利益集团的弊端;它把各个政党和无党派人士紧密团结起来,为着共同目标而奋斗,有效避免了一党缺乏监督或者多党轮流坐庄、恶性竞争的弊端;它通过制度化、程序化、规范化的安排,集中各种意见和建议,推动决策科学化民主化,有效避免了旧式政党制度囿于党派利益、阶级利益、区域和集团利益决策施政导致社会撕裂的弊端。

环节四:议题追问　展望·担协商民主之责

议学活动:分组商议讨论,以小组为单位畅想"假如我是政协委员,如何助力家乡农旅产业健康发展"。

设计意图:通过活动开展,提高学生的合作协商意识和公共参与能力,培养学生的责任担当精神,落实立德树人根本任务,深化对多党合作和政治协商制度的理解与认同。

答案提示:坚定理想信念,学习理论知识,认真调查研究,积极履行职责。

板书设计:

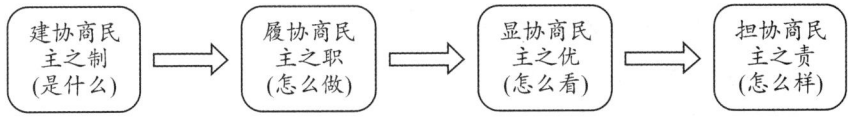

"民族区域自治制度"议题式教学课堂观察

蓝清梅

【简介】

授课教师:蓝清梅,中学一级教师,对合作学习有一定的研究,积极践行议题式教学,综合素养较好。

教学主题:"民族区域自治制度"高一新授课。

教学议题:全面建成小康社会,一个民族都不能少。

观察教师:高一年级备课组教师。

活动目的:为落实新课标要求,了解议题式教学实施效果,为后续的实践提供借鉴,学校政治组进行了此次课堂观察活动。

【课前会议】

(一)蓝清梅老师说课

1.主题说明

(1)本框地位:本框内容是统编教材思想政治必修3《政治与法治》第二单元"人民当家作主"第六课"我国的基本政治制度"第二框。本框内容与第六课第一框"中国共产党领导的多党合作和政治协商制度"、第三框"基层群众自治制度"同属于我国的基本政治制度,与第五课"我国的根本政治制度"相适应,是中国特色社会主义民主政治的重要组成部分,是中国特色社会主义政治制度优越性的重要体现。

(2)本框内容:第一目"我国是统一的多民族国家",通过《相关链接》《探究与分享》等栏目,介绍我国多元一体的民族格局和我国行政区域的类型,分析了地方自治权与国家主权的不同,阐明了我国是统一的多民族国家。第二目"符合国情的民族区域自治",介绍我国的民族区域自治制度的方针,分析了民族区

蓝清梅,广东肇庆人,研究生学历,广东肇庆中学教师,中学一级教师,主要研究课堂教学。曾获首届全国高中思想政治议题式教学设计大赛一等奖、广东省优质课大赛二等奖、肇庆市优质课大赛一等奖、第七届肇庆市基础教育成果奖二等奖。

域自治制度的具体内容,阐明了民族区域自治制度的意义及如何坚持和完善民族区域自治制度。第三目"我国的宗教政策与法律",介绍了我国宗教工作的基本方针,并具体从宗教信仰自由政策、依法管理宗教事务、坚持独立自主自办的原则、积极引导宗教与社会主义社会相适应四个方面做了详细分析,阐明了妥善处理宗教问题对维护国家统一和稳定具有重要意义。

为帮助学生认识我国政治制度的优越性、树立制度自信,本课以"全面建成小康社会,一个民族都不能少"为议题,分别通过"全面小康路上,为什么一个民族都不能少""党是如何带领和团结各族人民共同奔向全面小康的""国家提供了怎样的政策支持少数民族迈进全面小康""如何理解我国宗教信仰自由政策"四个子议题,从议题思考到议题探析、剖析、辨析的维度层层推进教学,在师生、生生合作中生成教学。

2.学情分析

(1)学生心智特征。本课教学对象是高一学生,思维较为活跃,关心时事,对国家政策具有一定的敏感度。同时,经过高一上学期的学习,具备一定的比较、分析、综合能力。

(2)学生已有知识经验。经过初中相关学科的学习,学生对民族和宗教知识有一定了解,但不够系统深入。而本节课涉及的民族政策和宗教政策理论性较强,需要创设议题情境,通过具体化的议学活动搭建脚手架,帮助学生在活动中认同我国的民族政策和宗教政策,铸牢中华民族共同体意识。

3.教学目标

了解我国民族格局的特点和我国的民族关系,理解促进我国各民族和睦相处的方针、制度、政策;通过议题思考、探析及剖析,培养高阶思维能力;通过议题辨析培养推理论证能力、语言表达能力;在思考、商议、分享、汇报的学习过程中认同我国当前实行的民族政策和宗教政策,树立制度自信,自觉维护国家统一和民族团结。

4.教学重难点

教学重点:全面理解实行民族区域自治制度是具有中国特色的解决民族问题的有效之举。

教学难点:全面科学理解我国宗教信仰自由政策的内涵。

5.教学环节

议题:全面建成小康社会,一个民族都不能少。

环节一:议题思考·民族存在感之"根"

子议题1:在全面小康路上,为什么一个民族都不能少?

环节二:议题探析·民族获得感之"源"

子议题2:中国共产党是如何带领和团结各族人民共同奔向全面小康的?

环节三:议题剖析·民族成就感之"策"

子议题3:国家提供了怎样的政策支持少数民族迈进全面小康?

环节四:议题辨析·民族尊重感之"宗教信仰自由"

子议题4:如何理解我国宗教信仰自由政策?

6.教学创新

议题式教学通过创设情境,开展议学活动,达成教学目标。在这个过程中,学生主要通过自主、合作、探究的方式开展学习,充分发挥主体作用。这一种基于新课标要求的教学尝试,也是一种挑战,是以学为主的自主式学习和以教为主的输入式学习的碰撞,也是我校政治课的一次尝试。

7.教学困惑

议题式教学是一种新的尝试,面对的是新教材,不知道学生能否适应,能否有效开展课堂学习。同时,对教师的考验也很大,本节课知识目标和学科核心素养目标达成困难较大。

(二)成员交流

李斐老师:本节课创设了哪些情境?

蓝清梅老师:本节课创设了四个议题情境,构成"习近平总书记关于民族的讲话—新疆维吾尔自治区有关脱贫的故事—非裔美国人乔治·弗洛伊德事件—我国的宗教政策"情境线,承载学生的议学活动。

杨春梅老师:高一(7)班学生勇于表达自己观点,乐于与同学探讨,有利于从学生参与度切入。我们主要观察议题式教学在思政课教学实践中的价值和意义。

蓝清梅老师:好的,这也是本次课堂观察的目的之一。

陆广忠老师:思政课作为立德树人的关键课程,落实学科核心素养目标尤为重要。同样,知识目标的落实也不可忽视,从教学目标的达成度进行课堂观察将更有价值。

蓝清梅老师:好的,本节课承担着知识目标和学科核心素养目标的双重任务。知识目标主要通过对学科概念的理解达成,学科核心素养目标包括政治认同和科学精神。目标能否达成也是我比较担心的问题,你们的观察正好可以在这方面帮助我。

(三)讨论确定观察点

杨春梅、朱惠钦:学生学习·活动·学生参与度。

陆广忠、唐媛:教师教学·达成·教学目标的达成。

李斐、马琳:课程性质·资源·情境创设有效性。

【课中观察】

(一)观察工具

观察表、摄像机一台。

(二)观察位置选择

李斐、马琳两位老师的观察点是情境创设的有效性,重点观察学生对这些情境的反应与应答情况,选择坐在后排观察并就近参与四人小组的课堂讨论,以便更好地进行观察与交流。

杨春梅、朱惠钦两位老师观察的是学生的参与度,需要全面观察学生在课堂上的表现,选择坐在中间排观察并就近参与四人小组的课堂讨论,以便更好地进行观察与倾听学生讨论。

陆广忠、唐媛两位老师观察的是教学目标的达成情况,选择坐在教室两侧,以便全面详细地观察学生状况,了解学生的知识目标和学科核心素养目标落实情况。

【课后报告】

(一)授课教师反思

第一次开展议题式教学,既兴奋又紧张,不敢有太高的期待。学生在课堂上的表现超出了我的预想,课堂效果比我预想中的要好。听课老师认为议题式教学对学生学科核心素养的培育有极大的帮助,但若是常态化开展议题式教学,还有许多要改进的地方。

(1)教学目标的达成。本节课既要落实知识目标,即学生要了解、理解相关学科概念,运用相关学科概念分析问题;又要认同民族区域自治制度是适合我国发展平等团结互助和谐民族关系的制度,有其独特优势,坚定制度自信,激发中华民族共同体意识,落实政治认同和科学精神素养。从课上学生的思考、倾听、讨论、表达、反馈中可看出,他们已经基本达成知识目标和素养目标。

(2)教学行为的有效性。我认为本节课的教学行为是有效的。一方面,议题情境创设为学生的议学活动提供了重要载体;另一方面,学生基本能参与各个环节的议学活动,积极思考、参与讨论、敢于表达。但是,如何关注全体学生,真正实现师生互动、生生互动、知情意行有机统一,还有很长的路要走。

(3)教学策略的有效性。议题式教学随着新课标应运而生,其实质是把课堂还给学生,倡导开展自主、合作、探究的创新型学习。课堂由学生主导,教师在课前和课中对学习的介入与指导的时机与深度把握非常重要。这对许多教师来说是个难题。既不能影响教学进程的流畅性和学生的创造性,又不能放任自流,对教师的专业判断力和教学机智是非常大的考验,同时也是我们今后研究的重要课题,值得进一步努力。

(二)观察分析报告

1.情境创设有效性观察报告

(1)观察点说明。为了促进教学目标的达成,教师必然会采取各种各样的手段与措施,其中,创设教学情境是最常见的。情境是教师为了促进学生对某个知识的理解而设置的背景或平台,可分为有效、低效或者无效。在教学实践中,没有情境的教学是没有的。但是情境的多少、情境的利用是否得当,直接关系到教学目标的达成效度。基于以上考虑,这次选择情境创设的有效性进行观察。

(2)工具设计与观察结果记录。议题情境创设能否有效促进学生的学习,主要看情境能否引起学生学习的兴趣并让学生保持持续关注,师生能否充分利用情境达成学习目标。据此,我们设计的观察工具和观察结果记录如表1。

表1 情境创设及效果观察记录

议题情境	创设的情境能否引起学生学习的兴趣并保持持续的关注			师生能否充分利用情境达成学习目标		
	兴趣浓厚,积极主动参与活动	兴趣一般,认真倾听	不感兴趣,被动参与	情境的创设是否遵循学生认知规律	情境的创设是否能激发学生思考	情境的创设是否基于学生已有经验
"全面建成小康社会,一个少数民族也不能少。"2020年6月,习近平总书记在宁夏考察时再次强调了这个观点。我们从中能感受到总书记深情的话语里饱含着怎样的深意	大多数学生对习近平总书记的话很感兴趣	个别学生对习近平总书记的话兴趣一般	观察到两个学生对此反应冷淡	符合学生认知规律	能激发学生思考	时政素材的运用考虑到学生已有经验

续表1

议题情境	创设的情境能否引起学生学习的兴趣并保持持续的关注			师生能否充分利用情境达成学习目标		
	兴趣浓厚，积极主动参与活动	兴趣一般，认真倾听	不感兴趣，被动参与	情境的创设是否遵循学生认知规律	情境的创设是否能激发学生思考	情境的创设是否基于学生已有经验
党为了带领和团结各族人们实现全面小康不遗余力。见微知著，我们从新疆脱贫攻坚过程中那些温暖故事里感受党的关怀。如吐尔洪是村里出了名的"懒汉"，不思进取，只想依靠政府救济过日子。在党支部书记亚森的劝说、监督和帮助下，吐尔洪转变思想，积极自愿成为温室大棚管理员，最终成功实现了脱贫就业，也实实在在感受到勤奋带来的幸福感和获得感。又如，阿曼古丽·阿布都卡德尔是伊犁州巩留县塔斯托别乡古丽巴格村的建档立卡贫困户，她唯一的收入来源就是国家发放的低保金和残疾补贴。在古丽巴格村"访惠聚"驻村工作队和村"两委"的帮助下，阿曼古丽利用闲置房屋开起了"希望商店"等	故事离新疆的学生较近，新疆学生关注度高，本地学生也表现出极大兴趣	大部分本地学生也表现出较大兴趣	极个别本地学生兴趣不大	情境较好地为学生从听故事到讲故事做铺垫，符合学生认知规律	读完故事，引发思考，激发学生分享表达的欲望	学生能结合身边的例子与其他同学分享，其中新疆的学生表现更为积极
当今世界大约有2500多个民族，分布在200多个国家和地区，多民族国家和地区大多都面临着如何处理好民族关系的问题和任务。民族问题十分考验国家的智慧，处理不妥容易引发冲突，正如掀起轩然大波的非裔美国人乔治·弗洛伊德（George Floyd）事件，处理妥当有利于团结各族人民特别是少数民族人民为实现共同梦想共同奋斗。事实上，我国能实现56个民族一家亲，手拉手全面迈向小康的良好局面，离不开民族区域自治制度的政策支持	热点事件吸引学生，通过对比，让学生觉得我国在处理民族问题中有大智慧，吸引学生探究	大部分学生对此事件的探讨欲望较为强烈	极个别学生对此事件了解不够，更多是倾听别人发言	从热点事件出发进行理性思考，符合认知发展规律	透过热点事件，激发学生进一步探究民族政策	通过热点事件，让学生聚焦我国处理民族问题的政策

续表1

议题情境	创设的情境能否引起学生学习的兴趣并保持持续的关注			师生能否充分利用情境达成学习目标		
	兴趣浓厚，积极主动参与活动	兴趣一般，认真倾听	不感兴趣，被动参与	情境的创设是否遵循学生认知规律	情境的创设是否能激发学生思考	情境的创设是否基于学生已有经验
实现全国各族人民的全面小康，不仅体现在民族的存在感、获得感、成就感，还体现在对全国各族人民的尊重感。宗教信仰自由就是民族尊重感的一种体现。我国主要有佛教、道教、伊斯兰教、天主教和基督教等宗教，千百年来，各宗教和睦相处。我国宪法规定："中华人民共和国公民有宗教信仰自由。"你如何理解国家的宗教信仰自由政策	学生对宗教信仰方面的接触相对较少，通过文本介绍我国宗教情况，引起学生好奇心	高一学生基本是团员，关于团员能否信教的问题非常接地气，学生愿意参与其中	全体学生都十分投入地展开辩论	从国情出发到追问思考，符合认知规律	我国是一个多宗教却能和睦相处的国家，为什么能这样呢？激发学生思考	学生对宗教信仰有所了解，为进一步探究宗教信仰自由政策提供认知基础

(3) 观察结果分析与教学建议。第一个议题情境是"习近平总书记关于民族的讲话"。通过引导学生思考为什么说"全面建成小康社会，一个少数民族也不能少"，有效激发学生对民族共同体意识的情感。第二个议题以"新疆维吾尔自治区有关脱贫的故事"为素材创设情境，特别容易引起新疆学生的共情，让学生在共情中分享心得与身边的故事，于无声处增强政治认同。第三个议题情境"非裔美国人乔治·弗洛伊德事件"，引入时事政治，让学生通过对比，树立制度自信。第四个议题情境关于我国宗教政策，通过我国是一个多宗教却能和睦相处的国家的事实，让学生全面理解我国处理宗教问题的政策，科学理解国家的宗教信仰自由政策。

总体而言，本节课创设的四个议题情境接地气，符合学生认知规律，能激发学生思考，充分引导学生在"议中学"，在学习过程中充分发挥学生主观能动性，较好地落实了知识目标和素养目标。但议题式教学要走深、走实，需要教师进一步下功夫，创设更有学科味、更有生活味、更接地气的情境。

2.学生参与度观察报告

(1) 观测点说明。蓝老师说高一(7)班的学生勇于表达自己的观点，乐于与同学探讨,适合议题式教学。杨春梅和朱惠钦两位老师从学生课堂参与度的角度观察学生参与教学的全过程,探究议题式教学的实践价值,以期提出有利于优化课堂教学的建议。

(2)观察工具设计与观察结果记录。为了更好地观测学生在教学全过程的参与情况,我们从参与形式、参与态度、参与深度三个维度进行观察,判断学生在课堂上的参与度。工具设计与观察结果记录如表2。

表2 学生活动参与情况观察记录

活动环节 \ 学生参与	参与形式	参与态度	参与深度
议学活动	A.独立思考 B.倾听他人 C.小组探究 D.个人表达	A.主动 B.被动	A.理解 B.运用 C.分析 D.评价
思考习近平总书记的话、自由发言表达自己的看法	ABD	A	AC
分享、发表感言。结合材料或身边的故事,谈谈党为团结各族人民共同奔向全面小康所作的努力	ABCD	A	AD
观看、思考、小组汇报。观看有关民族区域自治制度介绍视频,结合新疆的发展变化理解这一制度的内涵,探析这一制度得以有效实行的原因及产生的重要意义	ABCD	A	ABC
辨析"我是共青团员,能信宗教吗"这一观点	ABCD	A	ABD

(3)观察结果分析与教学建议。根据工具设计,我们主要从以下三个方面进行观察分析:

——在"参与形式"方面,这节课的每一环节中,学生的参与形式多种多样,独立思考、倾听他人、个人表达这三种形式贯穿课堂始终;除了环节一,其他环节均开展小组探究。尤其是在环节二的分享和环节四的辨析观点中,有三名学生分享了身边的故事,有六名学生还能自主地进行个人观点表达,而且讲得都比较到位。

——在"参与态度"方面,90%以上的学生参与了"议学活动",基本能做到独立思考、倾听他人,都能主动参与小组探究。根据以上观察结果,我们认为本节课学生的参与态度是主动的。

——在"参与深度"方面,学生在参与过程中涉及理解与运用知识能力、分析与评价事件观点能力。如在环节三中,学生要理解民族区域自治制度的内涵,探析这一制度得以有效实行的原因及产生的重要意义,就需要在理解制度内涵的基础上,运用相关知识进行分析,考验学生的学科思维能力。环节四辨析"我是共青团员,能信宗教吗",学生要在全面科学理解宗教信仰自由政策的基础进行分析与评价。以上情况说明学生参与深度较高。

综合来看,学生在课堂上的参与度比较高,但针对学生个体的参与形式、参与态度、参与深度还有很多不尽如人意的地方,需要在把握学情、小组优化、生生互补、帮学联动等方面下功夫。

3.教学目标的达成度观察报告

(1)观测点说明。中国特色社会主义进入了新时代,教育迎来了学科核心素养时代,思政课作为铸魂育人的关键课程,落实学科核心素养目标尤为重要。当然,作为一门学科课程,知识目标的落实同样不可忽视。陆广忠和唐媛两位老师从教学目标的达成方面进行课堂观察。

(2)工具设计与观察结果。本节课承担着知识目标和学科核心素养目标的双重任务,知识目标主要通过对学科概念的理解达成,学科核心素养目标主要包括政治认同素养和科学精神素养。据此,我们设计的观察工具和观察结果如表3。

表3 教学目标达成情况观察记录

教学目标 教学环节	知识目标			学科核心素养目标	
	了解	理解	运用	政治认同	科学精神
环节一	多元一体的民族格局			我国自古就是一个统一的多民族国家	正确把握国情
环节二		民族平等、民族团结、各民族共同繁荣方针	民族平等、民族团结和各民族共同繁荣方针	认同党在推动民族发展中所作的努力,认同我国的民族方针	清醒地意识到民族发展离不开党的领导

续表3

教学目标\教学环节	知识目标			学科核心素养目标	
	了解	理解	运用	政治认同	科学精神
环节三		民族区域自治的内涵	民族区域自治制度的意义	感受制度的优越性,树立制度自信	通过对比,理性分析我国民族政策
环节四		宗教信仰自由政策	宗教信仰自由政策		通过思维碰撞,形成对我国宗教信仰自由政策科学、全面的认识

（3）观察结果分析与教学建议。根据观察工具,我们主要从以下方面进行分析：

——对于"多元一体的民族格局"这一学科概念,学生依据知识储备能够把握,并且情感上认同,知识目标和学科核心素养目标落实到位。

——对于"民族平等、民族团结和各民族共同繁荣方针"这一学科概念,学生在"议中学",借助议题情境,较为深刻地理解这一方针,并能结合实例加深理解,在这个过程中潜移默化地认识到坚持中国共产党领导的重要性,能较好地落实知识目标和学科核心素养目标。

——"民族区域自治"是一个较为复杂且需要多维度理解的概念,本节课较好地落实这一概念的理解目标,但是只通过一个事件的对比让学生真正理解我国实行民族区域自治制度的优越性,略显单薄。

——对于"宗教信仰自由政策"这一学科概念,本节课以一个学生熟悉的话题为切入点,接地气,适合学生辨析,学生越辨越明,有助于形成对我国宗教信仰自由政策科学全面的认识,这一过程也培育学生的科学精神,较好地落实知识目标和学科核心素养目标。

——教学建议。本节课内容较多,建议在课堂上有的放矢,突出重点。为了更好地落实教学目标,可以在课后给学生推荐相关阅读内容,开阔学生视野,指引认知构建,帮助学生形成知识的理解、思维的提升,增强制度自信,从而更好地推进议题式教学。

【附:教学设计】

(一)教学思路

本节课教学设计考虑三个方面的内容:教学流程上,根据教材逻辑,设计四个环节。具体为"民族存在感之'根'—民族获得感之'源'—民族成就感之'策'—民族尊重感之'宗教信仰自由'"。议题设计上,以"全面建成小康社会,一个民族都不能少"为议题,统领"全面小康路上,为什么一个民族都不能少""党是如何带领和团结各族人民共同奔向全面小康的""国家提供了怎样的政策支持少数民族迈进全面小康""如何理解我国宗教信仰自由政策"四个子议题,从议题思考到议题探析、剖析、辨析,层层推进。学科内容上,主要涉及多元一体民族格局、民族共同体意识、民族区域自治制度、宗教信仰自由政策等。

(二)教学路线

本课以议题式教学为主要方式,议题、情境、活动和任务形成如下线索:

议题线:以"全面建成小康社会,一个民族都不能少"为议题,设计四个子议题,通过"议题思考—议题探析—议题剖析—议题辨析"四个环节,在课堂架构中发挥引领和纽带作用。

情境线:由"总书记关于民族的讲话—新疆维吾尔自治区有关脱贫的故事—非裔美国人乔治·弗洛伊德事件—我国宗教政策"四个情境构成,是课堂架构的载体。

活动线:由"思考发言—商议分享—商议汇报—商议辨析"四个活动构成,是课堂架构的路径。

任务线:依托议题情境活动,理解民族存在感之"根",读懂民族获得感之"源",领悟民族成就感之"策"及民族尊重感之"宗教信仰自由"。

(三)教学结构

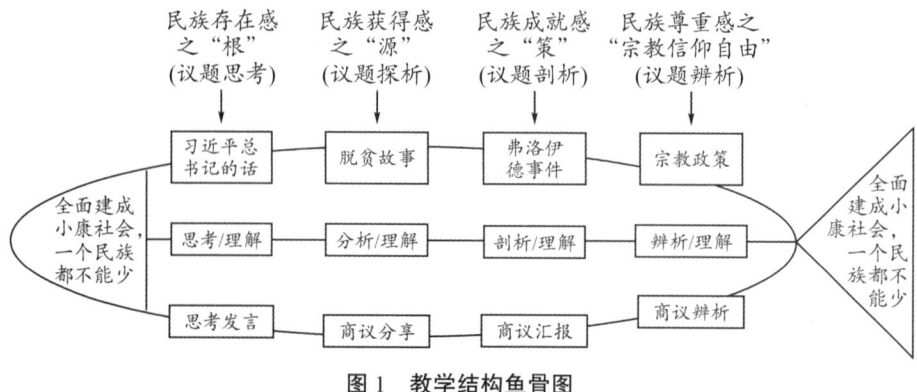

图1　教学结构鱼骨图

(四)教学过程

议题:全面建成小康社会,一个民族都不能少。

环节一:议题思考·民族存在感之"根"

子议题1:全面小康路上,为什么一个民族都不能少?

学科概念:多元一体的民族格局。

议题情境:"全面建成小康社会,一个少数民族也不能少。"2020年6月,习近平总书记在宁夏考察时再次强调了这个观点。我们能从中能感受到总书记深情的话语里饱含着怎样的深意?

议学活动:思考习近平总书记的话,自由表达自己的看法。

设计意图:通过思考与交流,读懂总书记深情的话语里的深意,激发学生的民族共同体意识。

答案提示:我国是统一的多民族国家,具有多元一体的民族格局。早在先秦时期,我国就逐渐形成了以炎黄华夏为凝聚核心、"五方之民"共天下的交融格局。秦国"书同文,车同轨,量同衡,行同伦",开启中国统一的多民族国家发展历程。纵观历史,每一个民族都为缔造多元一体的中华民族做出了贡献。正如在全国民族团结进步表彰大会上,习近平总书记总结道:我们辽阔的疆域是各民族共同开拓的;我们悠久的历史是各民族共同书写的;我们灿烂的文化是各民族共同创造的;我们伟大的精神是各民族共同培育的。特别是近代以来,面对外族侵略的严峻形势,各族人民的血流到一起、心聚在一起,涌现出一大批少数民族的卫国英烈、建党先驱、工农运动领袖、抗日英雄、开国将领。事实上,一路走来,各民族都作出了贡献。因此,全面小康的路上,56个民族一个也不能少,都要过上好日子,都要有获得感。

环节二:议题探析·民族获得感之"源"

子议题2:中国共产党是如何团结和带领各族人民共同奔向全面小康的?

学科概念:民族平等、民族团结和各民族共同繁荣方针。

议题情境:党为了带领和团结各族人们实现全面小康而不遗余力。见微知著,我们从新疆脱贫攻坚过程中那些温暖故事里感受党的关怀。如吐尔洪是村里出了名的"懒汉",不思进取,只想依靠政府救济过日子。在党支部书记亚森的劝说、监督和帮助下,吐尔洪转变思想,积极自愿成为温室大棚管理员,最终成功实现了脱贫就业,也实实在在感受到勤奋带来的幸福感和获得感。又如,阿曼古丽·阿布都卡德尔是伊犁州巩留县塔斯托别乡古丽巴格村的建档立卡贫困户,她唯一的收入来源就是国家发放的低保金和残疾补贴。在古丽巴格村"访惠聚"驻村工作队和村"两委"的帮助下,阿曼古丽利用闲置房屋开起了"希望商店"等。

议学活动:分享、发表感言。结合材料或身边的故事,谈谈党为团结各族人民共同奔向全面小康所作的努力。

设计意图:以新疆脱贫过程中的故事为例,班上来自新疆的学生感受深刻。通过分享互动,让学生真切感受到党在推动民族发展中所作的努力,意识到民族发展离不开党的领导,理解我国的民族方针。

答案提示:读懂故事,更要懂得故事背后的深意。这一切离不开中国共产党的领导,得益于我国坚持民族平等、民族团结和各民族共同繁荣的民族方针。

环节三:议题剖析·民族成就感之"策"

子议题3:国家提供了怎样的政策支持少数民族迈进全面小康?

学科概念:民族区域自治。

议题情境:当今世界大约有2500多个民族,分布在200多个国家和地区,多民族国家和地区大多都面临着如何处理好民族关系的问题和任务。民族问题十分考验国家的智慧,处理不妥容易引发冲突,正如最近掀起轩然大波的非裔美国人乔治·弗洛伊德(George Floyd)事件;处理妥当,则有利于团结各族人民特别是少数民族人民为实现共同梦想共同奋斗。事实上,我国能实现56个民族一家亲、手拉手实现全面小康,离不开民族区域自治制度的制度保障。

议学活动:观看、思考、小组汇报。观看有关民族区域自治制度介绍视频,结合新疆的发展变化理解这一制度的内涵,探析这一制度得以有效实行的原因及产生的重要意义。

设计意图:借助视频理解概念,结合新疆的变化感受民族区域自治制度的优越性,树立制度自信,铸牢中华民族共同体共识。

答案提示:我国能实现56个民族一家亲、同心同力共发展的良好局面,得益于我国在处理民族问题时,始终基于国情、立足实际、把握规律,独立自主地探索出一条具有中国特色的解决民族问题的正确道路。我国同根同源的历史传统和中华文化特有的包容性为我国实行这一制度提供了历史根基,"大杂居、小聚居、相互交错"的民族分布特点和新型民族关系,要求必须统筹民族和区域两大因素,最终在尊重事实和规律的基础上充分发挥主观能动性,提出"民族区域自治"。我国今天民族大团结、共同奔小康的事实,特别是少数民族的跨越式发展,表明这是适合我国处理民族问题的好制度,增强了中华民族凝聚力,铸牢了中华民族共同体意识。

环节四:议题辨析·民族尊重感之"宗教信仰自由"

子议题4:如何理解我国宗教信仰自由政策?

学科概念:宗教信仰自由。

议题情境:实现全国各族人民的全面小康,不仅体现在民族的存在感、获得感、成就感,还体现在对全国各族人民的尊重感。宗教信仰自由就是民族尊重感的一种体现。我国主要有佛教、道教、伊斯兰教、天主教和基督教等宗教,千百年来,各宗教和睦相处。我国宪法规定:"中华人民共和国公民有宗教信仰自由。"如何理解国家的宗教信仰自由政策?

议学活动:我是共青团员,能信宗教吗?为什么?

设计意图:通过思维碰撞,形成对我国宗教信仰自由政策科学、全面的认识,培育学生科学精神。

答案提示:准确理解我国的宗教政策的内涵,明确实行宗教信仰自由的根本出发点和落脚点,就是要努力加强信教群众与不信教群众之间及信仰不同宗教和不同教派的群众之间的团结,将他们的力量凝聚到建设中国特色社会主义、实现中华民族伟大复兴这个共同目标上来。让学生明白"共产党员和共青团员不能信仰宗教"是由马克思的辩证唯物主义和历史唯物主义世界观决定的。我们选择加入团组织和党组织,就是选择了不信仰宗教,这与我国的宗教信仰自由政策并不相违背。

"基层群众自治制度"议题式教学课堂观察

张 清

【简介】

授课教师:张清,中小学高级教师,邯郸市优秀教师,高中政治优质课比赛河北省一等奖获得者。

教学主题:基层群众自治制度。

教学议题:为什么我国要坚持基层群众自治制度?

观察教师:武安一中政治教研组部分教师。

活动目的:本节课有两大目的。第一,使教研活动更加聚焦于解决高中政治课的实际教学问题,让教师在研究中分享、在学习中成长,持续提升议题式教学设计能力和教学实践智慧。第二,不断提高教师议题式教学设计的质量,进而提高政治课教学质量,促进学生学科核心素养发展。

【课前会议】

(一)张清老师说课

1.主题说明

本框属于高中思想政治必修3《政治与法治》第二单元"人民当家作主"第六课"我国的基本政治制度"第三框。在此之前,学生已经学习了我国的根本政治制度——人民代表大会制度,我国基本政治制度中的中国共产党领导的多党合作和政治协商制度及民族区域自治制度。学习这一框,可以使学生更好地了解我国基本政治制度这一课题,从而形成完整的知识体系。

2.学情分析

(1)学生心智特征。高二学生有强烈的求知欲,可塑性强,性格活泼,乐于实践,关注社会现象,具有一定的比较、鉴别等思维能力,对于基层群众自治制

张清,河北武安人,本科学历,武安市第一中学高级教师,河北省优质课一等奖获得者,主要研究教学课堂评价。

度比较感兴趣。但对深层次的问题缺乏了解和认识,与社会接触较少,社会经验不足,对社会现象的观察深度不够,解决问题的能力弱。

(2)学生认知结构。经过前面内容的学习,学生对我国的政治制度已经有了初步的认识和相关知识储备,为这一框的学习奠定了基础。

3.教学目标

通过探究"大学生'村官'谱写青春的甜蜜之歌",理解基层群众自治制度的内容,能区分民主选举、民主协商、民主决策、民主管理、民主监督,认同基层群众自治制度,相信基层群众自治制度是保障人民当家作主、促进基层群众政治参与的好制度,进而积极、主动、有序参与丰富多彩的基层民主实践。

4.教学重难点

教学重点:基层群众自治的含义,基层民主的特点,人民群众直接行使民主权利的生动实践形式。

教学难点:人民群众直接行使民主权利的生动实践。

5.教学环节

导入:展示新闻报道"大学生'村官'谱写青春的甜蜜之歌",让学生从顶层设计层面初步感知基层群众自治,并告知学生本节课要以研究性学习小组成员身份探究"甜蜜事业"的成功原因,提高教学吸引力。

环节一:梳理联系观主干知识,大致把握本节课的必备知识。

环节二:议题描述·回乡大学生为什么要参加村委会成员选举?

议题情境:2014年,大学毕业一年多的刘荣华放弃了年薪十余万的工作,回到家乡参加全省高校毕业生到村任职选聘,并被顺利录取。2017年,刘荣华走进大山深处的巧家县鱼坝村扎根。村落处于金沙江河谷地带,村里人至今一直采用柴火牛尾灶古法手工熬制红糖,100%纯浆原生态,无任何添加。由于鱼坝村民一直以来诚信为本,用良心坚守红糖品质,200多年积淀培养了万兴全等巧家小碗红糖非物质文化传承人,古老的手艺熬制出最香醇的甘蔗原汁红糖。

学生以小组为单位对所在的村委会或居委会展开调查,组际展示对基层群众自治的了解,分别从产生、性质、主要职能、管理依据、结果等方面展示村委会和居委会。

环节三:议题辨析·大学生怎样才能当选村委会成员?

议题情境:由于品质优良,鱼坝红糖——巧家小碗红糖成为市场上炙手可热的畅销土特产。由于规模较小，难以走市场化、品牌化路线，村民卖红糖基本就是卖原材料，刘荣华对此怀有远虑。村委会通过各种渠道宣传助推红糖销售，成功吸引了部分企业家到村实地考察红糖产业。现在村委会准备通过"合作社+党总支+大学生'村官'+普通村民+贫困户+社会团体"的模式，募集资金，发展集体经济。

议学任务：大学生刘荣华想竞选鱼坝村村委会成员，请你帮他写一份竞选词。作为村委会成员的他将怎样开启甜蜜的事业？

环节四：议学延伸·大学生村官怎样续写青春的甜蜜之歌？

议题情境：在村委的指导下，鱼坝村已经完成标准化、现代化生产厂房建设，准备走市场化、品牌化、规模化、网络化路线，发展壮大红糖产业。

议学任务：为云南省非物质文化遗产——巧家小碗红糖设计注册商标。

（二）成员交流

赵树丽：判断议题是否合理，一个重要的特征就是议题是否具有可议性，是否有讨论、辩论的空间。本节课的议题具有可议性，但子议题表述过于复杂，能否精练？

张清：中心议题的选择会影响教学活动的实际效果，影响深度学习的发生。本节课围绕"大学生'村官'谱写青春的甜蜜之歌"的主题设计，子议题的设计确实应精练一些。

王艳芳：本节课教学情境来自现实生活，但现实生活情境可不可以直接用作教学情境？

张清：本节课教学情境素材来自生活，并经过了整合和优化。我认为典型的现实素材并非都可以用作教学，议题式教学的目的并不是真正解决问题，而是让学生在自主合作探究中提高思辨能力，培育核心素养。但如用力过大，使教学情境失去真实性，会导致学生探究欲望降低。

郝海朋：在议题式教学中，除了中心议题选择外，子议题的设计也会影响教学效果。本课子议题的设计做到了有序衔接。

张清：子议题其实就是教学中的学习任务，将中心议题分解为若干子议题，也就是将学习任务进行细化，使学生进一步明确学习任务，推动中心议题分步骤解决。同时，要确保学生所学知识始终是完整统一的，需要在子议题的设计上进行斟酌，保证子议题间的关联性。

(三)讨论确定观察点

赵树丽:议题设计。

王艳芳:情境创设。

郝海朋:知识掌握。

【课中观察】

(一)观察工具

观察表、录播教室。

(二)观察位置

授课班级仅40人,且录播教室空间比较大,三位观察者可在教室左边、中间、右边、后边任意位置观察,并且根据观察的需要在教室过道中走动。

(注:此次授课在录播教室,因此在学生到达授课地点之前就按照需要分好组,有两组成员6人,有四组成员7人。小组长座位相对固定,便于组织组员讨论,其他学生座位则相对自由。)

(三)观察过程

课前,观察者根据观察位置图找到部分组长和部分组员,分别就"大学生村官怎样续写青春的甜蜜之歌"这一情境主题,找出组长和组员在知识储备与生活体验上的差距,同时询问部分学生期待从本节课获得什么。提前联系工作人员将录播设备打开。

课中,各位教师根据自己选择或开发的观察表进行观察并记录,录播教室记录教学过程。

课后,找到课前咨询的组长和组员,了解其学习心得。

【课后报告】

(一)授课教师反思

新课标明确指出,议题要包含学科课程的基本内容。也就是说,议题的选择必须源于教材知识,这也是议题选择的底线要求。在指向学科知识的同时也要挖掘议题深度及知识的深层次价值,致力于学科核心素养培育。教材是教师教学的重要依据,也是学生学习活动的主要资源。教材中除正文部分的学科知识外,还有大量教学案例和素材等辅助文本。这些都可以为我们开发教学议题提供借鉴。教材辅助文中的教学案例可以被开发为教学议题,教材每一单元后的综合探究有明确的目标设计、活动建议及具体活动路径参考,都可以为教学议题的开发提供借鉴。

学生是问题的探究者,是知识的探索者,也是学习效果的检验者。因此,无论采用什么样的教学方式,都要考虑学体主体这一因素,基于学生实际。议题的选择要立足学生认知特点,立足学生的生活实践。

在议题式教学中,议题的鲜活性有赖于教学情境的创设,学科内容只有与具体的教学情境相结合,才会反映学生的价值观,凸显议题的素养意义。让学生在具体真实的教学情境中进行合作探究,既有助于知识、生活的双向迁移与应用,又可以获得积极的价值引领,从而内化形成相应的学科核心素养。议题式教学要着眼于学生发展,教学情境创设要满足学生需要。在明确目标、细化议题、搭建好教学情境框架后,要进一步优化教学议题,使其既能够解决问题,又符合学生的认知需要,还能提升学生的学科素养。好的教学情境来源于学生的生活。学生从具体的生活情境中发现问题并探索问题,为以后解决同样的情境问题提供可供选择的经验。

(二)观察分析报告

1.赵树丽老师的观察报告

(1)观察点说明。学生对课堂的整体感知最直接、最显性的信息就是议题,精心设计议题是议题式教学的关键。议题是整个课堂的内在逻辑线索,学生探索议题也就是在探索教材知识。由议题引领课堂知识,使教学环节具有系统性和逻辑性。若没有清晰的知识逻辑线索,学生思维就无法聚焦,不利于知识构建,教学效果将事倍功半。

(2)工具设计与观察结果记录如表1。

表1 议题设计及运用效果观察

维度	观察点	权重	等级				分值	观察记录
			优	良	中	差		
议题设计	议题的呈现方式(教师叙述/多媒体播放/学生表演……)	5	4-5	3-4	2-3	1-2	4	多媒体
	议题的用途(过渡/引出问题/突破重点/贯穿整节课学习……)	5	4-5	3-4	2-3	1-2	4	贯穿始终
	议题能否激发学生学习兴趣	5	4-5	3-4	2-3	1-2	5	能
	议题的内容是否贴近学生生活,能否开阔学生视野	5	4-5	3-4	2-3	1-2	4	是

续表1

维度	观察点	权重	等级 优	等级 良	等级 中	等级 差	分值	观察记录
议题运用	议题设计能否激发学生自主思考、探究、质疑	5	4-5	3-4	2-3	1-2	4	是
	议题使用及问题设计与教学目标的吻合度	5	4-5	3-4	2-3	1-2	4	相吻合
	议题的指向性是否明确	5	4-5	3-4	2-3	1-2	5	是
	问题与议题的关联度(问题与情境关联紧密/关联一般/无直接关联)	5	4-5	3-4	2-3	1-2	4	关联一般
	议题的开放性如何	5	4-5	3-4	2-3	1-2	4	一般
总议题与子议题设计的有效性	议题的设置是否与教材、社会热点、学生生活有效结合	5	4-5	3-4	2-3	1-2	4	是
	子议题是否有效围绕总议题分梯度有层次展开	5	4-5	3-4	2-3	1-2	4	有层次
	议题中情境的创设是否有典型性、亲和性、挑战性、生成性	5	4-5	3-4	2-3	1-2	4	有
	学生通过议题探究能否轻松理解知识	5	4-5	3-4	2-3	1-2	4	一般
	议题中活动方式的设计是否关注听说读写做	5	4-5	3-4	2-3	1-2	4	一般
	议题中活动任务的设计是否有层次性	5	4-5	3-4	2-3	1-2	4	一般
整体评价	自主学习程度高,合作学习效率高,探究学习有深度	2	1.5-2	1-1.5	0.5-1	0-0.5	1	是
	议题能促进学生形成良好的知识结构	2	1.5-2	1-1.5	0.5-1	0-0.5	1	是
	议题将学科知识转化为学生易懂能思考的教学知识,促进学生理解	3	2-3	1-2	0.5-1	0-0.5	1	是
	有利于促进学生思想政治学科核心素养的形成与发展	3	2-3	1-2	0.5-1	0-0.5	2	是

(3)观察结果分析及教学建议。议题式教学作为活动型学科课程的有效教学方法,注重培育学生政治认同、科学精神、法治意识和公共参与素养,从议题

的选择、总议题和子议题的设计到教学的各个环节,无不为培育学生学科核心素养的教学目标服务。同时,培育学生学科核心素养的教学目标也为议题式教学的各个教学环节提供了方向指导,如议题要具有学科教学价值,要具有时政性、生活性和启发性,既能激发学生学习兴趣,又能实现教学目标。

2.王艳芳老师的观察报告

(1)观察点说明。情境是议题式教学的风景线,教学情境创设与实施效果关系到议题的贯通、问题的解决和目标的达成。

在议题的导向作用下,教师需要根据教学内容从不同角度整合教学情境,用一个情境贯穿课堂教学始终,依据不同角度设计层层递进的问题,引导学生自主思考、合作探究。这有助于学生对一个现象展开更为深入的剖析,提高透过现象看本质的能力,使学生对教材内容理解得更加透彻。情境创设要考虑选点的亲切性、内容的真实性、形式的结构性、价值的引领性。选点的亲切性指的是情境涉及的话题不能远离学生实际生活,要紧紧围绕学生生活实际,否则不易激发学生学习和探究的兴趣。内容的真实性指的是情境要真实有效,不能违背客观事实,否则就会受到学生的质疑。形式的结构性是从情境的处理上来讲的,情境所涉及的话题信息往往不止一个,需要进行删减、分类、提炼,增强情境的可读性,方便学生迅速捕捉关键信息。价值的引领性指的是教学情境蕴藏着一定的价值立意,让学生在探究情境的同时受到正确价值观的熏陶。

(2)工具设计与观察结果记录。根据上述观察点说明,编制观察工具并记录观察结果如表2。

表2 教学情境创设及效果观察

| 维度 | 观察点 | 权重 | 等级 | | | | 分值 | 观察记录 |
			优	良	中	差		
情境创设	情境的类型(文字/实物/图片/视频/其他)	5	4-5	3-4	2-3	1-2	4	文字、图片
	呈现的方式(教师叙述/多媒体播放/学生表演……)	5	4-5	3-4	2-3	1-2	4	多媒体
	情境的用途(过渡/引出问题/突破重点/贯穿整节课学习……)	5	4-5	3-4	2-3	1-2	5	贯穿始终
	情境创设能否激发学生学习兴趣	5	4-5	3-4	2-3	1-2	4	是
	情境创设是否贴近学生生活,开阔学生视野	5	4-5	3-4	2-3	1-2	4	是

续表2

维度	观察点	权重	等级				分值	观察记录
			优	良	中	差		
情境运用	情境问题能否激发学生自主思考、探究、质疑	5	4-5	3-4	2-3	1-2	4	是
	情境使用及其问题设计与教学目标的吻合度	5	4-5	3-4	2-3	1-2	4	是
	问题设计指向性是否明确	5	4-5	3-4	2-3	1-2	4	是
	问题与情境的关联度(关联紧密/关联一般/问题与情境无直接关系……)	5	4-5	3-4	2-3	1-2	4	是
	情境运用中课堂生成的处理	5	4-5	3-4	2-3	1-2	4	是
学生学习情况	教师提出问题的类型(知识、能力、探究……)	5	4-5	3-4	2-3	1-2	5	知识
	学生能否运用情境有条理地回答问题或表达自己的观点	5	4-5	3-4	2-3	1-2	5	是
	要求学生回答问题的方法(个人/集体/合作……)	5	4-5	3-4	2-3	1-2	5	个体、集体
	教师如何呈现预设的答案,对学生预设外的答案如何进行指导	5	4-5	3-4	2-3	1-2	4	是
	学生能否轻松理解知识	5	4-5	3-4	2-3	1-2	4	是
	能主动回答问题的学生占比	5	4-5	3-4	2-3	1-2	4	是
目标达成	95%以上的学生学习积极主动,达成教学目标	3	2-3	1-2	0.5-1	0-0.5	5	是
	在情境探究过程中形成一定的学习能力和学习方法	4	3-4	2-3	1-2	0-1	5	是
	学生的学科核心素养得到相应的发展	3	2-3	1-2	0.5-1	0-0.5	5	是

续表2

维度	观察点	权重	等级 优	等级 良	等级 中	等级 差	分值	观察记录
整体评价	自主学习程度高,合作学习效率高,探究学习有深度	2	1.5-2	1-1.5	0.5-1	0-0.5	4	是
整体评价	情境有利于促进学生形成良好的知识结构	2	1.5-2	1-1.5	0.5-1	0-0.5	4	是
整体评价	结合情境将学科知识转化为学生易懂能思考的教学知识,促进学生理解	3	2-3	1-2	0.5-1	0-0.5	4	是
整体评价	有利于促进学生学科核心素养的形成与发展	3	2-3	1-2	0.5-1	0-0.5	4	是

(3)观察结果分析及教学建议。情境是重要而有意义的教学元素,通过情境可以更好地整合学科知识与教学知识,在教师与学生之间搭建沟通的桥梁。情境创设要考虑学生的认知水平、兴趣点和好奇心,情境问题应有思考性和探究性。这就要求教师在了解学生需求的基础上选取学生感兴趣的素材,创设情境、设计问题。只有这样,情境与问题才更有引导性、启发性、思考性,才能激发学生学习兴趣,提高课堂教学效率。

3.郝海朋老师的观察报告

(1)观察点说明。知识的掌握和落实是教学有效的基石。按照知识范围,可将知识划分为宏观知识、中观知识、微观知识三个维度。本节课宏观知识是本框涉及的五大学科核心概念,处于统摄全局的地位。中观知识是五大学科核心概念内部的子概念,是对核心概念的延伸和拓展。微观知识是对子概念本身的解读,包括子概念之间的区别、易混易错点等,是知识体系的神经末梢。坚持宏观知识、中观知识、微观知识的统一,有利于拓展学生理解掌握知识的广度和深度。

(2)工具设计与观察结果。根据上述观察点说明,编制观察工具并记录观察,结果如表3。

表3 知识目标落实情况记录

视角	观察点	观察结果
学科特点	是否体现了学科特点与性质	是,能够体现学科特点
教学目标	是否明确而恰当	是,很明确

续表3

视角	观察点	观察结果
内在联系	是否注意建立知识横向或纵向联系，与生活联系	注意知识间的联系和生活联系
核心知识	如何呈现给不同的学生	通过学生自主探究方式呈现
教学资源	是否合理使用教材和校内外教学资源，是否做到理论联系实际	是，做到了理论联系实际
详略得当	是否做到了易懂的少讲或不讲、易混的细讲并辨析	是
学法指导	是否注重学习方法的指导和培养	关注学法的指导和培养
教育价值	是否实现学生思想素质、政治素质、道德素质、实践能力的提高	实现学生思想素质、政治素质、道德素质、实践能力的提高

（3）观察结果分析及教学建议。第一，教师要充分理解学科知识。通过认真研读课程标准、教材教辅、政治文献、政治读物、政治期刊等，广泛涉猎乡土资源、影视作品、网络资源等，从而深刻理解高中思想政治学科的内容、价值、性质、产生过程、知识间的联系及课程结构，并能与其他学科相结合，为教学奠定基础。第二，教师要科学选取学科知识。教师要具备较强的鉴别、取舍能力，要从高中思想政治学科具体的教学目标出发，以贴近高中生"最近发展区"为原则，以有利于学生终身发展为宗旨，在极为丰富的学科知识中选取最有必要、最有价值的教学内容。选取的原则有：针对性，即围绕教学重难点选取，深入浅出地运用经典材料引领学生形成鲜明、生动、形象、具体的政治现象和政治概念；情趣性，即选取的内容能够激发学生兴趣、调动学生参与，从而加深学生印象、深化理解运用。第三，教师要恰当转化学科知识。高中思想政治学科知识丰富多彩、角度多维，教师要立足学情，根据不同的教学内容选择不同的转化方法。如对于政治概念、观点、规律等可以采取讨论、探究、辩论等形式；对于政治现象、经济发展现状等可以采取讲述、演示、调查研究等方式。

【附：教学设计】

导入：播放视频"大学生'村官'谱写青春的甜蜜之歌"。

总议题：为什么我国要坚持基层群众自治制度？

环节一：梳理联系观主干知识

自主学习·探新知：通读课本65至69页，梳理知识并做好标记。

我国基层群众自治的组织形式;村委会的性质和主要职能;村民自治的内容;村民委员会、村党支部和村务监督委员会的关系;居委会的性质和主要职能;城市居民自治的内容;基层群众自治的意义。

人民群众直接行使民主权利的生动实践:在我国农村和城市,广大人民群众开展了丰富多彩的基层民主实践;发展基层民主的原因和要求。

环节二:议题描述

议题情境:2014年,大学毕业一年多的刘荣华放弃了昆明年薪十余万的工作,回到家乡参加了全省高校毕业生到村任职选聘,并被顺利录取。2017年,走进大山深处的巧家县鱼坝村扎根。村落处在金沙江河谷地带,村里人至今一直采用柴火牛尾灶古法手工熬制红糖,100%纯浆原生态,无任何添加。由于鱼坝村民一直以来诚信为本,用良心坚守红糖品质,200多年积淀培养了万兴全等巧家小碗红糖非物质文化传承人,古老的手艺熬制出最香醇的甘蔗原汁红糖。

议学活动:回乡大学生为什么要参加村委会成员选举?

环节三:议题辨析

议题情境:由于品质优良,巧家小碗红糖成为市场上炙手可热的畅销土特产。可是由于规模较小,难以走市场化、品牌化路线,村民卖红糖基本就是卖原材料,村委会成员刘荣华对此怀有远虑。村委会通过各种渠道宣传助推红糖销售,成功吸引了部分企业家到村实地考察红糖产业。现在村委会准备通过"合作社+党总支+大学生'村官'+普通村民+贫困户+社会团体"的模式,募集资金,发展集体经济。

议学活动:大学生刘荣华想竞选鱼坝村村委会成员,请帮他写一份竞选词。

环节四:议学延伸

议题情境:鱼坝村在村委的指导下,已经完成标准化、现代化的生产厂房建设,准备走市场化、品牌化、规模化、网络化的路线,发展壮大红糖产业。你能为云南省非物质文化遗产——巧家小碗红糖设计注册商标吗?

议学活动:为云南省非物质文化遗产——巧家小碗红糖设计注册商标。

总结:以环节一的知识结构图为基础进行总结提升。

"全面依法治国的总目标与原则"议题式教学课堂观察

周后华

【简介】

授课教师：周后华，中小学一级教师，宣城市骨干教师。多年来一直担任备课组长工作，2020年参加首届全国高中思想政治议题式教学设计大赛并荣获二等奖，一直关注和尝试议题式教学。

教学主题："全面依法治国的总目标与原则"高一新授课。

教学议题：如何正确认识全面依法治国基本方略？

观察教师：安徽省广德中学政治教研组、广德市李祖宇名师工作室部分教师。

活动目的：2020年，有幸和工作室几位老师一起参与沈雪春老师的"议题式教学高级研究群"，在沈老师的引领下接触和学习议题式教学。2021年3月26日，我校举办教学开放日活动，想着研究群的课堂观察任务，当然主要还是提升教学水平的内在驱动，我在本节课尝试运用议题式教学。

【课前会议】

(一) 周后华老师说课

1.主题说明

"全面依法治国的总目标与原则"是统编教材高中思想政治必修3《政治与法治》第三单元第七课第二框。本单元以"全面依法治国"为核心，探究我国法治建设的历程，实现全面依法治国的总目标，法治国家、法治政府、法治社会建设必须一体化推进，科学立法、严格执法、公正司法、全民守法四个方面密切联系，缺一不可。承接第一框，本框继而讲述全面依法治国的总目标与原则，为学习后一课"法治中国建设"奠定基础。本框在全书中起着重要的承上启下作用。学生通过本框学习，感受全面依法治国的重要性，掌握全面依法治国的必要性、全国推进依法治国的总目标、科学内涵及全面依法治国的原则等知识点；坚定

周后华，安徽广德人，本科学历，安徽省广德中学教师，省优质课评比二等奖获得者，中学一级教师，主要研究议题式教学、中小学思政课一体化教学、高中政治命题等。

认同全面依法治国的治国理政方式,明确法治让社会更和谐,落实法治意识素养培育;依法办事,做社会主义法治的忠实崇尚者、自觉遵守者、坚定捍卫者。

本框共两目。第一目"全面依法治国的总目标",通过《相关链接》《探究与分享》等栏目,介绍全面依法治国的必要性,说明全面依法治国的总目标所包含的内容,阐明全面依法治国是一个系统工程,需要全党和全国人民从多个方面共同努力实现。第二目"全面依法治国的原则",介绍了全面依法治国的五个原则,分析每个原则在全面依法治国中的地位、作用,阐明全面依法治国的五个原则相辅相成、不可或缺。

2.学情分析

(1)学生心智特征。本框教学对象是高一年级学生。从学生心智特征看,他们还处于世界观、人生观、价值观的形成期,独立思考、理性判断的能力亟待增强,个人成长容易受到外在环境影响。

(2)学生认知结构。从学生已有知识经验看,通过义务教育阶段的思政课学习,学生普遍接受了一定的法治教育,具备一定的法律常识。加上前面知识的学习,为本框教学奠定了基础。但是,学生对于社会主义法治缺乏系统化、理论化学习,已有知识比较零散、认识比较朴素。

3.教学目标

政治认同:深刻领会全面依法治国是中国特色社会主义的本质要求和重要保障,实现全面依法治国需要付出长期艰苦努力。

科学精神:坚持党的领导,坚持依法治国,坚持人民主体地位。知道全面依法治国的总目标,能够结合实际阐述全面依法治国的五个原则,深刻理解全面依法治国是一个系统工程,需要全党和全国人民从多个方面共同努力实现。

法治意识:涵养法治意识,提高法治素养,自觉做社会主义法治的忠实崇尚者、自觉遵守者、坚定捍卫者。

公共参与:在日常生活中坚持以宪法和法律作为根本活动准则,做到尊法、学法、守法、护法、用法。自觉遵守国家法律法规,同违法犯罪行为作斗争,参与法治国家建设。

4.教学重难点

教学重点:全面依法治国的总目标。

教学难点:全面依法治国的原则。

5.教学设计

议题:如何正确认识全面依法治国基本方略?

情境主题:依法治国方略实施中的探索。

第一篇章:高举思想旗帜,加强顶层设计。

子议题1:全面推进依法治国的原因何在?

子议题2:全面依法治国的总目标是什么?

第二篇章:扎根实践沃土,彰显中国特色。

子议题3:全面依法治国应当遵循哪些原则?

这是本堂课的关键环节,主要阐述全面依法治国的五条原则。对于这五条原则之间的内在逻辑,我始终没有很好地领悟,导致每一条原则之间是断裂的,只好分别创设五个议题情境,逐一解决子议题3。

经过第二篇章,本堂课的知识内容已经学习完毕,我会采用归纳式小结对本课内容进行一个简要的总结。这样设计是因为本节课的知识结构较为清晰,通过对教学板书的回顾,帮助学生清晰地梳理本框重要知识点,厘清知识结构和各知识点之间的逻辑关系,让学生形成系统的知识体系,同时也便于学生记忆知识点。

第三篇章:感悟法治建设,传承法治精神。

本堂课接近尾声,我给学生布置一份二选一的作业,让学生对具体内容有更进一步的理解,树立法治意识,增强法治认知,弘扬法治精神。

(二)成员交流

许前老师(学科核心组成员):整节课教学设计总体上符合议题式教学要求,三个篇章的设置很有层次性。但有几个问题值得商榷:一是针对依法治国的总目标而设置的子议题2"全面依法治国的总目标是什么",是否具有议的价值,是否需要议?我觉得这里不应该叫作议题。二是情境材料比较多,议学任务也比较多,45分钟是否够用?

周后华(授课教师):关于依法治国总目标,个人认为属于识记性知识,确实没有"议"的必要,后期考虑对教学设计做出必要调整。关于知识的处理,我想通过学生自主阅读,以表格形式呈现,辅之以学生自主梳理。至于时间问题,比较棘手。本框内容太多,特别是依法治国的原则是本框的重难点,很难用一则或两则情境予以突破。正式上课前我会再梳理,尽量精简情境材料。

高红梅老师(观察者):可以考虑加议学单解决课堂容量的问题,把部分内容前置,引导学生利用议学单在课前完成一些基本工作。比如,情境材料的阅读、基本问题的思考。这样也可以给课堂教学腾出一定时间。

熊献成老师(观察者):把议学任务前置,"议学"是不是会变了味?还要考虑教学过程中的生成问题。总体感觉就是"议味"不浓,甚至议学流于形式。

许前老师(学科核心组成员):议学单还是很有必要的,也可以考虑提前印发给学生,当作预习材料,这跟议学不矛盾。我认为这节课的关键是调动学生,把课堂氛围营造起来,吸引学生广泛参与,这节课的教学目标肯定能够达成,也会是一堂成功的议题式教学常态课。

周后华(授课教师):感谢大家的宝贵意见。议题式教学对于我及备课组来说还是新事物,这节课当作一次尝试。接下来我会把大家的意见汇总。一是编制议学单,提前分发给学生。二是进一步精简情境材料。三是在课堂教学中注重调动学生,力争做到"真议""深议"。

(三)讨论确定观察点

高红梅、童友敏:议题设计。

刘盛记、程云霞:学生学习。

熊献成、钟克艳:活动设计。

【课中观察】

(一)观察工具

观察表、多媒体教室。

(二)观察位置

1.议题设计观察组

议题设计观察维度共有11个观察点,分别从议题的学科性、引领性、可议性、开放性等视角切入。每个观察点按5分制进行赋分,55分为满分,累计得分越高,议题质量越优。观察者在教室一前一后两个点位进行观察,能够走近学生,近距离、及时、全面地了解学生对议题的兴趣和讨论情况。

2.学生学习观察组

学生学习观察维度共有11个观察点,分别从学生的课堂参与状态、知识落实情况、情感状态、素养养成度等视角切入。每个观察点按5分制进行赋分,55分为满分,累计得分越高,达成度越好。观察者选择在教室的两个中间通道一左一右进行观察。选择这样的观察位置,一方面,可以近距离观察学生参与状态,学习兴趣是否浓厚、学习态度是否积极、学习激情是否饱满、学习过程是否自主、合作探究是否深入、学习场景是否真实等;另一方面,可以观察全班学生学习全貌,记录各学习小组讨论和展示,观察学生解决问题过程中思维是否开阔、思路是否清晰、辩论是否有力。

3.活动设计观察组

活动设计观察维度共有11个观察点,分别从学生参与度、情境充分性、问题匹配度、活动序列化等方面切入。每个观察点按5分制进行赋分,55分为满分,累计得分越高,关联度越高,设计就越优。观察者在教室对角线的两端进行观察,便于了解教学活动的展开情况,观察并记录学生参与讨论、辨析、展示等活动的人数、时间、过程和质量,观察情境创设能否成为活动展开的有效载体,观察问题设计层次性与学科知识逻辑的一致性、活动序列化与学生认知规律的一致性。

【课后报告】

(一)授课教师反思

整节课还是很紧张。一是授课教师和学生紧张,二是授课时间紧张。知识内容偏多,对议题充分展开讨论也比较费时。

从收获来讲,议题式教学对于调动学生积极性、参与度的效果很好。把"议"做实,学生不仅能收获知识,还能锻炼和提高能力,特别是阅读和表达能力。议题设计、情境创设很重要,围绕"依法治国是党大还是法大"这一伪构议学情境,让学生课堂上开展议题辩论,针锋相对,产生思维碰撞。学生通过辩论认识到这是一个伪命题,进而正确梳理党的领导与依法治国的关系。让学生在课堂上愿意说、有话说,有效提高学生的参与度,激发学习热情,培养发散思维,积极表达观点和看法,同时深化了对问题的认识,培育科学精神。此外,议学单作为议题式教学的辅助,作用非常明显,既有课前知识预习,又有情境呈现、议学任务展示。从这一点看,备课组要投入更多的精力编制议学单,形成统一、规范、实用的议学单集,这对于开展议题式教学非常有必要。

从暴露出的问题看,太过烦琐的教学情境不仅会冲淡主议题,还会分散学生注意力,加重学习负担。因此,在创设情境时,要充分注重材料的精练性,结合议学活动的需要进行必要整合。这堂课情境设置多,学生获取的信息丰富,有利于问题的解决和课堂知识的生成。但是课堂时间有限,学生在阅读情境材料、获取信息上花费时间过多,就没有足够的时间开展"议",导致教学虎头蛇尾。因此,创设情境既要考虑教学内容需要,又要兼顾学生课堂阅读需要;既要保证信息完整充分,又要去粗取精、去伪存真,对相关信息进行筛选处理。通过结合教学内容需要及学生的学习兴趣和学习能力,选择恰当的情境素材,从而调动学生的学习积极性,引导学生立足生活发散思维,培养独立思考能力。

(二)观察分析报告

1.议题设计观察组汇报

本节课总议题是"如何正确认识全面依法治国的基本方略",共设置三个子议题。子议题1"全面推进依法治国的原因何在";子议题2"全面依法治国的总目标是什么";子议题3"全面依法治国应当遵循哪些原则"。观察工具和观察记录如表1。

表1 议题设计观察记录

时间	地点					课题	
2021.3.26	广德中学高一(17)班					全面依法治国的总目标与原则	
观察者1	姓名	高红梅	年龄	37	教龄	15	单位	广德中学
观察者2	姓名	童友敏	年龄	38	教龄	16	单位	广德三中
观察中心	议题的学科性、引领性、可议性、开放性						
观察记录		观察点				得分1	得分2
	1	是否依据新课标的内容要求设计议题				5	5
	2	是否依据新课标的核心知识设计议题				5	5
	3	是否展示价值判断的基本观点				5	5
	4	能否从多个视角进行分析、解释				4	5
	5	是否有统一标准、无标准答案				4	5
	6	任课教师是否能驾驭议题				4	5
	7	学生对议题是否有探究的兴趣				3	5
	8	是否适合学生的学习能力和认知规律				4	4
	9	议题是否能结合时代实际,融合时代实际和教学内容				5	4
	10	是否指向学科核心素养				5	4
	11	能否在教学中有效、真实落实				4	5

分析评价	高红梅:议题设计有深度,思辨性较强,学生总结发言到位,有深度思考,情境创设时代化,重难点突出 童友敏:议题设计依据新课标的内容要求,突出重难点;议题设计巧妙,结合案例,能激发学生探究兴趣;议题能有效激发学生兴趣,拓展学生思维空间;教师驾驭议题能力强	合计	48	52

5分制:优秀5分,良好4分,较好3分,一般2分,不好1分。

从观察情况看,议题设计符合新课标要求和教学内容需要,融合教学重难点,结合时事情境,具有很好的价值引领性,有利于培育核心素养。该观察维度平均得分50分,得分率近91%。

围绕全面依法治国基本方略设计议题,从是什么、为什么、怎么做三个方面切入,层次清晰、结构严谨。最大的问题是子议题2,这一知识采用填空式的知识梳理,学生课前已经在议学单上自主完成,没有看出"议"的成分,因此是一个无效的议题。建议改为问题式教学,学生自主学习或是合作学习,教师进行适当引导。此外,怎么处理好课堂议学与议学单之间的关系?不能把问题讨论前置,而是真正实现学生在课堂上的议学,也会有更多的课堂生成。最后要注意详略处理,重点环节如学生的深入讨论时间要充足,不一定要拘泥于课时限制。学生表达、解释要面向全体,让更多的学生参与、自由表达。

2.学生学习观察组汇报

本组观察工具设计和观察记录如表2。

表2 学生学习观察记录

时间		地点			课题			
2021.3.36		广德中学高一(17)班			全面依法治国的总目标与原则			
观察者1	姓名	刘盛记	年龄	43	教龄	21	单位	广德中学
观察者2	姓名	程云霞	年龄	36	教龄	11	单位	泾县中学
观察中心	学生的参与状态、知识落实情况、情感状态、素养养成度等							

	观察点		得分1	得分2
观察记录	1	是否积极参与教师和同学的对话、分享解决问题的方案等	5	5
	2	能否有理有据、有说服力地表达和解释解决问题的方案？能否专注地倾听同学发言	5	5
	3	解决问题过程中，能否认真思考，思维是否开阔，思路是否清晰	5	5
	4	是否经历了自主辨识、分析并作出判断的过程	5	5
	5	对议题和教学内容保持兴趣的学生数	4	4
	6	对议题和教学内容保持强烈求知欲的学生数	4	4
	7	学生对知识的掌握程度即知识落实情况如何	4	5
	8	学生回答问题的正确率和课堂练习完成率、正确率	4	5
	9	学生课堂学习的展示效果(质量)	4	5
	10	学生能否主动地发现问题、提出问题、解决问题	4	4
	11	学生能否反思自己的学习行为，调整学习策略	4	4
分析评价	刘盛记:学生参与程度高,参与热情高 程云霞:结合课程知识,层层推进地设置任务,学生提前做好充分准备,回答问题有深度,共有十位学生回答。教师及时进行点评,将学生的回答进行理论提升,尤其是情境4的探讨中,学生水到渠成地得出所学内容,课堂效果良好	合计	48	51

5分制:优秀5分,良好4分,较好3分,一般2分,不好1分。

从观察情况看,议题式教学对于本班学生来说是新鲜事物,一开始学生比较紧张,随着课堂的深入和教师的调动,学生逐渐进入状态。学生的整体素养高、基础扎实,加上完成议学单时提前思考,学生讨论、回答的质量很高。授课教师选择的情境材料形式丰富,新闻稿、漫画等情境非常贴近学生生活,很好地激发了学生的学习兴趣。本节课教学容量很大,需要议的话题多,容易导致虎头蛇尾、草草收场的现象。该观察维度平均得分49.5分,得分率90%。

情境创设要具有鲜活性,基于课本知识,联系时事政治,结合国内外相关热点对基础知识进行内容扩展,发散学生思维,使学生迅速地"入课",并积极主动地参与,使课堂教学更显活力。情境材料的选取要充分考虑科学性、真实性,不能有意地设置障碍或提供模糊性的情境素材,以免误导学生思维而偏离教学方向。真实而准确的情境是开展议题讨论的必备前提。同时,情境创设要给学生预留充分"议"的时间,既要让学生深入表达,又要让学生广泛参与。

3.活动设计观察组汇报

本组观察工具和观察记录如表3。

表3 活动设计观察记录

时间	地点					课题		
2021.3.26	广德中学高一(17)班					全面依法治国的总目标与原则		
观察者1	姓名	熊献成	年龄	42	教龄	20	单位	广德中学
观察者2	姓名	钟克艳	年龄	41	教龄	18	单位	广德市实验中学
观察中心	学生参与度、情境充分性、问题的匹配度、活动的序列化等							
观察记录		观察点					得分1	得分2
	1	活动设计是否面向全体学生,切合学情					4	5
	2	参与讨论、辩论等活动的人数、时间、过程、质量如何					4	3
	3	学生表达和解释的机会是否充分					4	4
	4	情境创设是否与议题相匹配?情境的目标和线索是否清晰?是否指向学科核心素养					4	5
	5	情境是否符合学生的兴趣,能否激发学生参与					3	4
	6	情境的结构优劣程度如何					5	5
	7	问题设计是否与情境相匹配?是否指向学科核心素养					5	5
	8	问题设计是否有学科知识支撑?是否问在教学重点和学习难点上					5	5
	9	问题的思维进阶是否有利于深度学习的展开					4	5
	10	情境创设的逻辑、问题设计的逻辑是怎么样的					4	5
	11	活动设计的逻辑是否符合学生认知规律					4	5

分析评价	熊献成:活动设计系统、完整,情境与议题较为匹配,线索和目标清晰,注重核心素养的培育;问题设计思维含量深,有利于学生课堂讨论。分组讨论的环节放在课后,重点环节学生的深入讨论不够,学生表达、解释不能面向全体 钟克艳:教学目标明确、层次清楚、重难点突出;充分利用教材帮助学生理解"法律面前人人平等"、以人为本,总结精练	合计	46	51

5分制:优秀5分,良好4分,较好3分,一般2分,不好1分。

从观察情况看,本节课设计了八项议学活动,活动设计系统、完整,情境与议题较为匹配,线索和目标清晰,注重核心素养的培育;问题设计思维含量深,有利于学生课堂讨论,学生的积极性很高,参与面广。其中关于"党大还是法大"的思辨及漫画情境问题的讨论,学生讨论非常充分。但是部分讨论环节以议学单的方式放在课后,重点环节学生的深入讨论不够,学生表达还不能面向全体。该观察维度平均得分48.5分,得分率88%。

进一步优化情境材料和活动创设,按照新课标的意见,恰当选择情境,最好用一则情境引领整个课堂教学。情境创设和议学活动需要融为一体,不能是两张皮,更不能让情境流于形式,与议学活动无关甚至误导议学活动。

【附:教学设计】

(一) 教学思路

本节课以"如何正确认识全面依法治国基本方略"为总议题,按照课堂开展顺序,设计了三个篇章。第一篇:高举思想旗帜,加强顶层设计。第二篇:扎根实践沃土,彰显中国特色。第三篇:感悟法治建设,传承法治精神。

按照议题式教学活动的开展,以序列化、阶梯化活动为组织方式,在活动中锻炼学生的思维能力、解决问题能力和实践能力。依次设置三个子议题。子议题1:全面推进依法治国的原因何在?子议题2:全面依法治国的总目标是什么?子议题3:全面依法治国应当遵循哪些原则?通过三个子议题议学活动,论证"全面依法治国是我国治国理政的基本方式"。阅读十八届四中全会《中共中央关于全面推进依法治国若干重大问题的决定》部分文本,明确全面依法治国总目标确立的必要性,理解全面依法治国总目标的具体内容,并进一步了解中国特色社会主义法治体系是一个系统工程。最后通过五个具体的议题情境,围绕全面依法治国的原则展开讨论、辩论等活动,帮助学生把握五个方面的原则要求。三个篇章环环相扣,将培育学生学科核心素养作为教学设计重点,通过小组成员合作探究,引导学生理解全面推进依法治国的现实意义,认同中国特色社会主义法治道路,在思辨中培育科学精神,增强法治意识,形成政治认同,充分尊重学生的主体地位,释放学生学习的积极性。

(二) 教学路线

本课以议题式教学为主要方式,议题、情境、活动、任务形成四条线索。

议题线:总议题"如何正确认识全面依法治国基本方略",统领三个子议题:全面推进依法治国的原因何在?全面依法治国的总目标是什么?全面依法治国应当遵循哪些原则?

情境线:由"习近平总书记在中共十八届四中全会第二次全体会议上的讲话中关于法治的论述—《中共中央关于全面推进依法治国若干重大问题的决定》和习近平总书记在省部级主要领导干部学习贯彻党的十八届四中全会精神全面推进依法治国专题研讨班上的讲话中关于党和依法治国的关系的论述——则新闻事件中两种不同观点的辨析和一幅漫画情境解读—民法典的中国特色、实践特色和时代特色"组成。

活动线:组内讨论,小组展示—组内探究,代表展示—组内探究,组际辩论。活动由易到难,小组成员合作探究,在情境分析中培育法治意识,充分体现学生的主体性,释放学习的积极性。

任务线:采用小组合作探究的形式,明确全面依法治国的总目标和原则的科学内涵,以及党的领导与法治、依法治国和以德治国的关系、法治建设的"中国特色"。创设思辨环节,鼓励学生分析走中国特色社会主义法治道路的原因,从而将所学知识应用到情境中解决问题。观看CCTV 2020年度法治人物颁奖礼,并要求写观后感,引导学生树立法治意识,自觉向法治先锋人物看齐,从而将法治理念内化于心、外化于行。通过"找一找我国法律体系中典型的能够具体体现全面依法治国原则要求的法律或具体条文",让学生直观感悟依法治国的原则。

(三)教学结构

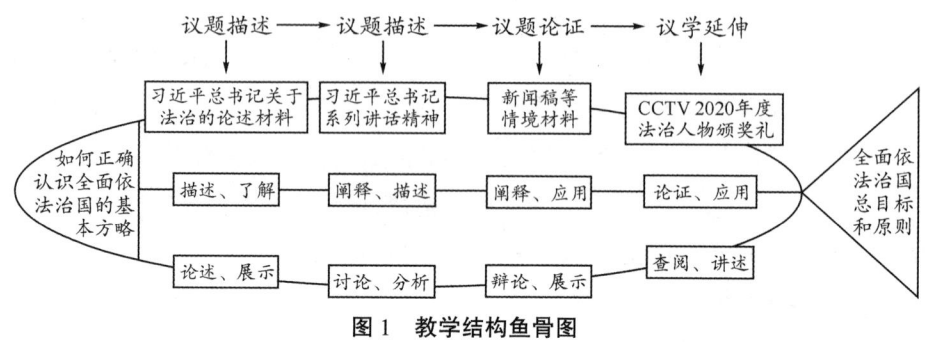

图1 教学结构鱼骨图

(四)教学过程

导入:"举一纲而万目张,解一卷而众篇明。"党的十八届四中全会通过的《中共中央关于全面推进依法治国若干重大问题的决定》,明确提出全面推进依法治国的总目标和原则。总目标和原则是贯穿《决定》全篇的一条主线,对全面推进依法治国具有纲举目张的意义。

学生自主梳理教材,完成议学单中的知识结构图。通过这个过程让学生形成对本框题内容的整体认知,同时培养预习的习惯,更好地把握课堂教学的重点与难点。

第一篇章:高举思想旗帜,加强顶层设计

子议题1:全面推进依法治国的原因何在?

议题情境:历史是最好的老师。经验和教训使我们党深刻认识到,法治是治国理政不可或缺的重要手段。法治兴则国家兴,法治衰则国家乱。什么时候重视法治、法治昌明,什么时候就国泰民安;什么时候忽视法治、法治松弛,什么时候就国乱民怨。法律是什么?最形象的说法就是准绳。用法律的准绳去衡量、规范、引导社会生活,这就是法治。

——习近平总书记2014年10月23日《在中共十八届四中全会第二次全体会议上的讲话》

议学活动1:结合习近平总书记对法治的论述,思考为什么要坚持依法治国。

设计意图:让学生结合情境阅读教材,自主总结归纳依法治国的必要性。

子议题2:全面依法治国的总目标是什么?

议学活动2:阅读教材,结合议学单,完成填空。

设计意图:全面依法治国的总目标的内涵全面系统,学生理解起来有一定难度。这一知识点属于识记性知识,在议学单中设置表格,进行简单化处理,学生自读教材,归纳梳理,自主完成填空,发挥主体作用,增强法治意识。

根据教材,完成填空。

全面依法治国总目标

①目标:建设中国特色社会主义_____、建设社会主义_____。

②具体要求:在_____领导下,坚持中国特色社会主义制度,贯彻中国特色社会主义法治理论,形成完备的_____、高效的_____、严密的_____、有力的_____,形成完善的_____,坚持_____ _____共同推进,坚持_____一体建设,实现_____,促进_____ _____。

图 2 议学活动 2 设计

第二篇章:扎根实践沃土,彰显中国特色

子议题3:全面依法治国应当遵循哪些原则?

原则1:坚持中国共产党的领导。

议题情境1:党和法治的关系是法治建设的核心问题。全面推进依法治国这件大事能不能办好,最关键的在于方向是不是正确、政治保证是不是坚强有力,具体讲就是要坚持党的领导,坚持中国特色社会主义制度,贯彻中国特色社会主义法治理论。这三个方面实质上是中国特色社会主义法治道路的核心要义,规定和确保了中国特色社会主义法治体系的制度属性和前进方向。

——《关于〈中共中央关于全面推进依法治国若干重大问题的决定〉的说明》

议题情境2:全面推进依法治国,方向要正确,政治保证要坚强。古人云:"有道以统之,法虽少,足以化矣;无道以行之,法虽众,足以乱矣。"我说过,"党大还是法大"是一个政治陷阱,是一个伪命题。对这个问题,我们不能含糊其词、语焉不详,要明确予以回答。

——《在省部级主要领导干部学习贯彻党的十八届四中全会精神全面推进依法治国专题研讨班上的讲话》

议学活动:以小组为单位,分析论证为什么说"党大还是法大"是一个伪命题。

设计意图:通过情境1,学生不难得出全面依法治国必须坚持党的领导,从而明确全面依法治国要坚持中国共产党的领导。通过情境2,进一步产生思维的碰撞,围绕"党大还是法大"展开议题辩论,并通过辩论意识到这是一个伪命题,进而正确梳理党的领导与依法治国的关系。

原则2:坚持人民主体地位。

议题情境1:江苏广电总台报道过一则新闻。高邮市民汤先生将突发意外的老父亲送到医院进行抢救,为了赶时间,他在途中闯了红灯。事后,他向当地交警部门递交申请,希望可以撤销违章,但是遭到拒绝。交警给出的理由是,这是私家车,私家车不好参加抢救活动,所以就不能消分。汤先生很纳闷,以前媒体上多次报道,开车救人去医院,一旦有了违章,交警部门都可以酌情撤销处罚,为什么自己遇到同样的情况,却没有办法处理呢?

议题情境2:《道路交通安全违法行为处理程序规定》第二十二条 交通技术监控设备记录或者录入道路交通违法信息管理系统的违法行为信息,有下列情形之一并经核实的,违法行为发生地或者机动车登记地公安机关交通管理部门应当自核实之日起三日内予以消除:(三)违法行为人或者机动车所有人、管理人提供证据证明机动车因救助危难或者紧急避险造成的违法行为。

议学活动:你是否支持交警对汤先生的处罚?为什么?

设计意图:通过两段材料,让学生明白:一方面,公民要遵守法律法规;另一方面,有关部门应充分考虑社会现实需要,特别是一些特殊案例。情境中违反交通规则的处理过程体现全面依法治国对人民意志的尊重,引出"坚持人民主体地位"这一原则,并通过多媒体课件展示我国法治保障人民权益的图片。这一环节,让学生明确党的领导在全面依法治国中的领导地位,以及全面推进依法治国过程中对人民主体地位的保障,增强学生的法治意识,培育学生的政治认同,并让学生通过分组合作,提高综合概括的能力,培养合作探究精神。同时,根据议题情境探究的需要,一定程度上打破教材原有结构,从中引出"坚持依法治国和以德治国相结合"的原则。

原则3:坚持依法治国和以德治国相结合。

议题情境:法律是准绳,任何时候都必须遵循;道德是基石,任何时候都不可忽视。在新的历史条件下,我们要把依法治国基本方略、依法执政基本方式落实好,把法治中国建设好,必须坚持依法治国和以德治国相结合,使法治和德治在国家治理中相互补充、相互促进、相得益彰,推进国家治理体系和治理能力现代化。

议学活动:结合材料,讨论说明新时代要坚持依法治国和以德治国相结合的理由。

设计意图:让学生结合教材,在讨论中正确归纳依法治国和以德治国的关系。

原则4:坚持法律面前人人平等。

议题情境:漫画情境——

议学活动:请结合漫画情境思考,国家执法人员是否拥有特权?假如你是执法者,你会如何应对警车违章这一类的事件?

设计意图:宪法法律与权力之间的关系是学生需要掌握的重要知识点,对学生法治意识的树立和正确价值观的形成具有非常重要的意义。学生在漫画情境中进行思考和辨析,明确全面依法治国要坚持法律面前人人平等,延伸到针对特定人群给予特殊的优待和保护的认识,树立正确的法治观。

原则5:坚持从中国实际出发。

议题情境1:习近平总书记将民法典的特色概括为中国特色、实践特色和时代特色。所谓中国特色,就是强调民法典立足中国的实际,立足我国的基本国情,维护国家基本经济制度,弘扬社会主义核心价值观,保障人民的基本权利。所谓实践特色,就是民法典从中国的实践出发,解决当代中国的实践问题,尤其是我国社会转型过程中所出现的各种问题。先秦思想家慎子云:"法者,非从天下,非从地出,发乎人间,合乎人心而已。"所谓时代特色,就是民法典要回应新时代提出的新问题,回应互联网、高科技时代的现实需要,特别是进入新时代以来,民法典要回应人民群众美好幸福生活的需要。

议题情境2:"国家坚持和完善公有制为主体、多种所有制经济共同发展,按劳分配为主体、多种分配方式并存,社会主义市场经济体制等社会主义基本经济制度。国家巩固和发展公有制经济,鼓励、支持和引导非公有制经济的发展。国家实行社会主义市场经济,保障一切市场主体的平等法律地位和发展权利。"(民法典第二百零六条)

议题情境3:坚持从我国实际出发,不等于关起门来搞法治。法治是人类文明的重要成果之一,法治的精髓和要旨对于各国国家治理和社会治理具有普遍意义,我们要学习借鉴世界上优秀的法治文明成果。但是,学习借鉴不等于简单的拿来主义,必须坚持以我为主、为我所用,认真鉴别、合理吸收,不能搞"全盘西化",不能搞"全面移植",不能照搬照抄。

议学活动:在法治国家的建设中应如何认识坚持"中国特色"与借鉴世界优秀法治文明成果的关系?

设计意图:"坚持从中国实际出发"这一原则关系到法治进程的总体方向。设计情境1和情境2,以民法典这一鲜活材料,引用习近平总书记的讲话,明确提出全面依法治国必须坚持从中国实际出发。再引用民法典第二百零六条予以印证,使学生对结论一目了然。再引出情境3,讨论关于坚持"中国特色"与借鉴世界优秀法治文明成果的关系,增强学生思辨能力,进一步理解我国的法治建设必须坚持从中国实际出发,更加坚定对中国特色社会主义法治道路的信心。

第三篇章:感悟法治建设,传承法治精神

议题延伸:在下面两项活动中任选一项,查阅资料,小组商议,完成任务。

(1)课后观看CCTV 2020年度法治人物颁奖礼,从被表彰的法治人物中选取你最敬佩的一位,查阅资料,讲述他为法治建设所作贡献的"法治故事"。

(2)找一找,在我国的法律体系中,还有哪些典型的能够具体体现全面依法治国原则要求的法律或是具体条文。

设计意图:通过查阅相关资料、文献,使学生对全面依法治国的总目标与原则的具体内容有更进一步的理解,有助于增强学生对全面依法治国的认知,有利于引导学生树立法治意识,自觉向法治先锋人物看齐,将法治理念内化于心、外化于行。

"科学立法"议题式教学课堂观察

丁宁宁

【简介】

授课教师:喻昌云,中学教师,对于议题式教学有一定研究,综合素养较好。

教学主题:"科学立法"高一新授课。

教学议题:如何立良法以促善治?

观察教师:宁国中学政治教研组部分成员。

活动目的:为了更加深入地学习和推广议题式教学,改革教学方式,推动新课标更好落地,落实思政课立德树人根本任务,特组织此次课堂观察活动。

【课前会议】

(一)喻昌云老师说课

1.主题说明

(1)本课地位:必修3《政治与法治》第三单元以全面依法治国为核心,探究我国法治建设的历程。实现全面依法治国的总目标,法治国家、法治政府、法治社会建设必须一体化推进,科学立法、严格执法、公正司法、全民守法四个方面密切联系,缺一不可。本框重在说明全面依法治国的基本要求之一,即科学立法,主要探究科学立法的内涵、标准和要求。科学立法是依法治国的前提,是法治中国建设的重要环节。本框内容是全课的逻辑起点,也是凸显"法治"主题的重要内容。

(2)内容分析:本框厘清了科学立法的内涵和基本标准,系统阐释了科学立法的要求,与后三框一起构成依法治国的完整环节,也在一定程度上说明建设法治中国是一个系统工程,需要党和国家统筹和谋划,需要全社会的积极参与。

2.学情分析

(1)学生心智特征:高一学生心智发展尚不够成熟,处于感性向理性过渡的

丁宁宁,安徽宁国人,研究生学历,安徽省宁国中学教师,宣城市第六届学科带头人,安徽省优质课比赛二等奖获得者,宁国市高中政治兼职教研员,高级教师,主要研究高中思想政治学科课堂教学方式。

阶段,世界观、人生观、价值观尚未完全成型,对社会现象的认识易受外界影响,独立思考和独立判断能力亟待增强。本课内容的学习,有助于学生公民意识、科学精神的培养和文明素养的提升,有助于引导学生有序参与政治生活。

(2)学生认知结构:学生在义务教育阶段虽接受过一定的法治教育,具备一定的法律常识,但他们对于法律的立改废释等较为专业的问题缺少系统学习,也缺少参与经历和社会经验,认识比较模糊。学生在长期学习生活中较多地参与班级公约等类似管理制度的制订,所积累的经验一定程度上有助于本框内容的学习。

3.教学目标

通过学习,了解我国法律制定的流程,明确科学立法是依法治国的前提,理解科学立法的内涵、标准,理解推进科学立法的要求;在小组讨论中培养交流合作能力、获取和解读信息能力、辨析能力和推理论证能力;通过撰写立法建议书,应用和迁移科学立法的知识,积极为国家立法建言献策,增强公共参与的意识和能力;认同我国立法的科学性、民主性和严谨性,增强建设法治社会、促进公平正义的信心,成为社会主义法治的忠实崇尚者、自觉遵守者、坚定捍卫者。

4.教学重难点

教学重点:科学立法的要求。

教学难点:科学立法的内涵。

5.教学环节

总议题:如何立良法以促善治?

环节一:议题描述·民法典的孕育

子议题1:为什么要把众多民法单行法规汇编成民法典?

环节二:议题论证·民法典的诞生

子议题2:为什么说民法典编纂是科学立法的一次成功实践?

环节三:议学延伸·民法典的未来

6.教学创新

根据课程标准要求和内容特点,本课采用议题式教学。在教学流程上,遵循"议题描述—议题论证—议学延伸"顺序,层层深入,符合学生认知规律;在情境创设上,以"如何立良法以促善治"为总议题,围绕民法典的孕育、诞生和未来设置了一个统一的、结构化、序列化的大情境推进教学,情境创设的准度、温度、热度和效度很好。在活动与任务的设计上,紧扣教学目标,注重建构式探究和发现式探究,聚焦学科核心素养培育,推动新课标落地。

7.教学困惑

一是民法典的情境宏大,如何把握和处理大情境,在大情境中找到小切口,对教师素养是挑战;二是活动、问题的设计如何提升思维含量、聚焦学科核心素养,让活动不仅仅停留于形式,而是更具有学科味,对于教师把握和处理教学内容的能力是一次考验;三是教学目标设计和达成的可评估性、可检测性有待实践检验。

(二)成员交流

叶明慧老师:议题是议题式教学的引领和纽带。一堂课要设置若干个相互关联的议题贯穿教学活动,由任务规约并为任务服务。这次我主要观察议题设计情况。本节课设置了哪些议题?

喻昌云老师:本节课以总议题"如何立良法以促善治"统领全课,在环节一和环节二各设置了一个子议题,引领这两个环节的教学开展。两个子议题是"为什么要把众多民法单行法规汇编成民法典""为什么说民法典编纂是科学立法的一次成功实践"。环节三属于议学延伸,重在迁移运用,未专门设置子议题。

万卫明老师:学生是课堂教学的主体,一堂课从设计到实施都应以学生为中心,着眼于学生的已有认知状况,遵循学生认知发展规律。我和汪悦老师一直研究学生课堂学习情况,这节课我们将继续从学生的参与状态、学生的情感状态、素养养成度、知识落实情况等维度来观察。

喻昌云老师:活动型学科课程教学中,如何处理好活动与知识的关系是一个难点,也是我比较担心的地方。你们的观察一定会在这方面给予我很大的帮助。

丁宁宁老师:活动是议题式教学的路径,通过路径达成目标。通过刚才的说课介绍,这堂课的活动主要有课前材料搜集、课堂讨论、迁移运用、成果展示等。这些活动中,你最担心或者最没有把握的是什么?

喻昌云老师:我比较担心活动不能充分、深入开展,导致这节课停留在"形议""浅议"层面,未能"真议"。

丁宁宁老师:是的,你说的正是很多公开课的通病。这次我和李孔家老师主要观察活动设计情况,会从学生参与度、情境充分性、问题匹配度、活动的序列化等角度观察、记录,评估活动设计是否与目标相称、是否能有效达成目标。

喻昌云老师:好的。

(三)讨论确定观察点

叶明慧:议题设计(学科性、引领性、可议性、开放性)。

万卫明、汪悦:学生学习(参与状态、情感状态、素养养成度、知识落实)。

丁宁宁、李孔家:活动设计(学生参与度、情境充分性、问题匹配度、活动序列化)。

【课中观察】

(一)观察工具

观察表、摄像机一台。

(二)观察位置

叶明慧老师选择的观察点是议题设计,一方面要观察议题的设置和呈现,另一方面要观察议题的展开、教师对议题的"驾驭"及学生对议题的探究情况,选择坐在后排并就近参与一个小组的课堂讨论,以便更好地观察和记录。

万卫明、汪悦两位老师观察的是学生学习,包括参与状态、情感状态、素养养成度、知识落实等情况,需要从正面观察学生之间的倾听与互动,选择坐在前排观察,左右边各一人,以便较为全面地观察和记录学生课堂学习表现。

丁宁宁、李孔家两位老师观察的是活动设计,包括学生参与度、情境充分性、问题匹配度、活动序列化等方面。不仅需要观察活动的设计、呈现,更需要看到活动如何开展、学生能否深度参与,选择坐在教室两侧并就近参与一个小组的课堂讨论,以便更好地观察和记录。

(三)观察过程

课前:观察者就近询问学生对本节课的准备和期望,查看学生课前搜集的资料,了解学生为参与本节课所做的准备。

课中:各位观察者根据自己选择的观察工具进行观察和记录,并放置一台摄像机对教学进行全程录像。

课后:各个观察者就近询问学生学习目标达成情况和对这节课的感受,并进行简单的对话交流。

【课后报告】

(一)授课教师反思

上星期接到丁宁宁老师的电话,出于研究需要,让我用他的教学设计在高一年级上"科学立法"这节课,并将组织课堂观察。当时我很紧张,担心自己驾驭不了。当我看到丁老师的教学设计后，觉得设计很精巧，议题、情境、任务、活动相得益彰，我的信心也增加了很多。从这堂课来看，相比于传统的教学方式，议题式教学对教师备课和组织教学的要求高了不少，它确实有很多优点，学生参与度更高，尤其是对于学生学科核心素养的培育大有帮助。这堂课总体上比较成功，也有不少需要改进的地方。

（1）学情把握准确，情境创设成功。整堂课以民法典这一热点为大情境，按照"议题描述—议题论证—议学延伸"顺序设计，环环相扣，由浅入深。学生对这个议学情境熟知而非真知，充满探究欲望，因此积极参与，专注倾听同伴发言，能在独立思考的基础上合作探究，主动地分析问题、表达观点、提出方案。这反映出教学设计对学生已有知识储备和心智特征的准确把握。

（2）教学目标拟定合理且基本达成。本节课从必备知识、关键能力、学科素养、核心价值四个维度拟定目标，教学目标符合新课标要求，紧扣核心知识，直指学科核心素养，科学性、适切性、可评估性好，有与目标相应的情境创设、与目标相称的活动设计，有达成目标的有效路径。从课堂上学生准确表述知识、辩证分析问题、积极提出立法建议的表现可以看出，本节课的教学目标基本达成。

（3）议学活动开展较为充分。本节课共设计三个活动，分别是"课前搜集资料，课上展示，介绍我国立法方针的变化，商议科学立法的内涵""商讨如何才能做到科学立法""以小组为单位，就上述技术问题为遗产税立法撰写建议书"。这几个活动设计面向全体学生，依托的既有简单情境，又有真实复杂情境，设问的学科性强、思维含量较高。从课堂教学实际情况看，学生参与热情很高，能从活动中梳理出学科知识，并能运用所学知识分析解决相应的问题。这些议学活动培养了学生获取并解读信息与交流合作的能力，增强了法治意识，提高公共参与能力。

（4）组织教学能力需要进一步提升。一是我对议题和问题的关系理解还比较肤浅。环节二中"如何才能做到科学立法"这个问题有些宽泛，在这个问题的处理上，我因担心时间不够而未充分发掘利用情境材料，也未将议题细化为若干问题，学生直接从书本照搬结论的痕迹较重。二是因为对议题式教学不够熟悉，加上我本人的教学机智欠缺，在课堂上没有很好地把握介入时机、介入方式、介入深度，在一些关键环节，学生议得不够深、分析不到位，我也未能及时介入。三是部分学生课前"搜集美国、德国的遗产税征税范围和税制"准备工作不够充分，影响了议学延伸活动的顺利开展。四是时间把握不太好，小结比较仓促。

(二)观察分析报告

1.议题设计课堂观察报告

(1)观察点说明。议题是议题式教学的引领和纽带,统领教学并调控教学的方向。一堂课应有一个总议题统领,并设置若干个子议题贯穿教学活动,由任务规约并为任务服务。设置什么样的议题,既反映教师对议题式教学的理解程度和对教学内容的把握深度,又对整堂课的教学方向及教学推进有着重要的影响。所以,观察议题设计的学科性、引领性、可议性、开放性是研究议题式教学的关键问题之一。议题设计观察工具共有 11 个评分点,分别从议题设计的课标依据、课程内容、开放程度、时代特点、亲和有趣、价值引领等视角进行观察。每个观察点按 5 分制进行赋分,55 分为满分,累计得分越高,议题质量越高。

(2)观察工具设计与观察结果记录如表 1。

表 1 议题设计观察记录

(借鉴重庆市道南中学韦强老师的议题式教学评价工具)

时间		地点			课题			
6月1日		宁国中学			科学立法			
观察者	姓名	叶明慧	年龄	39	教龄	16	单位	宁国中学
观察中心		议题的学科性、引领性、可议性、开放性						
观察记录		观察点						得分
	1	是否依据新课标的内容要求设置议题						5
	2	是否依据新课标的核心知识设置议题						5
	3	是否展示价值判断的基本观点						5
	4	能否从多个视角进行分析、解释						4
	5	是否有统一标准、无标准答案						4
	6	任课教师能否驾驭议题						4
	7	学生对议题是否有探究的兴趣						5
	8	是否适合学生的学习能力和认知规律						5
	9	议题是否能结合时代发展,融合时代发展和教学内容						5
	10	是否指向学科核心素养						5
	11	能否在教学中有效、真实地落实						4

分析评价	议题设计与情境的贴合度高,层层推进,核心知识情境化,符合学生生活实际,学生参与度高。议题设计能结合时代发展和地方实际,教学情境线"孕育→诞生→未来"连贯,整体性较好;符合新课标要求,突出学科重点知识;展示价值判断的基本观点,明确"立良法促善治"	合计	51

5 分制:优秀 5 分,良好 4 分,较好 3 分,一般 2 分,不好 1 分。

(3)观察结果分析及教学建议。本节课以总议题"如何立良法以促善治"统领全课,在环节一和环节二各设计一个子议题,引领教学开展。两个子议题是"为什么要把众多民法单行法规汇编成民法典""为什么说民法典编纂是科学立法的一次成功实践"。环节三属于议学延伸,重在迁移运用,未专门呈现子议题。从观察情况看,议题设计符合课标要求和课程内容,突出重难点;时代发展和教学内容相融合,有很好的价值引领性,有利于培育学生的政治认同、法治意识和公共参与等学科核心素养。

子议题 1 可以考虑设置为辨析类议题,如"明明已有那么多民法单行法规,还要编纂民法典,是不是多此一举"。辨析类议题的思辨性更强,让学生借助课前搜集的资料,通过辨析明确民法典编纂的意义,从而理解科学立法的内涵。环节三虽属于议学延伸,其实隐含的子议题是"公民如何参与立法,以提升立法的科学性、民主性",可以呈现议题,让学生更加明确这一环节设置的目的。

2.学生学习课堂观察报告

(1)观察点说明。学生学习观察维度共有 11 个观察点,分别从学生的课堂参与状态、兴趣保持度、素养养成度等视角进行观察。每个观察点按 5 分制进行赋分,55 分为满分,累计得分越高,达成度越好。我们在教室的前排左右侧进行观察,一方面,能够近距离观察学生参与状态,学习兴趣是否浓厚、学习态度是否积极、学习激情是否饱满、学习过程是否自主、合作探究是否深入、学习场景是否真实等;另一方面,要观察全班学生学习的全貌,记录各学习小组讨论和展示情况,观察学生解决问题过程中思维是否开阔、思路是否清晰、辩论是否有力等。

(2)观察工具设计与观察结果记录如表 2。

表2　学生学习观察记录

（借鉴重庆市道南中学韦强老师的议题式教学评价工具）

时间		地点			课题				
6月1日		宁国中学			科学立法				
观察者1	姓名	万卫明	年龄	51	教龄	28	单位	宁国中学	
观察者2	姓名	汪悦	年龄	48	教龄	24	单位	宁国中学	
观察中心	学生的参与状态、情感状态、素养养成度、知识落实情况等								
观察记录		观察点						得分1	得分2
	1	是否积极参与教师和同学的对话、分享解决问题的方案等						5	5
	2	是否能有理有据地、有说服力地表达和解释解决问题的方案？能否专注地倾听同学发言						5	4
	3	解决问题过程中，能否认真思考，思维是否开阔，思路是否清晰						4	4
	4	是否经历了自主辨识、分析，并作出判断的过程						4	4
	5	对议题和教学内容保持兴趣的学生数						5	5
	6	对议题和教学内容保持强烈求知欲的学生数						4	4
	7	学生对知识的掌握程度即知识落实情况如何						5	5
	8	学生回答问题的正确率和课堂练习完成率、正确率						5	4
	9	学生课堂学习的展示效果(质量)						4	4
	10	学生能否主动地发现及提出问题，并解决问题						4	4
	11	学生能否反思自己的学习行为，调整学习策略						4	4
分析评价	万卫明：学生在对议题的分析、讨论和结果展示中完成了知识内容的学习，小组讨论热烈、深入，学生展示思维活跃，回答有广度和深度，师生互动顺畅自然。学生主动提出问题、解决问题方面有待增强 汪悦：真正实现了"议中学"，学生参与度高，回答问题积极主动，但是课堂的生成性有待提高。环节二情境材料的使用、挖掘还需更加充分						合计	49	47

5分制：优秀5分，良好4分，较好3分，一般2分，不好1分。

(3)观察结果分析及教学建议。我们通过点面结合的观察发现,随着教学过程的推进,从新课导入、知识梳理、知识理解再到迁移运用,学生的学习渐入佳境。如知识迁移环节,为遗产税立法撰写建议书,属于真实复杂情境,既紧扣社会生活,又要求灵活运用所学知识。学生讨论非常积极,也比较深入,收到了良好的课堂教学效果。整堂课充分发挥学生主体作用,学生真思考、真探究、真展示,在情境分析、议题讨论、结果展示中掌握和培养必备知识、关键能力、学科核心素养和核心价值,真正实现了"议中学"。

提升学生思维水平是高中思政课的重要任务之一。学生思辨性、严密性、创新性等高阶思维的培养,离不开恰当的情境创设、优质的问题设计和适时的课堂评价。从情境创设上看,真实、复杂、劣构的情境比一般简单情境更有助于高阶思维的培养;从问题设计上看,递进的、指向明确的、思维含量高的问题更有助于高阶思维的培养;从课堂评价来看,及时的、多元主体的、着眼于学科核心素养培育的评价体系更有助于高阶思维的培养。教师要坚持学为中心、下足功夫、综合掌控、持续发力,不断培育学生的高阶思维,提升思政课堂品质。

3.活动设计课堂观察报告

(1)观察点说明。活动设计观察维度共有11个观察点,分别从活动设计与学生学习的参与度、情境创设的匹配度、问题设计的结构化之间的关系去观察。每个观察点按5分制进行赋分,55分为满分,累计得分越高,活动设计越优。我们在教室两侧观察并就近参与一个小组的课堂讨论。选择这样的观察位置,便于了解教学活动的展开情况,观察并记录学生参与讨论、辨析、展示等活动的人数、时间、过程和质量,观察情境能否成为活动展开的有效载体,观察问题设计层次性与学科知识逻辑的一致性、活动的序列化与学生认知规律的一致性。

(2)观察工具设计与观察结果记录如表3。

表3　活动设计观察记录

(借鉴重庆市道南中学韦强老师的议题式教学评价工具)

时间		地点			课题			
6月1日		宁国中学			科学立法			
观察者1	姓名	丁宁宁	年龄	40	教龄	17	单位	宁国中学
观察者2	姓名	李孔家	年龄	57	教龄	33	单位	宁国中学
观察中心	学生参与度、情境充分性、问题的匹配度、活动的序列化等							

	观察点	得分1	得分2
观察记录	1 活动设计是否面向全体学生、切合学情	5	5
	2 参与讨论、辩论等活动的人数、时间、过程、质量如何	4	4
	3 学生表达和解释的机会是否充分	4	4
	4 情境创设是否与议题相匹配？情境的目标和线索是否清晰？是否指向学科课程核心素养	5	5
	5 情境是否符合学生的兴趣，能否激发学生的参与	4	5
	6 情境的结构优劣程度如何	4	4
	7 问题设计是否与情境相匹配？是否指向学科核心素养	4	5
	8 问题设计是否有学科知识支撑？是否问在教学重点和学习难点上	5	4
	9 问题的思维进阶是否有利于深度学习的展开	4	4
	10 情境创设的逻辑、问题设计的逻辑是怎么样的	5	4
	11 活动设计的逻辑是否符合学生认知规律	4	5
分析评价	李孔家：活动设计面向全体学生，学生非常感兴趣，绝大多数学生参与讨论，有话可说。环节二对情境材料挖掘和处理不充分，学科知识得出比较机械 丁宁宁：问题设计总体上符合目标要求，有利于引导学生思考，少数问题设计得比较粗放或过于直白，需要雕琢。情境材料丰富，结构层次清楚。学生积极参与，讨论充分，课堂气氛活跃。课堂上留给学生表达、展示的时间不够，少数小组未能发言，影响教学效果	合计 47	49

5分制：优秀5分，良好4分，较好3分，一般2分，不好1分。

（3）观察结果分析及教学建议。本节课共设计三个活动，分别是"课前搜集资料，课上展示，介绍我国立法方针的变化，商议科学立法的内涵""商讨如何才能做到科学立法""以小组为单位，就上述技术问题为遗产税立法撰写建议书"。从观察情况看，活动设计面向全体学生，绝大多数学生都参与了本组的商议、讨论和辨析，有7位学生代表小组进行展示。特别是环节三撰写立法建议书，贴近生活实际，学以致用，学生兴趣浓，角色感很强。

活动是实现教学目标的路径。情境创设与议学活动必须是对称的，情境是学生在课堂上参与议学活动的信息来源。背景宏大的情境要找到小切入口,意境高远的情境要与学生实际生活相结合。若情境创设与利用不当,学生无法获得有效信息,就无法依托情境去有效解决问题,其结果往往是学生照本宣科,简单照搬教材。环节二的活动未能充分展开,原因主要有:一是活动要求不够具体,二是未充分展开解读情境材料。

议题式教学倡导"议中学",但不是完全放手让学生自学,教师在教学组织中的主导作用不能弱化,更不能虚化。尤其是课前搜集资料、课中问题辨析、小结梳理整合等环节,教师要把握好介入时机、介入方式和介入深度,引领议学活动向深入走、向宽处行。

【附:教学设计】

(一)教学思路

本课整体设计主要考虑三个方面因素:第一,在教学流程上,遵循"议题描述—议题论证—议学延伸"顺序,以议学活动为主。第二,在学科内容上,主要涉及理解科学立法的内涵和要求,树立法治意识,培育公共参与意识。第三,在情境创设上,以"如何立良法以促善治"为总议题,以专题片《良法善治》导入新课;围绕民法典的编纂背景等议题情境进行讨论,比较立法方针的变化,解读科学立法的含义,理解科学立法的标准;围绕民法典的编纂过程等议题情境进行讨论,明确科学立法的要求。在议学延伸环节,以践行科学立法原则,为遗产税立法撰写建议书的方式,引导学生立足现实国情,将所学知识与真实生活、社会发展相联系,学以致用。

(二)教学路线

本课采用议题式教学法,议题、情境、活动和任务四个要素形成如下四条线:

议题线:确定总议题"如何立良法以促善法",由"议题描述—议题论证—议学延伸"三个环节组成。设计三个子议题,使议题贯穿教学过程始终。

情境线:围绕民法典编纂,由"民法典的孕育—民法典的诞生—民法典的未来"三个情境组成,为议中学提供载体。

活动线:由"搜集、商议、展示—商议、展示—撰写、展示"三个活动组成,构成议中学的路径。

任务线:由"描述科学立法的内涵—阐释科学立法的要求—为法律修订提建议"三个任务组成。

(三) 教学结构

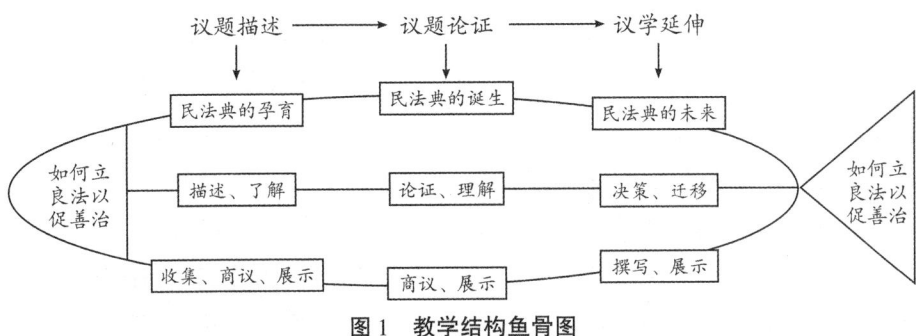

图 1 教学结构鱼骨图

(四) 教学过程

课前准备:学生搜集资料,了解从党的十一届三中全会到党的十八大,我国立法方针发生了怎样的变化,了解民法典编纂前我国有哪些民法单行法规,了解美国、德国的遗产税征税范围和税制。

导入课题:通过观看专题片《良法善治》调动课堂气氛,指明本节课的主题——科学立法,展示本节课的总议题——如何立良法以促善治。

全面依法治国是国家治理的一场深刻革命,实现全面依法治国的目标,必须做到科学立法、严格执法、公正司法、全民守法,这四个方面密切联系,相辅相成,缺一不可。要做到严格执法、公正司法、全民守法,首先应该做到科学立法。几十年来,我国立法方针从"有法可依"发展到"科学立法"。如何才能科学立法,立良法以促善治呢?

环节一:议题描述·民法典的孕育

学科概念:科学立法的内涵。

子议题1:为什么要把众多民法单行法规汇编成民法典?

议题情境:民法典是民族精神、时代精神的立法表达。编纂民法典,就是要让民法制度更加符合中国国情、适应社会发展,更好地保护人民的民事权利,满足人民日益增长的美好生活需要。

之所以要编纂一部统一的民法典,主要是因为新中国成立70年来,我国颁布了大量的民法单行法规,这些法规内容庞杂、分散广泛,不但存在一些法规相互之间不够协调的问题,而且老百姓使用起来也不是很方便。编纂一部统一的民法典,有助于提升立法科学性、体系性,也有助于人民群众学习民法典、使用民法典,用民法典实现自己的合法权益。

议学活动:课前搜集资料,课上展示,介绍我国立法方针的变化,商议科学立法的内涵。

设计意图:通过资料搜集活动,让学生了解从十一届三中全会到党的十八大我国立法方针的变化,明确科学立法为依法治国奠定基础,理解科学立法的重要性和含义;围绕所给材料情境进行讨论,认识民法典编纂的必要性和重要性,理解科学立法的具体标准,增强对重要法律制度的政治认同,树立科学精神和法治意识,同时提升自主学习、合作探究的能力。

答案提示:从十一届三中全会到党的十八大,我国的立法方针从有法可依变为科学立法,这意味着立法工作从增量转向提质。科学立法就是要尊重和体现社会发展的客观规律,不断提高法律的质量。

科学立法的具体标准:从立法方向上看,就是要体现我国社会主义国家性质,顺应时代发展要求,推动国家发展进步,保障人民各项权利。从立法实效上看,要符合国情和实际。从立法方式上看,必须遵循法律体系的内在逻辑和立法工作规律,遵循立法程序,注重立法技术,努力实现立法过程的科学化。

环节二:议题论证·民法典的诞生

学科概念:科学立法的要求。

子议题2:为什么说民法典编纂是科学立法的一次成功实践。

议题情境:民法典的编纂过程。

2014年10月,党的十八届四中全会通过《中共中央关于全面推进依法治国若干重大问题的决定》,将编纂民法典确定为重大政治任务和立法任务。

2018年8月,民法典各分编草案首次提请十三届全国人大常委会第五次会议审议。

2019年12月23日,"完整版"民法典草案首次亮相,提请十三届全国人大常委会第十五次会议审议。

2020年5月22日,《中华人民共和国民法典(草案)》提请十三届全国人大三次会议审议并通过。

民法典编纂过程中,先后10次通过中国人大网公布征求社会公众意见,累计收到42.5万人提出的102万条意见和建议,还多次在北京召开座谈会,听取有关部门、专家的意见。

议学活动:商讨如何才能做到科学立法。

设计意图:围绕民法典编纂过程有关材料情境探究,引导学生认识到民法典的编纂充分体现了科学立法、民主立法、依法立法的原则,理解科学立法的要求,坚定对民法典这一重要法律制度的政治认同,树立科学、严谨的法治精神,增强法治意识,同时提升合作探究能力。

答案提示:科学立法要做到依法立法,也就是在法治的轨道上制定合法有效的规范性文件。科学立法要充分发扬民主,必须坚持民主立法,广开言路,集思广益。科学立法要合理设定权利与义务、权力与责任。

环节三:议学延伸·民法典的未来

议题情境:随着经济社会发展,必然要对民法典适时进行修订完善。现在法学界比较关注的一个问题是遗产税的立法。在有民法典的众多国家中,如法国、瑞士、日本和德国都开征遗产税。我国目前尚未就遗产税制定法律。如今我国民法典也已颁布实施,遗产税在未来开征的可能性也在相应增大。遗产税立法要解决几个技术问题,一是征税范围如何确定,二是税制模式如何选择,三是如何防止资产外逃。

议学活动:结合课前搜集的资料,以小组为单位,就上述技术问题为遗产税立法撰写建议书。要求:观点正确,建议具体,学科术语使用规范。

设计意图:通过活动开展,提高学生合作协商和公共参与能力,增强学生的社会责任感,落实立德树人根本任务,深化对科学立法内涵、标准和要求的理解与认同。

板书设计:

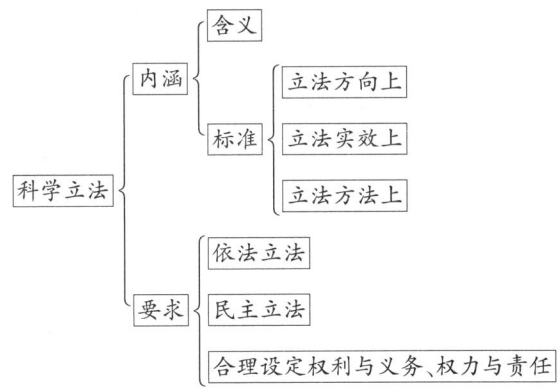

"全民守法"议题式教学课堂观察

童友敏

【简介】

授课教师:匡家文,任教于广德实验中学,教学富有激情,课堂驾驭能力强,教学设计新颖,关注议题式教学。

教学主题:"全民守法"高一新授课。

教学议题:生活中如何推进全民守法?

观察教师:刘盛记、熊献成、周后华、童友敏、高红梅、钟克艳等。

活动目的:2021年5月广德市高中政治优质课评选,匡家文老师执教"全民守法"荣获一等奖。为进一步推动议题式教学,改进教师教学方式和学生学习方式,培育学生学科核心素养,广德市李祖宇名师工作室举行此次课堂观察活动。

【课前会议】

(一)匡家文老师说课

议题式教学是新课程倡导的教学方式,它通过议题的引入、引导和讨论,推动教师转变教学方式,使教学在师生互动、开放民主的氛围中进行。本课依据《普通高中思想政治课程标准(2017年版2020年修订)》有关精神和要求设计,着眼于学生真实生活和长远发展,体现思想政治活动型学科课程特点,采取议题式教学。

1.主题说明

(1)本课地位。本单元以"全面依法治国"为核心,探究我国法治建设的历程,全面依法治国的总目标和原则,法治国家、法治政府、法治社会一体化建设,科学立法、严格执法、公正司法、全民守法全面推进。

童友敏,安徽广德人,本科学历,安徽广德三中教师,安徽省优质课一等奖获得者,中学高级教师。

第九课围绕怎样建设法治中国,重在从微观上说明全面依法治国的基本要求。主要探究了人大科学立法的内涵、要求,政府严格执法的内涵、要求,司法机关公正司法的内涵、要求,公民全民守法的内涵、要求。

科学立法是法治中国的前提,严格执法是法治中国的关键,公正司法是法治中国的最后防线,全民守法是法治中国的基础。

(2)本课内容。第四框"全民守法"阐述了全民守法的内涵和重大意义,系统阐释了推进全民守法的总体要求,与前三框一起构成法治中国体系,明确了建设法治中国是一个系统工程,需要党和国家统筹谋划。

2.学情分析

(1)学生心智特征。本课授课对象为高一年级下学期的学生,他们思维活跃,善于思考,喜欢探究,参与课堂积极性高,而且经过将近一年的高中政治课学习,分析与概括能力比较强。但该阶段的学生对知识及事物的认识在系统性、全面性上存在不足,需要教师在教学过程中加以引导。

(2)学生知识经验。学生通过初中道德与法治课已经学习了很多与本课有关的知识,如八年级上册第五课"做守法公民",八年级下册第一单元"坚持宪法至上"、第二单元"理解权利义务"、第四单元"崇尚法治精神",九年级上册第二单元"民主与法治"。以上知识的掌握都有利于"全民守法"相关知识的学习。

3.教学目标

(1)必备知识:全民守法的含义、要求;推进全民守法措施。

(2)关键能力:能够结合不同社会主体遵守法律促进社会进步的具体事例,探究全民守法的内涵;理解全民守法要求我国公民依法行使权利,依法履行义务,依法维护自己的正当权益,成为社会主义法治的忠实崇尚者、自觉遵守者、坚定捍卫者;体会人们在法治国家中的美好生活,明确全民守法的意义。

(3)学科核心素养:政治认同——通过学习,认同全民守法是为了更好地保障人民群众的利益,支持司法机关公正司法。科学精神——理解全民守法的内涵、意义、要求,明白全民守法需要建立长效机制,并一以贯之。法治意识——学法、懂法、守法、用法;通过相关资料和所学知识,对全民守法提出自己的建议。公共参与——懂得用法律维护自身合法权益,履行法律规定的相关义务,为法治中国建设贡献力量。

4. 教学重难点

教学重点：识记全民守法的含义，理解全民守法的要求和推进全民守法的措施。

教学难点：理解全民守法的要求和推进全民守法的措施。

5. 教学环节

导入：展示"杭州女子取快递被造谣案"相关材料。教师说明事件经过，调动课堂气氛，指明本节课的主题——全民守法，展示本节课的总议题——生活中如何推进全民守法。

环节一：议题描述·吴女士之所为——法律维权

问题1：全民守法的内涵是什么？

通过评价造谣者郎某的行为，讨论受害者吴女士该怎么办，理解全民守法的具体要求。围绕所给材料情境进行讨论，理解全民守法的含义，树立法治意识，提升自主学习、合作探究能力。

环节二：议题论证·司法之所为——打击违法

议题1：打击网络诽谤为何倡导全民守法？

通过视频和文字材料，引导学生讨论此案自诉变公诉的突破性转折对于打击网络诽谤有何重要意义，深刻理解全民守法的重要性，增强法治意识，提升学习能力。

环节三：议学追问·时代之所为——全民守法

议题2：如何推进全民守法，打击网络诽谤？

结合该案件的社会评论设置话题：新时代，怎样使"键"下守法成为一种习惯？学生在思考、讨论、总结等过程中增强法治观念，使尊法守法成为全体人民的共同追求和自觉行动，增强学生的社会责任感，落实立德树人根本任务。

（二）成员交流

刘盛记、熊献成两位老师：议题式教学活动有议题线、情境线、活动线、任务线。其中，议题线一定要围绕"全民守法"设定；情境线要具有典型性，选择学生群体普遍关注的情境，不同环节的情境要具有整体性，一以贯之，逐步深入；学生在特定情境中带着任务开展活动；活动要注重形式，更注重内容，让学生从

"身动"到"心动",激发学习热情,在活动中掌握知识。

周后华、童友敏两位老师:本框知识点较少,知识结构容易把握,但较为抽象。上好本节课的关键在于情境创设,既要体现当下社会热点,又要贴合学生实际,激发学生学习热情。政治课教学素材的选择要遵循时代性、针对性、科学性原则,把生活带入课堂,让学生在情境中体验感悟,真正使教学生活化。

高红梅、钟克艳两位老师:本课的教学思路是"全民守法的内涵(是什么)—全民守法的重要性(为什么)—如何推进全民守法(怎么样)"。重点是如何推进全民守法。议题要具有开放性,让学生畅所欲言,以预设为基础,提高生成的质量和水平。

匡家文老师:采用议题式教学次数不多,课堂观察更是第一次。刚才大家从不同角度谈了对本节课的认识,都很有见地。接下来的教学实践中,我将尽力而为,力求达成教学目标。

(三)讨论确定观察点

刘盛记、熊献成:议题设计学科性、开放性、可议性、引领性。

周后华、童友敏:学生学习兴趣、参与状态、目标达成。

高红梅、钟克艳:活动中的学生参与率、情境对称性、活动结构化、知识支撑情况。

【课中观察】

(一)观察工具

观察表。

(二)观察位置

授课班级有48人,三组观察者分别在教室左边、中间、右边任意位置观察,并且根据观察的需要在教室过道中走动了解。

此次授课在录播教室,在学生到达授课地点之前就按照需要分成8组,每组6人。小组长座位相对固定,坐在小组中间位置便于组织组员讨论,其他学生座位则相对自由。议题设计观察组坐在观察组一的位置进行观察,学生学习观察组坐在观察组二的位置进行观察,活动设计观察组坐在观察组三的位置进行观察。

【课后报告】

(一) 授课教师反思

1. 课堂收获

(1) 课前通过和学生交流及阅读小学和初中的《道德与法治》教材,加深了对思政课一体化建设意义的理解。小初高思政课在内容上有很多重复,但在课程目标上呈现循序渐进、螺旋上升的规律。小学阶段重在开展启蒙性学习,培养学生的道德情感;初中阶段重在开展体验性学习,打牢思想基础;高中阶段重在开展常识性学习,提升政治素养。作为一线思政课教师,要"守好一段渠,种好责任田",深耕教材,打破学段间隔,力求循序渐进、相互衔接,打造有高度、有深度、有温度的思政课,为学生"扣好人生第一粒扣子"。

(2) 议题式教学在新课程改革中扮演着重要角色,是培育学生学科核心素养的有效教学手段。作为教师,要通过钻研议题式教学,让政治教学既有知识的深度,又有情感的温度。在引领性、开放性的议题讨论氛围中,让学生真正体会社会主义主流价值观,切实感受政治学习对生活的价值与意义,引导学生成为具有政治认同、法治意识、科学精神和公共参与能力的现代公民。

2. 反思改进

(1) 教学环节还可以优化。全民守法的内涵和具体要求作为一个统一知识点,不需分开讲解。

(2) 学生在教学过程中参与热情很高,可以大胆让学生畅所欲言,在探究活动中生成知识。

(3) 首次开展议题式教学,对于如何设置议题,让议题成为真议题并具有"可议性",需要继续摸索。

(二) 观察分析报告

1. 议题设计观察组汇报

(1) 观察点说明。议题设计观察维度共11个观察点,分别从议题设计的课标依据、课程内容、开放程度、时代特点、亲和有趣、价值引领等视角进行观察。每个观察点按5分制进行赋分,55分为满分,累计得分越高,议题质量越优。

(2) 观察工具设计及观察结果记录如表1。

表1 议题设计观察记录

时间		地点				课题			
5月11日		广德中学				全民守法			
观察者1	姓名	刘盛记	年龄	43	教龄	21	单位	广德中学	
观察者2	姓名	熊献成	年龄	42	教龄	20	单位	广德中学	
观察中心		议题的学科性、引领性、可议性、开放性							
观察记录		观察点						得分1	得分2
	1	是否依据新课标的内容要求设置议题						4	5
	2	是否依据新课标的核心知识设置议题						5	4
	3	是否展示价值判断的基本观点						5	4
	4	能否从多个视角进行分析、解释						5	4
	5	是否有统一标准、无标准答案						3	4
	6	任课教师是否能驾驭议题						4	4
	7	学生对议题是否有探究的兴趣						4	5
	8	是否适合学生的学习能力和认知规律						4	5
	9	议题是否能结合时代、融合时代和教学内容						4	5
	10	是否指向学科核心素养						5	5
	11	能否在教学中有效、真实地落实						4	4
分析评价	刘盛记:议题"生活中如何推进全民守法"贴近实际、贴近生活。子议题层层推进,具有整体性。让学生在探究热点问题过程中学习和掌握全民守法的内涵、意义、措施 熊献成:教学情境线"吴女士之所为—司法之所为—时代之所为"富有整体性,每个情境下的问题具有可议性,值得学生思考和讨论						合计	47	49

5分制:优秀5分,良好4分,较好3分,一般2分,不好1分。

本节课共设置3个议题。议题设计符合课标要求和课程内容,指向学科核心素养,结合时代热点,任课教师能驾驭议题。该观察维度平均得分48分,得分率87%。

(3)教学建议。议题1的活动任务:如何评价郎某行为?吴女士该怎么办?什么是全民守法?可以改为问题式教学,学生通过阅读教材和已有法律知识回答问题。议题2的任务:此案自诉变公诉的突破性转折对于打击网络诽谤有何重要意义?这个议题设计很好,具有可议性,且情境材料给了学生很好的启示,视频也能激发学生探索求知的欲望。议题3的活动任务:新时代,怎样使"键"下守法成为一种习惯?这个议题设计直指教学重点,值得学生进行广泛商议和讨论。教师处理较好,若能启示学生生成更多教材以外的答案,效果会更好。

2.学生学习观察组汇报

(1)观察点说明。学生学习观察维度共11个观察点,分别从学生的课堂参与状态、兴趣保持度、素养养成度等视角进行观察。每个观察点按5分制进行赋分,55分为满分,累计得分越高,达成度越好。此项观察是为了了解学生参与状态如何、学习兴趣是否浓厚、学习态度是否积极、学习激情是否饱满、学习过程是否自主、合作探究是否深入、学习场景是否真实等。

(2)观察工具设计及观察结果记录如表2。

表2 学生学习观察记录

时间	地点			课题				
5月11日	广德中学			全民守法				
观察者1	姓名	周后华	年龄	41	教龄	17	单位	广德中学
观察者2	姓名	童友敏	年龄	38	教龄	16	单位	广德三中
观察中心	学生的参与状态、知识落实情况、情感状态、素养养成度等							
观察记录		观察点					得分1	得分2
观察记录	1	是否积极参与教师和同学的对话、分享解决问题的方案等					5	5
观察记录	2	能否有理有据、有说服力地表达和解释解决问题的方案?能否专注地倾听同学发言					4	4
观察记录	3	解决问题过程中,能否认真思考,思维是否开阔,思路是否清晰					4	4
观察记录	4	是否经历了自主辨识、分析并作出判断的过程					4	4

	5	对议题和教学内容保持兴趣的学生数	4	4
观察记录	6	对议题和教学内容保持强烈求知欲的学生数	4	4
	7	学生对知识的掌握程度即知识落实情况如何	5	5
	8	学生回答问题的正确率和课堂练习完成率、正确率	5	5
	9	学生课堂学习的展示效果(质量)	4	4
	10	学生能否主动地发现及提出问题并解决问题	4	4
	11	学生能否反思自己的学习行为并调整学习策略	4	4
分析评价	周后华:学生课堂参与度高,热情、兴奋。小组合作探究的代表积极发言,正确率高,答案有创新 童友敏:很好地发挥了教师主导作用,教师课堂驾驭能力较强,教学具有感染力,很好地激发了学生的课堂参与热情		合计	47	46

5分制:优秀5分,良好4分,较好3分,一般2分,不好1分。

从导入环节"杭州女子取快递被造谣案"开始,学生就充满了兴趣;如何评价造谣者郎某的行为及"假如你是被害人该怎么做",学生都有话说。学生求知欲旺盛,教师调节有方。对于案件的进展以及如何推进全民守法,避免或者减少类似违法行为的发生,学生积极出谋划策,小组合作探究很好地生成学科知识,同时提高了社会责任感,增强了社会参与意识。该观察维度平均得分46.5分,得分率84.5%。

(3)教学建议。对于议题1,学生阅读教材就可解决。议题2不是重点,学生议论可以适当简单点。议题3是教学重点,学生小组合作探究及展示要尽量充分。

3.活动设计观察组汇报

(1)观察点说明。活动设计观察维度共11个观察点,分别从活动设计与学生学习的参与度、情境创设的匹配度、问题设计的结构化之间的关系观察。每个观察点按5分制进行赋分,55分为满分,累计得分越高,关联度越高,设计就越优。通过观察了解教学活动的展开情况,观察并记录学生参与讨论、辨析、展示等活动的人数、时间、过程和质量,观察情境创设能否成为活动展开有效载体,观察问题设计层次性与学科知识逻辑的一致性、活动的序列化与学生认知规律的一致性。

(2)观察工具设计及观察结果记录如表3。

表3 活动设计观察记录

时间		地点				课题			
5月11日		广德中学				全民守法			
观察者1	姓名	高红梅	年龄	38	教龄	15	单位	广德中学	
观察者2	姓名	钟克艳	年龄	41	教龄	18	单位	广德实验中学	
观察中心	学生参与度、情境充分性、问题的匹配度、活动的序列化等								
观察记录		观察点						得分1	得分2
观察记录	1	活动设计是否面向全体学生且切合学情						4	5
观察记录	2	参与讨论、辩论等活动的人数、时间、过程、质量如何						3	4
观察记录	3	学生表达和解释的机会是否充分						3	3
观察记录	4	情境是否与议题相匹配 情境的目标和线索是否清晰 是否指向学科核心素养						5	4
观察记录	5	情境是否符合学生的兴趣,能否激发学生的参与						4	5
观察记录	6	情境的"结构优劣"程度如何						4	4
观察记录	7	问题设计是否与情境相匹配?是否指向学科核心素养						5	5
观察记录	8	问题设计是否有学科知识支撑 是否问在教学重点和学习难点上						5	4
观察记录	9	问题的思维进阶是否有利于深度学习的展开						4	4
观察记录	10	情境创设的逻辑、问题设计的逻辑是怎么样的						5	4
观察记录	11	活动设计的逻辑是否符合学生认知规律						4	5
分析评价	高红梅:选择社会关注度较高的"杭州女子取快递被造谣案"作为情境素材,符合学生兴趣,很好地激发了学生参与;问题的设计与情境相匹配 钟克艳:问题设计有学科知识支撑,问题都问在教学重难点上						合计	46	47

5分制:优秀5分,良好4分,较好3分,一般2分,不好1分。

本节课设计了三个活动。活动1通过评价造谣者郎某的行为,商议受害人吴女士的维权之路,结合教材概括和理解全民守法的内涵与具体要求;活动2

讨论案情由自诉变公诉的意义,商议和讨论全民守法的重要性;活动3分组讨论怎样使"键"下守法成为一种习惯,商议讨论如何推进全民守法。

从观察情况看,情境具有层次性,不断递进,有事件经过、案件进展、案情追问;情境设计与议题相匹配,情境的目标和线索清晰,指向学科核心素养。活动设计面向全体学生,贴近实际,学生兴趣浓厚,参与度高。

(3)教学建议。整节课情境创设与活动设计都比较好。在教学过程中一定要注意启发学生从已有生活经验出发,通过视频观看、情境分析、小组合作探究、讨论展示等活动,引导学生主动参与,在活动中生成知识、感悟新知、更好认知。

【附:教学设计】

(一) 教学思路

本课以"生活中如何推进全民守法"为总议题,整体设计考虑以下三个方面:教学流程上,遵循"议题描述—议题论证—议题追问"的顺序,以议学活动为主;学科内容上,主要涉及全民守法的内涵、重要性、要求和推进全民守法的措施,具有结构化特征;情境设计上,以"杭州女子取快递被造谣案"创设情境,结合视频材料设置"吴女士之所为""司法之所为""时代之所为"三个环节,能广泛吸引学生兴趣,激发学生课堂参与热情。

(二) 教学路线

本课以议题式教学为主要方式,议题、情境、活动、任务形成以下四条线索:

议题线:以总议题"生活中如何推进全民守法"统领"议题描述—议题论证—议题追问"三个环节。每个环节由一个子议题引领,议题贯穿教学过程始终。

情境线:以"杭州女子取快递被造谣案"这个热点为素材,由"吴女士之所为""司法之所为""时代之所为"三个情境构成,是议题式教学的载体。

活动线:由"搜集材料、模拟体验—商讨、辩论—商讨"构成,是课堂架构的路径。

任务线:从资料搜集、模拟法庭审理中理解全民守法的内涵和要求;从案件的社会评论和视频观看中,概括推进全民守法的措施。

(三) 教学结构

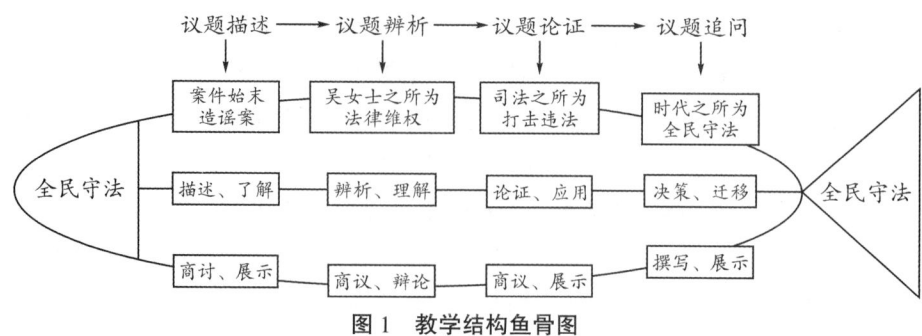

图 1　教学结构鱼骨图

(四) 教学过程

议题：生活中如何推进全民守法？

导入：展示"杭州女子取快递被造谣案"相关材料，教师讲解事件发生过程，导入新课"全民守法"。

环节一：议题描述　吴女士之所为——法律维权

学科概念：全民守法的内涵与具体要求。

议题1：全民守法的内涵是什么？

议学情境：2020年7月7日，吴女士（化名）到浙江省杭州市某小区楼下取快递时，被便利店店主郎某偷拍了视频。郎某随后与朋友何某"开玩笑"，编造"少妇出轨快递小哥"聊天内容，发至微信群。通过不断转发，谣言在互联网发酵。2020年8月7日早上10点，消息已传到吴女士所在的公司，所有的领导、同事都看到了。同日，吴女士报警。

议学活动：如何评价郎某行为？吴女士该怎么办？什么是全民守法？

设计意图：在对杭州吴女士取快递被造谣案的评价与讨论过程中，理解并树立全民守法、违法必究的法治意识。进而思考什么是全民守法？全民守法的具体要求是什么。

答案提示：全民守法是指所有社会成员普遍尊重和信仰法律、依法行使权利和履行义务的状态。全民守法要求依法行使权利，公民在行使自由和权利的时候，不得损害国家的、社会的、集体的利益与其他公民的合法的自由和权利；全民守法要求依法履行义务，在享有权利的同时，也负有相应的义务，只有所有的人都依法履行自己的义务，才能维护公共安全和社会秩序；全民守法意味着依法维护自己的正当权益，当自己的合法权益遭受侵害时，应通过合法的手段理性维权,可以通过和解、调解、仲裁、诉讼等方式解决争议、化解矛盾,不应诉诸暴力或其他违法手段。

环节二:议题论证 司法之所为——打击违法

学科概念:全民守法的重要性。

议题2:打击网络诽谤为何要倡导全民守法?

议题情境1:新闻视频"案件转折"。

议题情境2:对杭州女子取快递被造谣案,最高检指导余杭区人民检察院发出检察建议:自诉转公诉,由公安机关立案侦查。这充分体现了司法为民态度,即力挺公民维权,降低其维权成本。

公民个人维权成本高、难度大,由公权力对违法者进行追究,符合侮辱或诽谤他人"严重危害社会秩序和国家利益"可公诉的刑法规定,体现了法律对每一位公民权利的重视,也是司法为民的原义之所在。

自诉转公诉的案件并不常见,该案无疑具有标杆意义,因其传达出鲜明的态度:对违法犯罪者,法律就是要惩处;对公民维护权利,司法机关就是要力挺。

议学活动:此案自诉变公诉的突破性转折对于打击网络诽谤有何重要意义?

设计意图:通过观看视频了解案件进展,学生讨论案件由自诉变公诉的突破性转折对于打击网络诽谤的重要意义,深刻理解国家打击网络诽谤等违法行为,从而掌握全民守法的重要意义。

答案提示:全民守法的重要性有三点,即增强全社会厉行法治的积极性和主动性;形成守法光荣、违法可耻的社会氛围;使全体人民都成为社会主义法治的忠实崇尚者、自觉遵守者、坚定捍卫者。

环节三:议题追问 时代之所为——全民守法

学科概念:如何推进全民守法。

议题3:如何推进全民守法,打击网络诽谤?

议题情境:该类案件维权难主要有三个方面原因:一是主体难以确定,有时难以明确侵害人,需要平台协助;二是相关事实证据不易固定,网络上的文字视频可能会被删除;三是由于参与人数众多,大家都有法不责众的错觉,认为事后难以追责。要强调网络空间不是法外之地,在网络上辱骂、诽谤他人与现实中一样,都要承担法律责任,都有可能构成犯罪,承担刑事责任。(北京大学法学院教授薛军)

在实践中,部分人可能会咨询律师,选择民事侵权的救济途径;但还有很多人考虑到侵权行为不严重、维权成本过高,往往选择放弃司法救济。很多受害者甚至不知道法院可以受理刑事自诉案件,往往自认倒霉。(浙江京衡律师事务所律师郑晶晶)

如何治理网络谣言和暴力,是信息时代面临的重要课题之一。业内人士认为,要加强必要的普法宣传活动,让普通公民能充分认识到网络谣言的危害,让身处网络空间的每一个人将"键"下守法当成一种习惯,保护自己和他人不受网络谣言和暴力的侵害。(新华网)

议学活动:新时代,怎样使"键"下守法成为一种习惯?

设计意图:通过专家对案件的评论激发学生兴趣,方便学生理解和接受。课堂活动向生活延伸,能强化课堂内容,在一定程度上提高学生法治意识,推进全民守法。

答案提示:要着力增强全民守法观念,坚持把全民普法和守法作为依法治国的长期基础性工作,深入开展法治宣传教育,树立宪法法律至上、法律面前人人平等的法治理念,引导全民自觉守法、遇事找法、解决问题靠法;要调动人民群众投身依法治国实践的积极性和主动性,使尊法守法成为全体人民的共同追求和自觉行动;要不断加强公民道德建设,弘扬中华优秀传统文化,增强法治的道德底蕴,强化规则意识,倡导契约精神,弘扬公序良俗,引导人们自觉履行法定义务、社会责任、家庭责任。

板书设计:

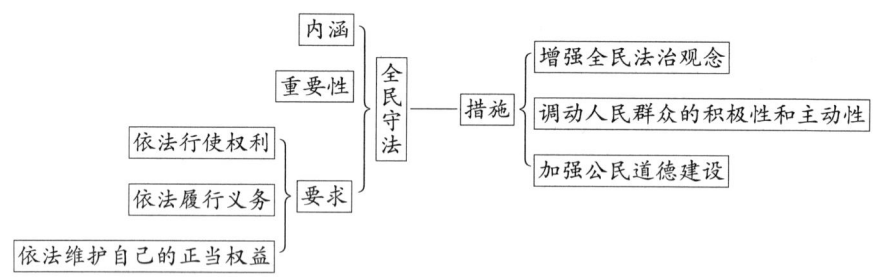

"世界是普遍联系的"议题式教学课堂观察

谭立婷

【简介】

授课教师:谭立婷,中学一级教师,对议题式教学有一研究,2020年参加首届全国高中议题式教学设计大赛并荣获一等奖,是一名有情怀、有想法、有执行力的思政课教师。

教学主题:"世界是普遍联系的"高二新授课。

教学议题:如何理解辩证法的联系观?

观察教师:夷陵中学政治教研组部分教师。

活动目的:本节课有两大目的。第一,促使本组议题式教学研究从理论走向实践,将前期的设计成果应用于实践,并以此来检验成果,发现新的问题,反过来促使研究走向深入,锤炼本组教师的专业功底。第二,将思政小课堂和社会大课堂有机结合。教学情境、议题、问题等都来自学生亲自设计和亲身参与的研究性学习,本节课是基于研究性学习成果复盘并根据学科知识进行提升的过程。

【课前会议】

(一)谭立婷老师说课

1.主题说明

本框是统编高中思想政治必修4《哲学与文化》第三课第一框,上承世界的物质本质,下启辩证法的质量互变规律、对立统一规律、否定之否定规律,是辩证法的起点,内容比较简单但知识点较多。我采用议题式教学,用本班学生曾经参加的地摊经济研究性学习之旅作为教学情境,将实际碰到的问题与本框学习相结合,实现课内学习和课外研究相统一、理论和实践相统一,用好用活思政

谭立婷,湖北宜昌人,清华大学教育博士在读,宜昌市夷陵中学教师,中学一级,湖北省五一劳动奖章获得者,湖北省优质课现场课竞赛一等奖第一名,共青团中央最佳模拟政协提案优秀指导教师,主要研究议题式教学、项目式学习、命题研究。

知识解决实际问题,在议学活动中落实知识理解、能力提升、素养培育。

2.学情分析

(1)学生心智特征。高二学生对社会热点问题充满兴趣,抽象逻辑思维进入成熟期,具有充分的假设性和内省性;辩证逻辑思维迅速发展;自我意识高度发展;价值观开始建立;批判思维能力得到提升,具备一定的透过现象看本质能力,但是分析复杂事物时,仍存在不全面、不透彻等不足。

(2)学生认知结构。学生拥有一定的知识基础。就思政学科而言,通过学习《中国特色社会主义》,学生明白了人类历史是不断向前发展的,各种社会现象之间存在复杂联系;通过学习《经济与社会》,学生了解经济领域各个市场主体存在种种联系;通过学习《政治与法治》,学生对政治生活领域的各种联系有比较系统的把握;通过学习《哲学与文化》第一、二课,学生对辩证法与形而上学的关系有了初步认知。其他学科方面,通过对物理、化学等自然学科的学习,学生了解了宏观世界与微观世界的联系;通过对生物知识的学习,学生一定程度上了解了人体自身的联系;等等。学生生活在普遍联系的现实世界中,对生活中的诸多联系已经有比较现实、直观的体验。

3.教学目标

通过辨识和理解"一般情境—复杂情境—具有挑战性的复杂情境",建构联系的特征、用联系的观点看问题等必备知识;通过辩论、撰写研究性学习报告等活动,培养理解、应用、迁移等关键能力;通过复盘研究性学习全过程,培养立足整体、统筹全局的科学精神,积极投身社会实践的公共参与等学科素养;通过全面呈现疫情背景下保民生的重大举措——地摊经济,实现课内学习和课外实践有机结合,厚植家国情怀。

4.教学重难点

教学重点:联系的客观性和多样性、整体与部分的辩证关系、系统优化的方法。

教学难点:联系的客观性和多样性,系统优化的方法。

5.教学环节

议题:如何理解辩证法的联系观?

导入:展示中央和地方政府(宜昌市政府)关于地摊经济的政策背景,让学生从宏观顶层设计层面对地摊经济有初步感知,并告知学生本节课要以研究性学习小组成员的身份探究城市微光,增强吸引力。

环节一:梳理联系观主干知识,对本节课必备知识有大致把握。

环节二:议题描述·探寻城市微光。研究性学习小组的师生准备深入商业区,进行实地访谈,让学生思考有哪些访谈对象。让学生结合原有生活体验,打开思维,列举访谈对象,明白地摊经济不仅与摊贩有关,而且涉及社会多个主体,初步理解联系的普遍性,明白看待社会现象要从全面整体出发,从而掌握科学的思维方法。

环节三:议题辨析·透视城市微光。通过课前实地走访,研究性小组发现人们对地摊经济的评价十分复杂。一方面,地摊经济是国家立足人民群众根本利益,保民生、保就业的重大举措;另一方面,地摊经济发展并不是完美无缺,而是存在很多问题。设置辨析任务:面对评价褒贬不一的地摊经济现状,地摊经济该不该被唱衰?请结合联系的知识辨析。由此,引导学生进行思辨性探索,全面、深刻地比较地摊经济的利弊得失,引导学生克服简单思维,培养辩证思维能力,把握事物存在和发展的各种条件。

环节四:议学延伸·助力城市微光。基于对地摊经济现状的深入分析,如何促进地摊经济健康有序发展是本次学习之旅的最高任务。让学生用整体和部分辩证关系原理或者系统优化的方法,完成研究性学习报告的第三部分,即基于地摊经济发展现状和问题提出建设性建议。研究性学习报告的项目设计保持了教学设计的完整性,同时对本课进行升华:第一,学生用系统优化方法分析地摊经济发展的建议,落实学科知识;第二,学生撰写研究性学习报告,提升学科能力;第三,不管是研究学习还是知识学习,目的都是让学生用联系的观点看问题,关注个体与自然、他人、社会的联系;坚持立足整体的思维方法,顾全大局,树立家国情怀;重视部分的作用,不断完善自我,为社会发展添砖加瓦。

总结:简单复盘学生的研究性学习之旅,结合环节一的知识结构图对本课知识再归纳提升。

(二)成员交流

郭琦(观察者):议题是议题式教学的灵魂和核心,授课教师在教学设计中交代了总议题,那么每个部分的子议题是不是也应该旗帜鲜明地交代一下?

谭立婷(授课教师):本框的总议题是"如何理解辩证法的联系观"。在具体教学环节展开过程中,我采用的是情境引领,包括"探寻城市微光—透视城市微光—助力城市微光"三个部分。从显性角度看,子议题没有出现。

谢彬(观察者):本节课采用的教学情境是宜昌市地摊经济,具有典型性、真实性,从环节推进也看得出来是结构化的主题情境。宜昌市地摊经济是真实发生在学生生活中的案例,您刚才说这次的情境都来自学生亲自设计、亲身参与的研究性学习。请问:全班学生的参与度和参与效果怎么样?因为这个涉及学生对情境的把握和理解,如果学生了解不深不全的话,就会影响对本框的学习和掌握。

谭立婷(授课教师):确切来说,在课前研究性学习中,大家的研究主题不一样,教学中选择的是其中组织比较好的研究性学习作为教学情境,即宜昌市地摊经济。本班共有40名学生,直接参与地摊经济研究性学习的学生有6个,其他学生并未参与。考虑您说的对情境的把握和理解问题,我授课时会将全班学生分成6个组,再分别把6个学生安排到各组担任组长。这样安排,一是有利于没有参与过这个主题研究性学习的学生深入全面了解教学情境,二是有利于组长在组织过程中接受新信息,反思过程,进行提升。另外,我是地摊经济研究性学习的指导教师,对整个研究过程了如指掌,会在关键时刻给予提示和讲解,不会出现因为对情境理解不到位而影响学习效果的问题。

汪葵(观察者):我十分欣赏本节课设置的相关任务,包括描述、辨析、迁移运用,对学生思维品质锤炼很有意义。但是,在45分钟内完成具有挑战性的任务,时间有点紧张。这样是否会导致知识碎片化和教学肤浅化?这节课涉及的知识点比较多,有联系的普遍性、联系的客观性、联系的多样性、整体和部分的辩证关系原理、系统优化方法等,你打算怎么处理?

谭立婷(授课教师):这是所有教师对新教材存在的共同困扰,正是为了解决这一困扰,才采用议题式教学。具体到本框教学,我这样处理:第一,教学开始让学生快速梳理本框主干知识,从整体上把握相关学科概念,教学结束后带领学生再次归纳提升,因此不会出现知识碎片化现象。第二,本节课活动任务一共三个,并不是很多,可以给学生充足时间思考和讨论,突破重难点,避免出现教学肤浅化现象。

文敏(观察者):我看了环节二、三、四设置的三个问题,第一个(议题描述)比较简单,第二个(议题辨析)和第三个(议学延伸)难度大幅度提升。全面辨析一个观点对学生知识、能力和素养的要求都很高,撰写研究性学习报告也是非常专业的任务,学生能很好地完成吗?会不会出现曲高和寡的现象?

谭立婷(授课教师):首先,活动任务设置从易到难,遵循学生思维发展的进阶性,符合学生学习规律。后面两个任务的难度有点大,如果都过于简单,整节课就会变得索然无味。同时,我相信这个班的学生能够很好完成活动任务。一是这个班的学生综合素质整体比较高,学习能力、生活体验、思维能力等方面都比较优秀。二是部分学生参与前期研究性学习,对这些问题的把握本就比较深刻,本节课就是一个水到渠成、反思提升的过程。

(三)讨论确定观察点

郭琦:议题设计。

谢彬:情境创设。

汪葵:知识掌握。

文敏:任务设置。

【课中观察】

(一)观察工具

观察表、录播教室。

(二)观察位置

授课班级仅40人,且录播教室空间比较大。因此,三位教师可在教室左边、中间、右边、后边任意位置观察,并且根据观察的需要在教室过道中走动了解。

此次授课在录播教室,因此在学生到达授课地点之前就按照需要分好6组,有两组成员6人,有四组成员7人。小组长座位相对固定,便于组织组员讨论,其他学生座位则相对自由。

(三)观察过程

课前,观察者根据观察位置安排找到部分组长和部分组员,分别就地摊经济这一情境主题,找出组长和组员在知识储备与生活体验上的差距,同时询问部分学生期待从本节课中获得什么。提前联系工作人员将录播设备打开。

课中,各位观察者根据自己选择或开发的观察工具进行观察并记录,录播教室录好教学过程。

课后,找到课前咨询的组长和组员,了解各自的学习心得。

【课后报告】

(一)授课教师反思

向真向善向美是做人的追求。议题式教学目标也要追求真善美的统一。真,即创设真实情境、真实议题、真实问题、真实任务;善,即坚持正确的价值判断和价值选择;美,即追求教学设计之美、思维碰撞之美、师生互动之美、生生互动之美。

议题式教学要追求真。议题式教学反对形式主义、不切实际、假大空,只有真实,才能让学生有获得感、让教师有幸福感。本节课以宜昌市地摊经济创设主题情境。曾经在家上网课的学生亲眼见证,为了保民生保就业,宜昌市政府允许八大商业区消失多年的地摊经济重现江湖。起初所有人都不禁为这一举措叫好,但随着地摊经济真实展开,一系列问题也接踵而至。学生有真实的生活体验,这一教学情境鲜活而真实。本节课的总议题是"如何理解辩证法的联系观"。这一议题根据本框内容而设定,符合实际的教学内容安排。本节课问题包括:"假如你们是研究性学习小组成员,你们准备采访哪些对象?为什么?""面对评价褒贬不一的地摊经济现状,地摊经济该不该被唱衰?请结合联系知识进行辨析。""假如你是该小组成员,怎样结合本次研究性学习获得的信息,运用整体和部分的辩证关系原理或者系统优化方法,完成研究性学习结题报告的第三部分?"这三个问题都是学生在实际的研究性学习中真真切切提出来的困惑和期待。真实的问题带来的是真实的解决办法,回归实际生活,学生才会真心觉得课上所学是有用的。本节课设置的任务包括描述、辨析、迁移、应用,契合实际研究过程中的思维步骤。如果不经历这一系列学习任务,学生就无法深入全面认识地摊经济这一时代热点。总而言之,只有追求真,学生才能进行深度学习,逐渐形成正确价值观、必备品格和关键能力。

议题式教学要追求善。立德树人是教育的根本任务,呈现社会话题、解决实际问题、掌握学科内容是本节课的几大元素。这几大元素并不是教学的最终目的,最终目的是让学生以正确思维和知识认识社会热点话题,从而形成正确的价值判断和价值选择。通过本节课的学习,学生理解了政府出台地摊经济相关政策关系国计民生,地摊经济牵动的不仅是摊贩的利益,还会给城市管理人员、环卫工人、消费者、门店经营者等其他主体带来影响,联系不可谓不广。学生还懂得了所有的好政策在实际推广中也可能衍生出始料不及的问题,如摊贩与门店经营者、环卫工人、城市管理工作人员等之间的矛盾,从而明确凡事都要从客观存在的实际出发,一切以时间、地点、条件为转移。学生还明白,面对问题最好的出路并不是忽略或者放弃,而是积极面对和勇敢解决,而解决问题的对策在于对实际问题的精准分析和把握,做到整体感知、系统优化。总而言之,通过这一节课的学习,增强了学生对国家各项方针政策的理解和认同,以及对参与社会公共事务的责任感,不经意间培养了学生的公民素养。

议题式教学要追求美。增强课堂教学的美感,有利于提升师生的舒适度。本节课的教学过程体现出简洁之美,从教学情境创设、议题设计、问题提出到任务落实,学生能够迅速明确思考方向、提升学习效率。本节课还体现出师生互动之美和生生互动之美。如在议题辨析环节,有的学生认为地摊经济发展过程中出现脏乱差、欺诈、恶性竞争等行为,与宜昌全国文明城市身份不符,与美丽的城市环境格格不入。另外一些学生则针锋相对指出,地摊经济带来诸多好处,在特殊时期,"吃饱"比"显美"更重要。是唱衰还是叫好,课堂上出现了两种不同的声音,并且都给出充足的证据,将课堂推向高潮。双方僵持不下之时,教师进行干预,阐述了"吃饱"和"显美"之间并不是非此即彼,疫情之下推出地摊经济是为了保民生保就业,但地摊经济发展带来的诸多问题不容忽视。当下要做的是客观理性分析地摊经济存在和发展的各种条件,积极面对问题、解决问题。既要让老百姓"吃饱",又要让城市"显美",这一处理通过思维碰撞彰显智慧之美。

(二)观察分析报告

1.郭琦老师的观察报告

(1)观察点说明。学生对课堂的整体感知最直接、最显性的信息就是议题,精心设计议题是议题式教学的关键。教师设计议题时,要坚持深刻性、准确性、层次性、进阶性等原则。深刻性是指议题要促进深度学习,拟订议题时"要既包含学科课程的具体内容,又展示价值判断的基本观点"。这意味着议题设计要兼顾学科性和价值性,具有准确性和层次性。突破知识本位,强调高阶思维。准确性要求议题要准确使用概念、判断和推理等思维形式,符合学科逻辑和实践逻辑,符合客观实际,而不能存在错误和漏洞;层次性指的是中心议题和子议题之间或者子议题之间构成内在的逻辑关系,如并列关系、递进关系、因果关系、整体和部分的关系等,以议题的层次性引领教学的层次性,从而培养学生的高阶思维能力。

(2)观察工具设计与观察结果记录如表1。

表1　议题设计分析

	总议题
深刻性	总议题"如何理解辩证法的联系观"聚焦本框核心概念——联系观,指向世界观和方法论两个维度,促使学生立体全面理解
准确性	总议题"如何理解辩证法的联系观"符合教材逻辑,具有准确性
层次性	总议题"如何理解辩证法的联系观"包括多个层次,从联系的特点到用联系的观点看问题,具有多样性
进阶性	总议题"如何理解辩证法的联系观"统领议题描述、议题辨析、议学迁移三个议学环节,难度逐步增大

(3)观察结果分析及教学建议。本框采用议题式教学,始终围绕"如何理解辩证法的联系观"总议题展开。具体包括初步构建本框知识结构图、议题描述(探寻城市微光)、议题辨析(透视城市微光)、议学迁移(助力城市微光)、再构本框知识结构图等环节。每个环节都指向总议题,很好地发挥了议题在议题式教学中的引领作用。

考虑情境的吸引力,教师在具体议学环节中以情境主题引领教学,在情境主题下可以再交代一下每个环节的子议题,如"如何理解联系的普遍性""如何理解联系的客观性和多样性""如何理解整体和部分的辩证关系原理"。如此,有利于聚焦学生思考问题的角度,聚焦重点知识的突破运用。

2.谢彬老师的观察报告

(1)观察点说明。情境是议题式教学的风景线,教学情境创设与实施效果关系议题贯通、问题解决和目标达成。

情境创设要考虑选点的亲切性、内容的真实性、形式的结构性、价值的引领性。选点的亲切性指的是情境涉及的话题不能远离学生实际生活,否则就不易激发学生学习和探究的兴趣。内容的真实性指的是情境要真实有效,不能违背客观事实,否则会受到学生质疑。形式的结构性是从情境处理方面来讲的,情境所涉及的话题信息往往庞杂紊乱,需要进行删减、分类、提炼,增强情境的可读性,方便学生迅速捕捉关键信息。价值的引领性指的是教学情境在现象背后往往蕴藏一定立意,让学生在理解情境的同时接受正确价值观的熏陶。

情境的实施效果具有客观的评价标准,即是否柔化知识、活化知识、羽化知识。在实际教学场景中,柔化知识指的是情境激发学生兴趣,活化知识指的是情境具有思辨性和可操作性,羽化知识指的是情境有利于知识的应用和飞跃。

(2)观察工具设计与观察结果记录如表2。

表2 教学情境创设与实施效果观察记录

		情境创设		情境实施
导入	选点的亲切性	以"城市微光"为题,引出地摊经济。学生有与地摊经济接触的实际体验,处理得较好	柔化知识	学生观看完情境迅速转向参与过研究性学习的组长,说明契合学生的兴趣点
	内容的真实性	导入情境包括三个点:一是中央政策,二是宜昌政策,三是本班学生研究性学习,全部真实	活化知识	通过背景,学生了解到本节课要以复盘形式陈述地摊经济现状,总结问题,找到对策
	形式的结构性	情境以时间逻辑为线,呈现中央、地方、学生对待地摊经济的态度和做法,结构清晰,一目了然	羽化知识	学生从导入知晓本节课所学可以直接运用于实际生活
	价值的引领性	从政府的大力倡导到学生的积极参与,让学生明白地摊经济是利国利民的举措		
环节二:议题描述·探寻城市微光	选点的亲切性	情境中提到即将要对地摊经济进行实地访谈,促使学生迅速回忆与地摊经济相关的市场主体	柔化知识	让学生立刻理解世界是普遍联系的
	内容的真实性	地摊经济的发展确实涉及诸多不同的主体,影响面广	活化知识	联系具有多样性,地摊经济牵涉不同主体,培养学生的全面性意识
	形式的结构性	情境内容从交代背景到提出任务,简明扼要切入主题	羽化知识	学生学习之后再审视地摊经济,就不会孤立、片面看待摊贩
	价值的引领性	从思考访谈主体入手,引导学生关注地摊经济对社会的意义和价值,增强责任感		

续表2

		情境创设		情境实施
环节三：议题辨析·透视城市微光	选点的亲切性	情境呈现不同市场主体对地摊经济有复杂多样、彼此矛盾的看法，学生很容易共情	柔化知识	面对具有冲突性的情境，学生的挑战欲很容易被激发
	内容的真实性	不同市场主体的评价褒贬不一，都是对客观存在的现实反映，真实再现各市场主体的真实想法	活化知识	学生以联系的客观性和多样性具体剖析地摊经济现状，知行合一
	形式的结构性	整体结构包括正面评价和负面评价两个方面，每个方面中概括每一个市场主体的观点	羽化知识	学生审视地摊经济这一现象时，会自觉剖析存在的复杂状况
	价值的引领性	面对复杂现状，学生明白不能一味唱赞歌，也不能轻易唱衰，而应该脚踏实地面对现实，解决问题		
环节四：议学延伸·助力城市微光	选点的亲切性	要求完成研究性学习报告，与高中生学习水平相符合。要求完成第三部分建议，通过降低难度激发学生的主动性	柔化知识	为地摊经济良性发展建言献策，让学生在跃跃欲试中渐入佳境
	内容的真实性	本节课思路就是研究性学习复盘，最终成果就是撰写报告。这一情境符合教学推进的实际需求	活化知识	学生会用系统优化或者整体与部分辩证关系原理思考如何促进地摊经济良性发展
	形式的结构性	在交代撰写研究性学习报告的背景后，将报告结构分成现状、问题、建议三个部分。虽然没有具体呈现内容，但不影响思维的结构性和完整性	羽化知识	学生审视地摊经济时，不仅能及时发现问题，还能迅速调动所学知识提出解决之法
	价值的引领性	通过要求学生撰写研究性学习报告，在建言献策中培养学生的公共参与意识		

(3)观察结果分析及教学建议。本节课围绕主题情境，按照理论逻辑和实践逻辑线索将宜昌市城区地摊经济这一话题贯穿始终。情境处理包括四个部分：一是导入部分，即地摊经济在相关政策支持下发展起来；二是议题描述部

分,即思考地摊经济发展与哪些主体有关系;三是议题辨析部分,即辨析地摊经济发展带来的利弊;四是地摊经济良性发展的对策。教学情境层层推进,将知识的理解和运用引向深处,使学生对地摊经济这一关系国计民生的重大社会热点话题的认识也更加全面和辩证。

从个人独自思考到团队集体讨论,再到组际展示切磋,通过学生的表情、语言、肢体动作等能感受情境的有效性。主题情境在议题式教学中不仅能促进议题推进,更重要的是能帮助学生用系统思维深入把握某一社会现象。但在处理时,一定要遵循思维进阶原则,从简单到复杂,跨度不可过大,以免超过学生认知水平和能力。如在议学迁移环节中的建言献策部分,情境删减过度,没有对地摊经济现状和问题的全面把握,就无法提出针对性建议。虽然在前面几个环节提到地摊经济的现状,但那只是现象描述,缺乏理论的概括和提升。因此最终的课堂效果是,学生对建议的把握还是存在不全面的地方,没有应用好系统优化的观点。

3.汪蔡老师的观察报告

(1)观察点说明。知识的掌握和落实是课堂教学的基石。按照知识范围,可将知识划分为宏观知识、中观知识、微观知识三个维度。就本节课而言,宏观知识就是本框所涉及的五大学科核心概念;中观知识就是五大学科核心概念内部的子概念,子概念是对核心概念的延伸和拓展;微观知识是对子概念本身的解读,包括子概念之间的区别、易混易错点等,是知识体系的神经末梢。坚持宏观知识、中观知识、微观知识的统一,有利于从广度和深度上做好知识的掌握和落实。

(2)观察工具设计与观察结果记录如表3。

表3 知识目标落实情况记录

	宏观知识			中观知识			微观知识		
	知识点	完成方式	完成情况	知识点	完成方式	完成情况	知识点	完成方式	完成情况
环节一	五大学科核心概念	自主完成,随机抽人展示	完成较好(3分钟)						

续表3

环节	宏观知识			中观知识			微观知识		
环节二				联系的普遍性	小组讨论加描述展示	学生自主完成较好（5分钟）			
环节三				联系的客观性、多样性	小组讨论加辨析	在教师指导下完成较好（12分钟）			
环节四				整体和部分的辩证关系原理、系统优化方法	小组讨论加展示	在教师补充下完成较好（13分钟）			
环节五	再构五大学科核心概念	教师引导梳理	完成较好（3分钟）	对每一个核心概念进行归纳	教师引导梳理	完成较好（4分钟）			

（3）观察结果分析及教学建议。通过分析观察记录可见，本节课的宏观知识是五大核心概念构建的知识结构图，本节课对此进行过两次处理。第一次是学生自主构建并展示，让学生从整体上初步感知本框知识；第二次是教师带领学生再次梳理，是学习后的升华总结。宏观知识的落实和巩固共用时六分钟。

本节课的中观知识是对联系的普遍性、联系的客观性、联系的多样性、整体和部分的辩证关系原理、系统优化方法的深入分析和应用，在二、三、四环节，通过列举地摊经济涉及的相关市场主体理解联系的普遍性，通过地摊经济的利弊分析理解联系的客观性和多样性，通过建言献策应用整体和部分的辩证关系原理以及系统优化方法。中观知识的落实和巩固共用时34分钟。

宏观知识的梗概，学生很容易掌握，故而花费时间较少。中观知识是本节课的重难点，因此花费大量时间进行突破。但是仔细观察记录表不难发现，本节课在微观知识处理上存在不足。本框是必修4《哲学与文化》的内容。新课标对学生的要求是学业水平质量3。学生即将面临高考选拔性考试，对微观知识的区分不容忽视,必须将易错易混点通过一定方式呈现给学生。如果课上不适合呈现,可以通过课后练习等形式加强训练。

4.文敏老师的观察报告

(1)观察点说明。任务的设置和完成是议题式教学的抓手。根据教师的理解能力和水平,同样的学科主题和学科内容下设置的学科任务可以多种多样。什么样的学科任务才算比较成功呢？首先,数量要根据时间来定,切不可过多导致无法有效完成,也不可过少导致学科内容没有讲透。其次,难度要根据学科内容情况而定,当难则难,当易则易。最后,视角多元,大致包括商议、争议、评议、建议等。

(2)观察工具设计与观察结果记录如表4。

表4 任务设置及完成情况记录

	任务	完成时间	难易程度	视角	完成情况
环节一	完成并展示知识结构图	3分钟	易	展示	很好
环节二	假如你们是研究性学习小组成员,准备采访哪些对象？为什么	5分钟	易	商议	很好
环节三	面对褒贬不一的地摊经济现状,地摊经济该不该被唱衰？请结合联系的知识进行辨析	12分钟	难	争议	较好
环节四	假如你是该小组成员,请结合本次研究性学习获得的信息,运用系统优化方法,完成研究性学习结题报告的第三部分	13分钟	难	建议	较好
环节五	归纳再构知识结构图	7分钟	易	讲授	较好

(3)观察结果分析及教学建议。分析观察记录可知,本节课的任务设置有如下特点：

第一,任务设置层次遵循由易到难的原则,符合学生的认知水平和思维能力,引导学生逐步挑战更高水平的学习任务,收获成就感。环节一和环节二都属于学生"跳一跳够得着"的任务。当学生状态调整到最佳时,迎面碰上环节三和环节四,学生能够以饱满的热情挑战高难度任务,突破重难点。在课堂快结束时,用比较简单的任务让学生静心反思本课所学。

第二,任务视角具有多样性。本节课任务视角包括展示、商议、争议、建议和讲授五种,学生在不同任务设置中收获了不同的能力。经过本节课学习,再审视其他社会热点时,就不会浮于表面。

第三,任务完成用力比较到位。每个环节根据难易程度和内容需要,用时不同,符合具体问题具体分析的原则。

本节课任务设置也存在一些不足。比如,环节五用时过多,教师讲授环节只是在简单重复和提升本节课的宏观知识、中观知识,而这些学科知识在此前已经处理得很好了。因此,建议压缩环节五的同时,节省出来部分时间进行知识的落实与巩固。

【附:教学设计】

导入:城市微光

2020年两会上,人大代表建议,在进一步规范城市管理的同时,因地制宜,释放"地摊经济"的最大活力。李克强总理也指出:"一味追求整洁,不让开小店,是懒政。政府必须要提高规划、管理的能力,决不能光图省事。保留地摊经济,给底层人们一点温暖!"响应国家号召,宜昌市政府出台规定,5月31日至7月31日,每天18时至次日凌晨6时及节假日全天,城区夷陵广场商圈、解放路商业步行街商圈、CBD商圈、万达广场商圈、中南路商圈、国贸新天地商圈、水悦城商圈、桥边镇集镇商圈、猇亭商业三街商圈等9处重点商圈准许出店经营,并制订一系列相关临时性政策,有序推动地摊经济发展。

针对此现象,夷陵中学1801班师生组成了研究性学习小组,对宜昌市城区地摊经济的现状及问题进行了调查研究,并提出了相应建议。本节课,将用"世界是普遍联系的"有关知识对此次研究性学习进行复盘。

总议题:如何理解辩证法的联系观?

环节一:梳理联系观主干知识

补充空格

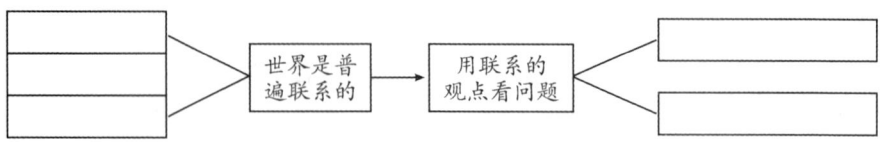

环节二:议题描述·探寻城市微光

议题情境:地摊经济涉及多方主体,对其影响各不相同,褒贬不一。为了解宜昌城区地摊经济的发展现状,研究性学习小组的师生准备深入城区八大商业区,进行实地访谈。出发前的碰头会上,教师组织大家讨论此次访谈的对象和访谈问题,形成最终的访谈提纲。

议学活动:假如你们是研究性学习小组成员,准备采访哪些对象? 为什么?

环节三:议题辨析·透视城市微光

议题情境:小组通过现场访谈城管、摊贩、消费者、门店经营者、环卫工人等市场主体,发现人们对地摊经济的评价褒贬不一。正面评价:摊贩"增加就业、收入";消费者"方便了生活,丰富了选择";城管"促进城市管理理念和制度机制的创新";环卫工人"摊主大多有素质,能够管理好自己的'领地',大多数摊主会在经营时间结束后自觉自动收摊,认为自己被尊重";门店经营者"有品牌支撑的门店因此收获更多客源,带来正面影响"。负面评价:摊贩与消费者"围绕商品质量和价格等问题发生矛盾";摊贩与摊贩"存在商品同质化、低价竞争等问题";城管与摊贩"疫情之下摊贩数量迅速增加,管理难度空前加大";门店经营者与摊贩"离地摊较近且无品牌支撑的门店经营者认为,带来负面影响,分散客源";环卫工人与行人"消费者随地丢弃垃圾的现象严重,增加工作量"。

议学活动:面对褒贬不一的地摊经济现状,地摊经济该不该被唱衰? 请结合联系的知识进行辨析。

环节四:议学延伸·助力城市微光

议题情境:此次研究性学习中,小组成员深入体验地摊经济的酸甜苦辣,探寻城市微光。地摊经济,并不仅是一个个 GDP 数值,每一个地摊都实实在在传递出城市中的一缕缕烟火气,是实实在在的民生。发展好地摊经济,对打赢抗疫攻坚战、打好经济复苏战、打好脱贫攻坚的收官之战,具有重要的现实意义。

研究性学习小组完成调查研究以后,拟以"宜昌中心城区地摊经济发展的现状及建议"为题写一份研究性学习报告。报告分以下三个部分:宜昌中心城区地摊经济发展的现状;宜昌中心城区地摊经济发展的问题;宜昌中心城区地摊经济发展的建议。

议学活动:假如你是该小组成员,请结合本次研究性学习获得的信息,运用系统优化方法,完成研究性学习结题报告的第三部分。

总结:以环节一的知识结构图为基础进行总结提升。

"在实践中追求和发展真理"议题式教学课堂观察

张 瑜

【简介】

授课教师:张瑜,中学高级教师,江苏省泰州市优秀教师,泰州市海陵区学科带头人,对议题式教学有一定的思考和实践,综合素养高。

教学主题:"在实践中追求和发展真理"高二新授课。

教学议题:如何在实践中追求和发展真理?

观察教师:泰州市民兴实验中学政治教研组成员。

活动目的:为了更好地研究议题式教学,从课堂教学中发现问题,本校政治教研组安排了此次课堂观察活动,帮助教师转变教学观念、创新教学方法、提升教学素养。

【课前会议】

(一)张瑜老师说课

1.主题说明

(1)教材分析。"在实践中追求和发展真理"是统编版高中思想政治必修4《哲学与文化》第二单元第四课第二框。本单元的核心问题是如何认识社会和进行正确的价值选择。本框属于马克思主义哲学认识论。学生通过上一框的学习,已经掌握了实践与认识的基本概念;通过本框的学习,能够帮助学生正确区分真理与谬误,懂得真理的获得需要一个过程,明白认识发展的过程,为进一步形成对社会发展的科学认识及实现人生价值做好铺垫。

(2)教学说明。在议题式教学中,议题内容选择至关重要。本框选择贴近学生生活、能引发学生共鸣的事件——抗击新冠肺炎疫情作为话题。在中国共产党强有力的领导下,在全国人民的积极配合下,我们取得了疫情防控阻击战的伟大胜利。学生成长于新时代,应当关注社会现实、练就过硬本领。本框在

张瑜,江苏泰州人,研究生学历,泰州市民兴实验中学教师,江苏省教科研先进个人,泰州市优秀教师,中学高级教师,主要研究高中政治活动型教学。

新课程理念指导下,以破除抗疫谣言为突破口,展开问题探究与分析,启发学生从体验到思考再到行动,在具体情境中体悟真理,形成科学态度,获得自由、多元、和谐的发展。

2.学情分析

(1)学生心智特征。高二学生生理和心智日益成熟,思想活跃,自我意识高涨,对活动探究兴趣浓厚;观察力、记忆力、想象力增强,社会情感日益丰富,理智感、道德观有了进一步发展。但由于哲学知识比较抽象,学生在学习过程中还存在学习自主性欠缺的问题,自信心不足,在探究学习中有畏难心理,部分学生即兴探究能力有待提高。

(2)学生认知结构。通过前面的学习,学生已了解马克思主义哲学是科学的世界观和方法论,探究了世界的本质和规律,对哲学的学习方法有一定掌握,基本具备学习本框的相关知识和经验,以及运用哲理分析和解决问题的能力。2020年,新冠肺炎疫情席卷全球,是学生比较关注的话题。教师利用学生已有知识和方法教学,使学生在探究活动和合作学习中感受学习的快乐。

3.教学目标

(1)通过议题感悟,理解真理概念,掌握真理特点,深刻认识追求真理是一个过程。

(2)通过解读素材,培养运用马克思主义哲学基本观点和方法分析、解决实际问题的能力。

(3)在教学过程中,体验议题式学习的意义,增强政治认同,弘扬科学精神,进一步提升综合素质,发展学科核心素养。

4.教学重难点

教学重点:真理的特征。

教学难点:追求真理是一个过程。

5.教学方法

为了突出重点、突破难点,本节课根据学生的心理特征及认知规律,主要采用对话式教学法、议题式教学法、自主探究法、小组讨论法等。

6.教学环节

总议题:如何在实践中追求和发展真理?

话题:抗击新冠肺炎疫情的中国利器。

环节一:在分析中理解真理

子议题1:"中医药能抗疫"是真理吗?

环节二:在过程中追求真理

子议题2:疫情初期,患者对中医抗疫的反应为何不一?

环节三:在实践中发现、发展和检验真理

子议题3:哲学视野下的全球抗疫中国处方。

环节四:在实践中追求真理

子议题4:如何让中医药文化深入人心?

7.教学创新

议题式教学是对传统教学方式的发展与创新。教师根据教学实际与学生实际确定议题,创设真实场景,以学生为主体,通过学生思考、讨论、协商、倾听、展示等方式,加强师生互动,让学生在民主、开放的氛围中习得学科知识。此次议题式教学对高二政治教学是一次全新尝试,也是对传统灌输式学习模式的一种挑战。课堂有以下亮点:

(1)学生模仿央视节目《是真的吗》进行求证,活动设计巧妙有趣,由事及理、由浅入深,从简单到复杂、从具体到抽象,激发学生求知欲望,帮助学生更好地理解真理的内涵。

(2)课堂设计子议题,形成"是什么→为什么→怎么样→怎么办"的教学逻辑。结构化知识在学生探究学习路径中推进,学习过程洋溢生活气息、充满探究乐趣。教师引导学生解读真问题,把新授知识与探究议题相结合,在表达事理过程中实现材料逻辑和理论逻辑、学科逻辑与生活逻辑有机统一,着眼素养达成,符合新高考要求。

(3)针对家乡特色健康产业,学生在鱼骨图上设计开展"中医药文化进校园"活动,充分利用乡土资源,提升对家乡的认同感。此处强调发挥学生主观能动性,凸显学生主体地位,培养学生的创造性思维和公共参与素养。

(4)本课是基于深度学习的学科核心素养教学,指导学生运用常规思维和非常规思维,将所学知识和技能用于解决实际问题,展示学生主动、真实、高效的学习过程。结合多元评价,革新评价方式和评价手段,比较全面、客观地评价学生的综合素质,符合高中育人方式的改革方向。

8.教学困惑

议题式教学中,议题作为课程衔接的核心,贯穿视频观看、漫画分析、小组讨论、成果展示等各个环节。在处理过程中,由于课堂容量比较大,师生想要出色完成全部内容有不小的压力。高二学生虽然具备一定的理论分析能力,但在解决议题问题的过程中,顺势推出基本理论时显得有些吃力。尤其当面对可商议、可争议、可评议、可建议的议题时,学生需要具有必备知识和相应能力,才能摆脱低层次的知识接受,上升到高层次的知识碰撞。

对难点问题"真理的客观性"的掌握有欠缺,有的学生听得模棱两可,还要深度挖掘。课堂教学中探究活动是否偏多偏难?学生探究活动是否略显粗糙,探究活动的目的是否真正达成?如何兼顾抽象思维能力和辩证思维能力处于不同水平的学生?后期需要师生双向反思,在师生共振的思维激荡中提升教师教的能力和学生学的能力。

(二)成员交流

曹可为(观察者):教学环节设计对一节课的节奏和质量至关重要,尤其是议题式教学。我一直在关注本节课张老师教学环节的构成。请问,你是如何把握每个教学环节之间的连贯性的?

张瑜(授课老师):本节课一共分为四个环节,每个环节穿插一个子议题。通过设置与中医药抗疫相关的情境,由浅入深地阐述认识和追求真理的过程。每个环节都紧扣教学主题,设计不同形式的学生活动,层层递进,使得各个环节之间的连接不显得突兀。

张宁静(观察者):每个议题中的问题怎么设置?

张瑜(授课教师):议题式教学作为新时代教育改革的一个方向,对教师提出了更高要求,不仅要熟悉课标、教材,还要在这个基础上以学生为出发点,设计指向课本知识与能力目标的议题,围绕议题创设真实情境,让学生在分析、讨论、总结、升华中生成知识、培养能力。我认为,问题必须立足真实情境,最好结合当前时政热点和地区特色,再将学科知识贯穿其中。在此基础上,教师还要注意逐步深入设置问题,呈现梯度化,指向不同学生的思维水平,尽量兼顾全部学生,这样才能有效提升课堂效率。

蔡雨卿(观察者):张老师的课堂将会设计多个议学活动,需要学生分组合作进行倾听、讨论、商议。结合我的观察点,我想问一下学生的互动行为大概会有哪些?有没有把握可以高质量地为小组目标达成提供帮助?

张瑜(授课教师):我们在课前已经分好小组,平均每个小组4名或5名学生,在课前已经有目的地查阅并收集相关资料,为小组活动开展准备了一些素材。在课堂上,小组讨论问题时,组员之间会交流不同的看法。学生在其中可以倾听他人看法、发表自己的见解,但也可能会产生分歧,需要发挥团结协作力量,最终汇总得出最佳结论。设计活动时,更需要每个组员发散思维,努力让自己小组的设计脱颖而出。总体来说,我们有信心通过小组之间的探讨合作达成教学目标。

孔维军(观察者):如果学生回答偏离或超出你的预设,你会如何应对?

张瑜(授课教师):预设是教学的基本要求,如果没有高质量的预设,就不可能有十分精彩的生成,预设和生成相辅相成,两者缺一不可。高二学生思维比较活跃,教师不能低估学生自由发挥的能力,不要害怕学生犯错就剥夺学生发言的权利,也绝对不能犯知识"满堂灌"的错误,否则必将导致课堂僵化和缺乏生命活力。集体的智慧是强大的,我会事先准备好素材,做好预案。如果现场有超出预期的生成,我会认真倾听学生发言,肯定学生的想象力和创造力,补充遗漏,再利用课堂的生成性资源,引导学生回到重难点问题上。

叶红明(观察者):这节课理论性强,你如何兼顾所有人,并保证学生参与度?如何调动学生?

张瑜(授课教师):在这节课中,我设置了许多不同类型的问题,每个议题都需要学生认真思考,议学活动丰富,有个人直答、集体回答、小组讨论、自主探究、合作探究等形式,保证每一个学生都能参与其中,努力让学生充满激情和活力。其实,在平时的课堂上,我就强调学生自我管理,从被动学习向主动学习转变,从接受式学习向探究式学习转变。

蒋国俊(观察者):我们在与学生交谈中发现,部分学生认为思想政治课在实际生活中作用不大。深究此现象,部分原因在于教学过程中没有联系学生实际生活,导致理论与实践相脱节。议题式教学是否可以推动师生对思政课产生新的认知呢?

张瑜(授课教师):议题式教学是对教学方法的革新。通过议题探讨,我们可以有效实现从重视知识教学到重视知识育人的转变,实现从机械灌输到文化育人、活动育人、实践育人的转变,由理论知识教学的讲授型课程向活动型课程转变。教学要打破空间限制,让学生走出教室,迈向社会实践大课堂,从而很好地将课堂和生活联系起来,引导学生增强社会责任感,树立主人翁意识。

崔秋红(观察者):在实际教学中,我发现有一些学生学习不积极,不乐于参加小组合作。您在课堂中如何解决这种情况?

张瑜(授课教师):议题式教学对教师的教学理论和能力是一个极大考

验。在课前,我会尽可能了解学生、走近学生,关注他们感兴趣的话题;在课堂中,我会设计切合学生实际的议题,设置不同梯度的问题,注意分层教学、因材施教。

(三)讨论确定观察点

孔维军、崔秋红:议题的设置。

蔡雨卿、叶红明:学生参与度。

曹可为、郭靖:活动设计质量。

张宁静、蒋国俊:学科核心素养达成。

【课中观察】

(一)观察工具

观察表、摄像机一台、录音笔一支。

(二)观察位置

孔维军、崔秋红两位老师观察的是议题的设置,选择后排位置进行观察。

曹可为、郭靖两位老师观察的是教学过程中的活动设计质量,需要从正面观察学生,分辨哪些属于有效活动并作出评价,选择坐在教室中间,就近参与四人小组的课堂讨论,以更好地观察和交流。

蔡雨卿、叶红明两位老师的观察点是学生活动参与度,一是要观察小组讨论的互动情况和反馈情况,二是要观察学生对议题问题的应答情况,选择坐在讲台边,可就近参与四人小组的课堂讨论活动,以更好地观察和交流。

张宁静、蒋国俊两位老师观察的是学科核心素养目标达成情况,选择学生旁边的位置,方便观察学生笔记情况,以及对教师提问的及时反应,详细了解学生的知识掌握和能力表现。

【课后报告】

(一)授课教师反思

哲学课具有较强的思想性、理论性、逻辑性。总体上来说,这堂课按照拟定的教学思路,基本实现预期教学目标,既达成传统课堂的知识目标,又融入议题式教学模式,让学生在探讨、研究中体会学习的快乐,有令人满意的地方,也有遗憾失意之处。

(1)从学生表现看,十分给力。学生课前准备资料充分,课堂上积极与教师配合,小组讨论活跃,主动回答问题,参与度高,整体课堂氛围良好,每项活动都井然有序地进行。

（2）从课堂呈现看，环环相扣。本课聚焦现实、紧扣时事，以抗击新冠肺炎疫情的中国利器——中医药为话题，推动课堂内容情境化。课堂呈现四个部分，分别从议题描述、议题论证、议题探究、议题决策层层展开，遵循教育教学规律和学生认知规律，使课堂内容结构化。四个议题环环相扣、紧密相连，引导学生多维度观察、多途径探究。整节课情境、问题设计的序列化和逻辑性很强，教师在环环相扣的议题中引导学生层层深入。

（3）从教学效果看，学生基本实现了知情意行的统一。教学中，我引导学生在立足教材、理清思路基础上，进一步对如何在疫情之下把握正确方向有了更深入的理解。课堂上努力做到把学习自主权交给学生，开展以学生为主导的教学活动，给予学生自我探索、自我发现、自我总结的空间，培养学生的观察力、思维力、创造力、探究力等关键能力。

（4）反思问题与不足。教学中的部分问题思辨性、探究性与预设有些差异，部分学生知识储备不足，思维没有被完全打开，探究、体悟、创造没有充分展开。高考评价体系要求的"一核四层四翼"中"学科素养"目标落实亟须加强，"核心价值"目标深度有待进一步挖掘。这需要教师后期进一步更新教学理念、思维方式和教学方式，不仅要重视研究教的策略，还要重视分析与研究学的策略。

容量、难度预设是否适中？教师主导作用是否过于充分？有些教学环节开展比较匆忙，没有给学生留下充分的活动、感知、体验时间。课堂前半部分比较活跃，但是后半部分比较安静。主要原因可能是前半部分以学生感兴趣的视频和活动作为载体，学生热情较高。到了后半部分，知识点比较抽象且难以理解，学生难以参与其中。当教师要求"对将中医药'妖魔化'的观点加以批驳"时，学生难以运用恰当的知识点解决问题，与预期目标有所偏离。如何正确处理预设容量与难度的问题，是我们在教学过程中需要不断探索的问题。以后的教学设计中可以寻找更好的难点化解方式，实施弹性教学。

本课还忽视了对基础薄弱学生的个性化辅导。议题式教学对学生综合能力要求较高，而不同学生能力存在一定差异。部分学生缺乏哲学抽象思维能力、问题意识和分析解决问题能力。议题式教学更容易暴露学生身上存在的固有短板。因此，对于能力比较薄弱的学生，教师应该多关注，加强其能力锻炼，给予个性化指导。

新高考改革正在推进，江苏省高考思想政治客观题与主观题比例出现倒挂，导向作用非常明显，突出阅读力和思考力的培养。由于非选择题部分试题存在设问开放性与答案封闭性,学生出现害怕回答、答非所问、答不全面等情况,成绩不理想。教学中,要有意识地培养学生这方面的能力,引导学生学会阅读材料、提炼信息,提升问题分析与解决能力、学科术语表达能力。

(二)观察分析报告

1.孔维军老师的课堂观察报告

(1)观察点说明。议题设计在议题式教学中处于关键性地位,发挥统领性作用。情境创设、学科任务设置、学科内容落实、探究活动开展、教学评价等,都围绕议题展开。因此,我们在观察议题式课堂教学时,把议题设计作为一个重要的课堂观察维度。找出该维度中核心的、可观察的属性,将这些属性确立为观察指标,并进一步分解为观察点和观察的具体内容。

(2)观察工具设计与观察结果记录如表1。

表1 议题设计观察记录

观察视角 议题设计	议题设计是否切合教学内容	议题是否符合师生和时代实际	议题是否具备开放性和可辨性	议题是否指向学科核心素养	议题是否围绕目标展开
"中医药能抗疫"是真理吗	B	A	B	A	B
疫情初期,患者对中医抗疫的反应为何不一	A	B	A	B	A
哲学视野下的全球抗疫中国处方	B	A	B	A	A
如何让中医药文化深入人心	A	A	A	A	A

注:A 为完全符合,B 为基本符合,C 为不符合。

(3)观察结果分析及教学建议。议题切合教学内容,多层次、序列化议题作为贯穿整堂课的一条主线,串联本课知识。

议题与师生、时代实际相吻合,围绕可供师生一起探究、交流的统领性问题。议题设计和实施的主体是教师和学生,中医药抗疫、中医药文化的发展等议题话题能有效激发学生学习兴趣,符合学生实际需要,引导学生响应时代需求、紧跟时代步伐。

议题基本符合开放性和可辨性要求。如针对"疫情初期,患者对中医抗疫的反应为何不一",学生可以结合自身认知,采取搜集资料、小组合作等方式,阐述自己的观点。"怎样让中医药文化深入人心"指向中医药文化发展趋势。学生可以结合泰州"中国医药城"的时代背景,多角度展开讨论。

议题设计聚焦学科核心素养。学科核心素养是学生要达到的学习结果,引领教学过程和方向。本课议题指向政治认同、科学精神、法治意识、公共参与学科核心素养,在课堂中得到有效贯彻落实。

教学建议:议题设计应紧跟时代潮流。由于我们学校是一所封闭式管理的寄宿制学校,学生对时政信息的了解有限,教师可以利用现代信息技术及时获取时政信息,精心筛选后传递给学生,指导学生运用所学知识分析与解决实际问题,培养学生独立判断、理性思考、精细分析的能力。教材是联系教与学的桥梁。本框有四个《阅读与思考》栏目,前两个的内容是:实用主义者詹姆士的观点——有用的观念就是真理;古希腊数学家欧几里得提出的定理——三角形内角之和等于180度。对于这两个经典案例,建议教师要充分利用。教师应引导学生阅读教材,充分利用教材中的经典案例,避免出现远离教材或对教材知识挖掘不深的倾向。

2.郭靖老师的课堂观察报告

(1)观察点说明。议题式教学中,活动设计是关乎课堂教学质量的核心,关系学生学习过程中的经历和体验,关系学科核心素养培育。在教学实践中,高中思想政治教师一直重视课堂活动设计,常常采用课堂辩论、课堂讨论等课堂活动激发学生学习热情。因此,观察学生在不同议学活动中的探究情况对本次课堂改进有重要意义。

(2)观察工具设计与观察结果记录如表2。

表2 活动设计及实施情况观察记录

教学环节	问题设计	议题呈现方式	议题来源	议题指向	问题与议题的关联	问题层次	问题应答（应答方式）
环节一:播放视频"中医战'疫'"片段	从视频中你能获得哪些信息	视频信息提取与分析	A	A	A	B、C	个别回答

续表2

教学环节	问题设计	议题呈现方式	议题来源	议题指向	问题与议题的关联	问题层次	问题应答（应答方式）
环节二：在分析中理解真理	1.吃蒜、喝酒能预防新冠病毒吗	模仿	A	A	C	B	学生演绎
	2.日常清洁时用消毒液，浓度越高效果越好吗 3.新冠病毒是否源于自然界的动物，并非由人工合成等	问答讨论质疑对比	B	A	A	A	小组讨论、教师引导、代表发言
	"中医药能不能抗疫"由谁说了算	列举	A	B	A	A	思考后学生回答
	谣言是否会因为被转发一万遍而成为真理	简答	B	A	A	A	总结归纳
	结合漫画，说说真理具有怎样的特点	简答	A	A	B	A	学生回答、纠错
环节三：在过程中追求真理	疫情初期，患者为什么对中医药的反应不一	归纳分析	A	A	A	B	小组讨论、总结归纳
环节四：在实践中发现、发展和检验真理	对将中医药"妖魔化"的观点加以批驳，写出理由	信息提取和分析	A	B	A	A、C	小组合作、提示引导
环节五：在实践中追求真理	假设本地开展"中医药文化进校园"活动，请你在鱼骨图上端设计活动形式，下端设计活动内容	情境分析与设计	A	A	A	A、C	商议、讨论、展示、互评

注：(1)问题来源，课前预设记为A，课堂生成记为B；(2)问题指向，很明确记为A，较明确记为B，不明确记为C；(3)问题与议题的关联度，很紧密记为A，

比较紧密记为B,不紧密记为C;(4)问题层次,强化基础记为A,提升能力记为B,体现学科核心素养记为C。

(3)观察结果分析及教学建议。本节课一共四个环节,围绕1个中心议题层层递进。共9个问题,课前预设7个,课中生成2个,生成性问题是在预设问题基础上形成的。问题的贯通使整节课有一根主线,又给予学生足够的发挥空间。如预设性问题"'中医药能不能抗疫'由谁说了算",学生可以根据课前搜集的资料,结合自身认知,表达观点。教师追问"谣言是否会因为被转发一万遍而成为真理",加强了问题的针对性。

9个问题分别以简答、对比、合作、分析、归纳等形式出现。其中,7个问题指向很明确,并且和议题的关联度很紧密;2个问题能够提升学生的能力和素养。问题一经提出,学生反应热烈,都能积极参与其中,还能及时运用知识点补充论述。这包含个人回答、小组讨论、集体回答、角色扮演等,激发了学生学习兴趣和求知欲望,提升了学习效率。

教学建议:高考的导向性,要求学生在熟悉基础知识、基本原理的同时,注重对知识与原理的综合运用。因此,平时要高度重视情境的作用,指导学生从情境中获取关键信息,寻找突破口,加强概念分析、准确判断、合理推理等逻辑思维能力训练,提高学生筛选、提炼、归纳有效信息的能力,提高解决复杂情境问题的能力。活动教学既要重视知识获得、能力培养,又要注重情感态度价值观形成、学生学科核心素养习得。建议教师设计一些生动有趣、寓教于乐的主题活动,让学生在亲身体验中深刻感悟、形成能力。善于创设问题情境,激发学生求知欲、好奇心。活动形式除了课堂的听、说、读、写、思、做等,还包括课外社会实践中的参观访问、社会调查、社会服务等,以及在此基础上经历的感知、感悟、感想、反思、辨析、质疑、推理、总结等思维活动。要充分保障学生自主探究式学习的时间与空间,恰当运用现代教育技术提高活动质量。活动教学既要关注学生活动过程参与,又要关注活动结果获得,让学生在社会活动和思维活动的统一中经历体验、探究、思考、践行的过程。

3.张宁静老师的课堂观察报告

(1)观察点说明。教师除了教授学生基本学科知识点外,还要注重培养学生学科核心素养。学科核心素养是中学教育的重要培养目标。我们重点说明的是议题式教学对学科核心素养落地的影响,为更好地发挥议题式教学作用提供参考依据。

(2)观察工具设计与观察结果记录如表3。

表3 学科核心素养达成情况观察记录

活动环节	知识的表述以及运用		学科核心素养达成			
	理解掌握表述正确	运用恰当解决问题	政治认同	科学精神	法治意识	公共参与
环节一	新课导入		达成	达成		达成
环节二	真理最基本属性是客观性	真理与谬误的界限不容混淆	达成	达成	达成	
环节三	对同一确定的对象有不同的认识	在同一条件下对同一对象的真理性认识只有一个	达成	达成		达成
环节四	实践是认识的基础	警惕虚假广告	达成	达成	达成	达成
环节五	在实践中追求真理	设计活动,弘扬中医文化	达成	达成		达成

(3)观察结果分析和教学建议。关于真理的知识点,学生基本可以自主表述,但对真理和谬误的界限不太明确。从学生回答看,学生知道概念表述,但欠缺对其内涵及属性的精准理解。在五个环节中,学生能够通过视频和材料提取有效关键词,能够比较准确地分解简单情境,但对复杂情境的综合分析需要教师提出具体的、有针对性的观点加以引导。

教学建议:采用跨模块教学,增强教学的宽度与广度。针对中医药对全球抗疫的贡献,以及生活中出现的将中医药"妖魔化"的现象,结合市场的自发性、政府的宏观调控知识加以阐述,帮助学生形成对待中医药的正确态度,培育学生的科学精神。当前信息环境和学生成长的时代性特点,要求我们必须尊重学生自主辨识、选择的权利,引领学生在价值冲突中识别观点、在比较鉴别中确认观点、在探究活动中引申观点。教学要从知识入手,转变教学路径,从以教育者为中心的"目标—策略—评价"进程转变为以学习者为中心的"活动—体验—表现"进程,引导学生形成坚定、正确的价值认知。

4.叶红明的课堂观察报告

(1)观察点说明。学生课堂参与度既包括参与知识的发生、发展与形成过程,又包括参与的时间、空间、广度和深度,是提高课堂教学质量的保证。课堂教学中的师生地位是教师主导作用和学生主体作用的体现。学生主动参与课堂活动,感性体验主体参与的地位及意义,有利于对知识的理解与掌握。因此,从学生参与这个切入点观察,可以更好地评价这节课的质量水平。

(2)观察工具设计与观察结果记录如表4。

表4 学生课堂参与情况观察记录

教学环节	参与方式	问答情况		讨论情况		参与态度 A.主动 B.被动 C.不动	情感体验 A.积极 B.沉闷 C.消极	参与程度 A.深入 B.浅显
		回答人数	形式	参与人数	表征			
新课导入	播放视频"中医战'疫'"片段	全班同学	齐答			A	A	A
什么是真理	模仿央视求证节目《是真的吗》,台上台下互动	2	个别	50	小组交流讨论	A	A	A
"中医药能不能抗疫"由谁说了算	查阅书本	3	个别	50	同桌交流	B	A	A
谣言是否会因为被转发一万遍而成为真理		全班同学	齐答		同桌交流	B	B	B
结合漫画,说说真理具有怎样的特点	记录信息	4	个别	50	小组交流,选出代表发言	A	A	A
疫情初期,患者为什么对中医药的反应不一	商议、讨论、倾听	3	个别	50	小组交流	A	A	B
运用本课相关知识,对将中医药"妖魔化"的观点加以批驳	查阅书本,记录讨论要点	3	个别	50	小组交流,选出代表发言	A	A	A

续表4

假设开展"中医药文化进校园"活动,在鱼骨图上端设计活动形式,下端设计活动内容	商议、讨论、展示、互评	5	个别	50	小组交流,选出代表展示	A	A	A

(3) 观察结果分析及教学建议。模仿《是真的吗》节目辨别真伪,学生参与热情与参与度较高。讨论"谣言是否会因为被转发一万遍而成为真理""疫情初期,患者为什么对中医药的反应不一",需要学生运用抽象思维。部分学生跟不上节奏,注意力有些游离。"批驳将中医药'妖魔化'的观点",在观点交锋、事理明辨中,使学生智慧得到释放,参与度高。"中医药文化进校园"活动,各小组汇报展示,我们再次看到学生惊人的凝聚力和创造力。

整个过程学生主动参与,思维得到激发,灵魂得到触动,师生之间、生生之间的互动令人既感动又惊喜。教师在互动中激励学生自主学习、主动发展,学生则在互动中相互启发、相互帮助。大家在彼此身上感受到真理的力量,用口头语言、书面语言和身体语言表达自己的认识,欣赏同伴、互助合作、共同成长。

教学建议:"中医药文化进校园"活动出发点比较好,但是高中生对策划活动的流程比较模糊,如果直接讨论,效果不佳。教师应基于学生原有认知水平和实践经验介绍策划流程,增强学生参与的有效性,以及议题设计的有效性。对于同一个问题,尤其是开放式、探究式问题,在所有小组都回答之后,应增加小组互评、质疑、反问、补充环节。教师要严格控制讨论时间,防止无目的的扩散,并适当肯定和激励学生发言,控制好"议"的主题和节奏,最大限度保证学生的课堂参与度。

【附:教学设计】

(一) 思路框架

总议题:如何在实践中追求和发展真理?

话题:抗击新冠肺炎疫情的中国利器。

子议题1:在分析中理解真理——"中医药能抗疫"是真理吗?

子议题2:在过程中追求真理——疫情初期,患者对中医抗疫的反应为何不一?

子议题3:在实践中发现、发展和检验真理——哲学视野下的全球抗疫中国处方。

子议题4:在实践中追求真理——如何让中医药文化深入人心?

情境主题:在中医药抗疫过程中认识、把握真理。

教学思路:以视频导入,概括真理的含义;分析"谣言是否会因为被转发一万遍而成为真理",总结真理的特点。探讨"在疫情初期,患者为什么对中医药的反应不一",让学生在商讨中明白追求真理的过程;实践是认识的基础,结合"哲学视野下的全球抗疫中国处方",说明我们如何检验和发展真理;激发学生的创造性思维,结合家乡中医药发展,运用在实践中发展真理相关知识说明"如何让中医药文化深入人心",以达到情感升华的目的。

教学路线:本课用议题式教学,议题、情境、活动和知识(任务)形成四条线。

议题线:"如何在实践中追求和发展真理"总议题引领问题串:"中医药能抗疫"是真理吗(概括什么是真理)?疫情初期,患者对中医抗疫的反应为何不一(理解真理的基本属性)?哲学视野下全球抗疫的中国处方是什么(思考真理的特点)?如何让中医药文化深入人心(理解如何在实践中追求和发展真理)?

情境线:"中医药能抗疫"是真理吗?——疫情初期,患者对中医抗疫的反应为何不一——哲学视野下全球抗疫的中国处方——如何让中医药文化深入人心。

活动线:课前搜集——课中小组交流、师生对话——小组讨论——课堂讨论。

知识(任务)线:理解—理解、运用—应用、迁移—迁移。

教学结构:

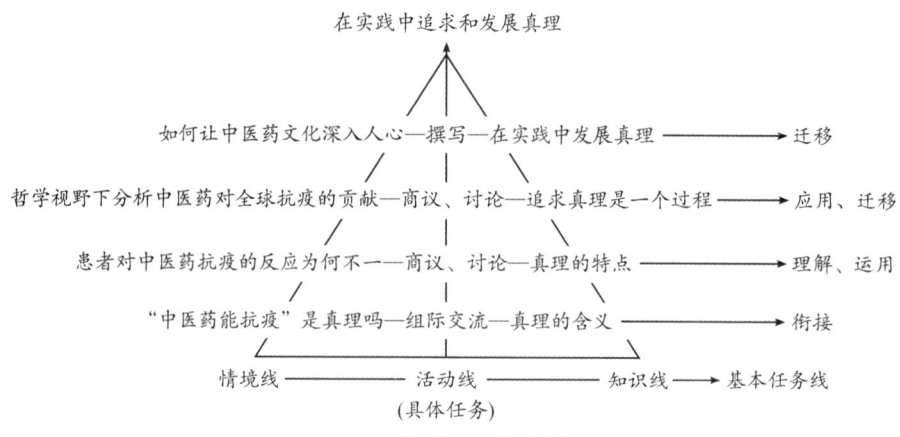

图1 教学结构鱼骨图

(二)教学过程

课前资料搜集:

(1)教师网络搜集中医药抗疫的资料。

(2)学生网络搜集有关抗疫的谣言。

课堂自主梳理:

(1)真理是客观的。①真理与谬误:真理是标志_____的哲学范畴,是人们对客观事物及其规律的_____反映。谬误是与客观对象_____的认识。②真理最基本的属性是_____:对同一个确定的对象会产生多种不同的认识,但是,其中只能有一种正确的认识,即真理只有_____。真理面前_____。

(2)真理是具体的有条件的。①真理都是有条件的:任何真理都有自己适用的_____和_____,如果超出这个条件和范围,真理就会变成_____。②真理都是具体的:任何真理都是相对于特定的_____来说的,都是_____、_____的具体的历史的统一。③真理的条件性和具体性表明,真理和谬误往往是_____的。

(3)追求真理是一个过程。①认识具有反复性:认识受到各种条件的限制。人们对一个事物的正确认识往往要经过从_____到_____,再从_____到_____的多次反复才能完成。②认识具有无限性:认识的_____是无限变化着的物质世界,作为认识_____的人类是世代延续的,作为认识_____的社会实践是不断发展的,因此,人类认识是_____发展的,追求真理是一个_____的过程。③认识的上升性:从实践到认识、从认识到实践的循环是一种_____前进或_____上升的过程。与时俱进,开拓创新,在实践中_____和发现真理,在实践中_____和发展真理,是我们不懈的追求和永恒的使命(方法论意义)。

视频导入:2020年,疫情防控成为关键词。中西医结合、中西药并用既是我国疫情防控的一大特点,也是中医传承精华、守正创新的一次生动实践。

设计意图:观看视频"中医战疫",调动课堂气氛,激发学生兴趣,证实中医药为全球抗疫贡献了中国智慧和中国力量,引出本节课的主题——抗击新冠肺炎疫情的中国利器。

议题:如何在实践中追求和发展真理?

话题:抗击新冠肺炎疫情的中国利器。

环节一:在分析中理解真理

子议题1:"中医药能抗疫"是真理吗?

问题:什么是真理?

活动:学生模仿央视求证节目《是真的吗》,台上台下互动求真,教师讲解什么是真理。准确理解真理的内涵。

议学活动:组内商议,组际交流。

图2 漫画

问题:"中医药能不能抗疫"由谁说了算?谣言是否会因为被转发一万遍而成为真理?结合图2漫画,说说真理具有什么特点?

设计意图:创设情境,分析中医药在抗击新冠肺炎疫情中彰显的价值,抛出问题串:"中医药能不能抗疫"由谁说了算?谣言是否会因为被转发一万遍而成为真理?结合漫画,让学生总结真理具有什么特点,帮助学生理解真理的基本属性,说明真理与谬误的界限不容混淆,提高学生解读信息与理解漫画的能力。

环节二:在过程中追求真理

子议题2:疫情初期,患者对中医抗疫的反应为何不一?

议学任务:理解追求真理是一个过程。

议学活动:商议、讨论、倾听。

问题:疫情初期,患者为什么对中医药的反应不一?

设计意图:学生商议、讨论、倾听。生生合作、师生互动,帮助学生理解对同一确定的对象会产生多种不同的认识,但在同一条件下对同一对象的真理性认识只有一个。通过这一环节,提高学生全方位看问题、解决问题的能力。

环节三:在实践中发现、发展和检验真理

子议题3:哲学视野下的全球抗疫中国处方。

议学任务:运用实践是认识的基础,明白真理是具体、有条件的,认识有反复性、无限性和上升性。

议学活动:商议、合作撰写。

问题:运用本课相关知识,对将中医药"妖魔化"的观点加以批驳,写出理由。

设计意图:利用情境分析中医药对全球抗疫的贡献,并阐述生活中出现的将中医药"妖魔化"现象。学生运用相关知识商议、合作撰写,对此观点加以批判。通过这一环节,给中医正名,引导学生形成科学认识,培育辩证思维,锻炼运用知识处理问题、分析问题和合作展示的能力。

环节四:在实践中追求真理

子议题4:如何让中医药文化深入人心?

议学任务:激活学生创造性思维。

议学活动:商议、讨论、展示、互评。

问题:假设本地开展"中医药文化进校园"活动,请你在鱼骨图上端设计活动形式,下端设计活动内容。

设计意图:分析家乡泰州对中医药传承与防疫工作进行积极探索的卓越成果。学生通过讨论、商议,在鱼骨图上设计"中医药文化进校园"相关活动内容。通过这一环节,弘扬中华国粹,加大科普知识普及和教育宣传力度,引导学生感受中医独特魅力,传承中医文化,增强担当意识,锻炼组织活动的能力。

课堂小结:本节课,我们学习了什么是真理,明白了真理是客观的、具体的、有条件的,真理与谬误不能混淆。同时,我们懂得了拥有真理很重要,追求真理更重要,但追求真理的过程不是一帆风顺的,而是复杂的、多变的。认识具有反复性,追求真理是一个永无止境的过程;认识具有无限性和上升性,人类要想更好地生存与发展,需要在实践中不断追求和发展真理。

目前,中医药除了被广泛用于国内抗疫外,也正逐渐被国际社会所接纳。但是,国内中医药企业的现代化程度并不高,数字化、智能化生产线还很少。后疫情时代如何实现中医药的高质量发展,将中医药做强做大做优,扩大国际影响力,依旧任重道远。

板书设计:

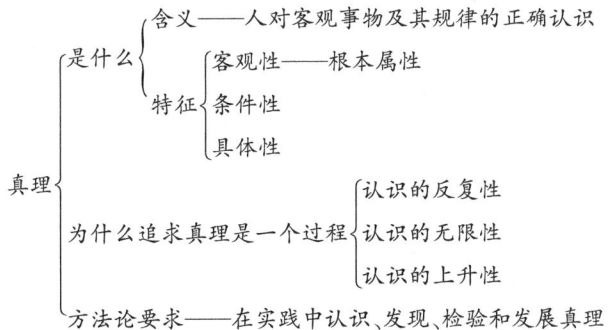

"文化的民族性与多样性"议题式教学课堂观察

杜佳威

【简介】

授课教师:杜佳威,中学二级教师,对议题式教学有一定了解与研究。

教学主题:"文化的民族性与多样性"高二新授课。

教学议题:文化的民族性与多样性。

观察教师:宾虹中学青年政治教师。

活动目的:为了更好地研究、掌握议题式教学策略,推动议题式教学由理论走向实践,政治组组织了此次课堂观察,本校青年政治教师参与活动。

【课前会议】

(一)杜佳威老师说课

1.主题说明

(1)本框内容。学习第七课"继承发展中华优秀传统文化"(不忘本来)之后,本课(第八课)主要讲"如何做到吸收外来"。本框主要介绍文化的民族性与文化的多样性。本框内容共两目:第一目"文化具有民族性",教材通过《阅读与思考》,展示了风格迥异的建筑艺术杰作,著名的世界文化遗产等内容,让学生感受民族文化的形成、特点,了解民族文化的作用及核心。第二目"文化具有多样性",教材通过对第29届、30届、31届奥运会会徽的比较,让我们在思维碰撞中了解文化多样性产生的原因、文化多样性的作用及维护文化多样性的原因;通过《相关链接》,引发深入思考,引出对待文化多样性的要求。

(2)文本处理。世界文化多姿多彩,文化多样性是当前世界文化的重要特征,也是文化交流和传播的前提。因此,本框内容具有承前启后的作用,既承接上一课传统文化的内容,又开启文化传播与交流新篇章。只有通过本框的学

杜佳威,浙江金华人,本科学历,金华市宾虹高级中学教师,中学二级教师,浙江省优秀共青团员,金华市直思想政治学科课堂教学评选一等奖获得者,主要研究议题式教学的常态化实施。

习,让学生感悟世界文化的多样性,理解文化多样性的价值,才能正确认识文化的民族性与多样性,推动不同民族文化的交流、借鉴与融合,有利于我们正确吸收和借鉴外来文化的有益成果,坚定文化自信,推动中国特色社会主义文化建设。学生在日常生活中会接触各种不同文化,有话可说、有题可议。因此,我认为本课采用议题式教学较为合适。

2.学情分析

(1)学生生活经验。由于多媒体信息技术的发展,学生对流行文化、外来文化有所接触,对传统文化、民族文化仍相对陌生,只有一些零碎的生活经验及粗浅的认识。

(2)学生心智特征。高中生有一定理解能力和分析、判断、推理能力,能自主搜集加工材料。本课内容对学生来说非常有趣,能激发他们浓厚的自主学习兴趣。当代高中生视野开阔、接受能力强,也具备一定的分析、归纳等抽象思维能力,但由于社会实践经验相对欠缺,对文化的认识广度和深度还存在局限性。

3.教学目标

通过"议题描述—议题决策—议学延伸"形式,让学生建构民族文化和文化多样性必备知识;通过描述、分析、商议、展示等活动,培养学生理解、应用、迁移等关键能力;通过重走"古丝路",让学生理解民族文化的产生、作用、核心和灵魂等,培养学生的科学精神;通过"新丝路"发展未来,实现课内学习和时政有机结合,以"议题决策"形式,探讨"我国应如何推进'一带一路'发展,在此过程中青少年应如何担当",让学生在活动中建构文化具有多样性的原因、尊重文化多样性的意义、对待文化多样性的态度等知识,培养科学精神和公共参与素养,增强文化自信,厚植家国情怀。

4.教学重难点

教学重点:感悟世界文化的多样性,理解文化多样性的价值,培养和提升学生的政治认同、科学精神、公共参与等学科核心素养。

教学难点:理解文化多样性的价值。

5.教学环节

议题:文化的民族性与多样性。

环节一:重走"古丝路"。以议题描述形式,让学生从熟悉的情境入手,直观感受文化的民族性;通过对"民族文化是一个民族区别于其他民族的独特标识"的分析,让学生从建筑艺术、舞蹈艺术、饮食习惯等不同角度感悟民族文化,明确文化民族性的地位、作用及表现。

环节二:"新丝路"发展现状。以议题探讨形式引导学生描述多姿多彩的文化,感受文化多样性,并在此基础上,深入探讨文化多样性的意义。

环节三:"新丝路"发展未来。以议题决策形式,在认识文化多样性的基础上,以情景模拟、议题决策形式,探讨"我国应如何推进'一带一路'发展,在此过程中青少年应如何担当"。

环节四:"新丝路"丽景。以议学延伸形式引导学生感受"新丝路"沿线国家的风土人情,深刻理解文化的民族性与多样性,尊重文化多样性,增强文化自信。

6.教学创新

议题式教学中,需要充分发挥学生的主体作用,让学生在自主学习、合作探究、小组讨论等基础上,充分挖掘学习内生动力,变被动学习为主动学习、变被动听讲为主动表达。这对原有课堂教学模式是一种极大的冲击。一方面,教师不熟悉这种学生主导的课堂;另一方面,学生习惯于教师主导的课堂。这既是对教师的挑战,又是对学生的挑战,也是"构建以培育思想政治学科核心素养为主导的活动型学科课程"教学理念的具体体现。

(二)成员交流

宋乐凡老师:议题式教学以议题为纽带,议题贯穿教学活动始终。好的议题能够启发学生思维,使教学活动始终围绕一定的学科任务展开,并在解决具体问题中实现教学目标。议题的设计与运用是议题式教学的关键。我之前一直致力于自主探究合作学习,上课力求一例贯通。也就是说,好的议题对课堂具有积极的推动作用,能助推学生深入思考。本节课设置了哪些议题?

杜佳威老师:本课围绕"文化的民族性与多样性"总议题,设置了四个环节,每个环节都设置了一个子议题,让学生或描述或分析或商议或展示,分析文化民族性的地位、作用,理解文化的多样性,展望"新丝路"发展未来,与学生共话担当。

裴亚静老师:活动型学科课程的教学评价应专注于学科核心素养的行为表现,采用多种活动方式,鼓励学生运用相关学科知识和技能,基于不同经验、不同视角、不同素材,表达不同见解、提出不同问题解决方案,既评价达成基本观点的过程,也评价教学效果。我从"目标达成情况"角度进行观察。

任湾湾老师:强调学生的活动体验是思想政治学科核心素养发展的重要途径。本节课设计的学生活动较为丰富,涉及生活中的知识、常识、时政等。我从学生参与情况角度进行观察。

(三)讨论确定观察点

宋乐凡老师:议题设计。

裴亚静老师:目标达成情况。

任湾湾老师:学生参与情况。

【课中观察】

(一)观察工具

观察表、摄像机一台。

(二)观察位置

宋乐凡老师的观察点是议题设计,主要从议题设计与实际操作角度进行观察。这需要观察学生对这些议题的反应,学生自身对议题的思考与理解及小组活动的学生信息反馈。选择坐在后排进行观察,一是能就近观察学生状态,二是能就近观察学生的课堂讨论环节,了解学生对议题的理解与解决。

裴亚静老师从任务完成情况角度进行观察,而观察学生任务完成情况需要深入学生,观察其课堂表现。选择过道为观察点,既可以在过道左右两边观察,也可以在学生讨论、商讨时走动观察。

任湾湾老师观察学生参与活动情况,从活动形式、学生思维度及学生主体性三个角度进行观察。选择过道位置进行观察,可以查看邻近学生的思考与讨论过程,以更好地了解学生活动参与度。

【课后报告】

(一)授课教师反思

议题式教学是以学生为主体、以活动为载体的活动型学科课程教学形式,能充分发挥学生的主体作用和教师的主导作用,拓展学生思维的广度和深度,让学生在自主活动中深入理解知识。议题式教学的课堂教学活动包括情境创设和议学活动推进。在此过程中,需要做到情境真实化、议题可议化,培育学生的政治认同、科学精神、法治意识和公共参与。

从情境创设看,本课以图片情境导入,于课堂之初吸引学生注意力。导入新课后,以视频形式创设议题情境,很好地吸引了学生的关注度。后续饮食文化、服饰文化等生活线索的引入贴近学生,让学生有话可说、有素材可以调动,课堂氛围活跃,学生参与度高。

从议题设计看,议题贯穿教学始终,由议题引出活动,议题及活动设计由浅入深。好的议题能启发学生思维,使教学活动始终围绕一定的学科任务展开,并在解决具体问题中实现教学目标。本课以"文化的民族性与多样性"为总议题,将教材知识分解为若干大概念,形成若干子议题,由此引领"议题描述""议题分析""议题决策""议学延伸"四个环节。从这个角度看,本课议题由浅入深,引导学生思维层层进阶。但议题可议性存在不足,有些环节需要教师不断引导,才能调用生活素材论证观点、解决问题。

从学生知识点表述、材料引用与论证等可以看出,本课教学目标基本完成。课堂上,学生有话可说,参与度高,课堂氛围较为活跃,有助于达成教学目标,落实学科核心素养。

议题式教学以学生为主体,而学生主体作用的发挥得益于教师的情境及议学活动设计。议题设计尤为重要,如何设计可议、值得议的议题,值得深思。从传统教学到议题式教学,学生由被动接受变为主动参与。由于学生参与经验不多,我非常担心学生对课堂活动不感兴趣,教学疑难问题得不到有效解决。教师由课堂主讲到课堂导演这一角色的转变,是对教师各方面能力的考验,需要做足准备。

(二)观察分析报告

1.宋乐凡老师的观察报告

(1)观察点说明。我观察的是议题设计,将从议题的实际解决角度观察学生对议题的反应、对议题的思考与理解及小组活动的参与度。教师预设的问题能否有效解决,事关课堂教学质量高低。因此,从这个角度进行观察,既能反映问题设计的质量,又能充分了解学生问题理解程度与问题解决能力。

(2)观察工具设计与观察结果记录如表1。

表1 学生解决问题情况观察记录

教学环节	问题	问题呈现方式	问题指向	问题层次	问题应答(题意理解/应答方式)
新课导入	对应图片	对应图片	A	A	A	集体直答
环节一:重走"古丝路"	寻找古丝绸之路上的中华文化印记	视频信息提取	A	A	B	个别直答,总结概括
	分析民族文化是一个民族区别于其他民族的独特标识	分析	B	B	B	同桌交流

续表1

教学环节	问题	问题呈现方式	问题指向	问题层次	问题应答(题意理解/应答方式)
环节二:"新丝路"发展现状	描述多姿多彩的文化	描述	A	A	个别直接回答
	探讨文化多样性的意义	讨论	A	C	小组讨论,课堂交流
环节三:"新丝路"发展未来	商议推进"一带一路"发展的措施	商议	A	C	小组讨论,课堂交流,教师总结
	面对文化多样性,青少年应如何担当	讨论	C	B	讨论交流
环节四:"新丝路"丽景	感悟文化多样性	讨论、交流	C	B	讨论交流、制作展示

注:(1)问题指向,很明确记为 A,较明确记为 B,不明确记为 C;(2)问题层次,强化基础为 A,加强理解为 B,提升能力为 C;(3)应答方式,直接回答记为 A,思考后回答记为 B,讨论后回答记为 C。

(3)观察结果分析及教学建议。本节课共四个环节,设计议题"文化的民族性与多样性",每一环节都围绕学科概念,有一个议题情境及由此展开的子议题。子议题设计由浅入深,能力要求由简单到复杂,能较好地体现思维能力进阶。

本节课共7个问题,以陈述、识别为任务要求的简单问题3个;以分析、讨论、商议为任务要求的一般性问题4个。问题设计由易至难,思维要求层层递进。从学生表现看,对于简单要求的问题,基本能一步到位,对于分析、商议、讨论类问题,能积极参与,从教材入手,结合生活解决问题。在这一过程中,学生自主性得以充分激发,问题也得到有效解决。

在"环节四:'新丝路'丽景"情境下,设计子议题4"感悟文化多样性",让学生以"世界因不同而美丽"为主题,以小组为单位制作一期手抄报。这个活动本身确实是对学生科学精神的培育、参与能力的锻炼,但是该环节缺失了课堂展示与评价环节,不利于发挥学生的积极性与主动性。

2.裴亚静老师的观察报告

(1)观察点说明。高中思想政治学科核心素养培育要求我们不但要解决知识和经验的输入问题,而且要解决知识和经验的输出问题。知识和经验的输入、输出问题就是我们课堂中要完成的任务,任务完成情况决定课堂效率。

(2)观察工具设计与观察结果记录如表2。

表2 知识目标落实情况观察记录

活动环节		知识表述		知识运用		
		正确	熟练	准确	较熟练	不熟练
导入		新课导入,不涉及知识目标				
环节一	重走"古丝路"	文化具有民族性	文化民族性的地位、作用及表现	文化民族性的表现		
环节二	"新丝路"发展现状	文化具有多样性	文化多样性的意义		如何对待文化多样性	
环节三	"新丝路"发展未来	文化具有多样性	文化多样性的意义		尊重文化多样性	
环节四	"新丝路"丽景		文化多样性的意义	文化民族性的表现	如何对待文化多样性	

(3)观察结果分析及教学建议。关于"文化的民族性",学生大多知道教材知识,对子议题1的第一个问题"寻找古丝绸之路上的中华文化印记",学生读取视频信息;但是,对于子议题1的第二个问题"分析民族文化是一个民族区别于其他民族的独特标识(不同的建筑艺术、舞蹈艺术、饮食习惯等承载着不同的文化内涵,可列举其他民族、国家的例子加以说明)",学生只能生搬硬套课本知识点,不能结合不同民族、不同国家的例子分析。由此可以看出,学生对"文化民族性的地位、作用"知识的理解与迁移能力不足,需要教师有意识、长时间跟进培养。

围绕"文化具有多样性"设计子议题2"如何认识文化的多样性",要求学生完成三个任务——描述多姿多彩的文化、探讨文化多样性的意义、商议推进"一带一路"发展的措施。从学生表现看,第一个任务有一位学生回答,能快速从情境、视频及教材中提取信息,语言简练;第二个任务学生讨论后作答,稍显逊色,回答的小组因为欠缺时政及相关生活经验,只能描述教材内容,不能结合材料进行分析例证;针对第三个任务,学生可根据自己的经验,结合时政背景进行分析。开放式任务有利于锻炼学生的思维能力,需要教师加大对时政材料的经常性渗透和对生活经验的对接性训练。

3.任湾湾老师的观察报告

(1)观察点说明。活动是议题式教学区别于传统教学的显著特征,强调学生的主体性、思维的参与度和形式的多样性。对于活动情况的观察,可从活动形式、学生思维度及学生主体性方面入手。

(2)观察工具设计与观察结果记录如表3。

表3　学生参与活动情况观察记录

学生参与\活动环节	辅助倾听方式			参与问答			参与讨论	
	观看	查阅	补充	人数	形式	典型事例	人数	表征
新课导入	观看照片,对应历史				齐答	古丝绸之路、新丝绸之路		
如果敦煌壁画会说话,它将告诉我们一个怎样的古代丝绸之路	观看视频,记录信息			2	个别	寻找古丝绸之路上的中华文化印记	40	同桌交流
		查阅书本		2	个别	举例分析民族文化是一个民族区别于其他民族的独特标识		
如果敦煌壁画会说话,它将告诉我们一个怎样的古代丝绸之路	观看视频,对应历史			1	个别	从建筑艺术、舞蹈艺术、饮食习惯等不同角度感悟民族文化,明确文化民族性的地位、作用及表现	48	六人分组讨论,形成发言稿
如何认识文化的多样性		查阅课本,结合情境		1	个别	描述多姿多彩的文化		
		查阅课本,结合情境		2	个别	探讨文化多样性的意义	40	同桌交流
面对文化的多样性,青少年应如何担当		查阅课本,结合情境		3	个别	商议推进"一带一路"发展的措施	48	六人分组讨论,形成发言稿
		查阅课本,结合时政		2	个别	探讨青少年应如何面对文化的多样性	48	

(3)观察结果分析及教学建议。观察学生的参与度,主要从参与问答、参与讨论及辅助倾听方式三个角度考量。从学生参与问答可以看出,本节课涉及一些文化现象,学生热情高涨,参与度较高,回答问题形式有齐答和个别回答两种。采取六人分组讨论、同桌交流等形式,学生都可以选取自己感兴趣的角度参与交流、发表意见。"商议推进'一带一路'发展的措施"及"探讨青少年应如何面对文化多样性"两个问题,学生参与度也较高,表述也较为科学。"探讨文化多样性的意义"则稍显不足,学生拘泥于课本,缺乏理解与分析的过程,参与度与思维度有所欠缺。

在议题式教学中,通过活动,使情境与课本知识点相互关联:情境—知识点,表现为知识的理解;知识点—情境,即理解知识点后回归情境,将知识迁移至新情境,以解决问题。在议题式教学中,活动设计影响学生参与的广度与深度,考验教师的素养与能力。高质量的活动设计需要教师不断提高自身的信息搜集能力、语言表达能力和课堂应变能力,充分关注学生状态,及时引导议学活动,充分发挥学生主体作用。在议学活动中,有时学生会陷入沉默,学而不议。为避免这种情况,教师需观察、把握学生状态,主导课堂活动,助推学生参与。教师要思考应何时介入,如何引导学生探究、学习、讨论,如何提高学生引用生活素材分析与解决问题的能力。只有做到课程内容生活化、生活素材课程化、活动设置多样化,才能提高学生参与活动的广度与深度,把议题式教学推向深入,才能产生更好的课堂教学效果。

【附:教学设计】

议题:文化的民族性与多样性。

情境主题:新丝绸之路。

(一)教学思路

围绕"文化的民族性与多样性"议题,将教材知识分解为若干大概念,明确课前、课中、课后三个阶段的不同学习任务;利用多媒体信息技术,开展自主学习与合作探究;创设学生熟悉的情境,引导学生将文化民族性、文化多样性与生活经验有机结合,体会文化的民族性,理解文化多样性的价值。

(二)教学路线

议题线:由议题"文化的民族性与多样性"引领问题串,即"寻找古丝绸之路上的中华文化印记—分析民族文化是一个民族区别于其他民族的独特标识—如何认识文化的多样性—感悟文化多样性—主题手抄报"。

情境线：由"重走'古丝路'—'新丝路'发展现状—'新思路'发展未来—'新丝路'丽景"组成，提供"议中学"的载体。

活动线：自由发言—个人发言、小组交流与讨论—小组决策—绘制主题小报。

知识线：寻找古丝绸之路上的文化印记—分析文化民族性地位、作用—理解文化多样性—展望'新丝路'发展未来。

(三) 教学结构

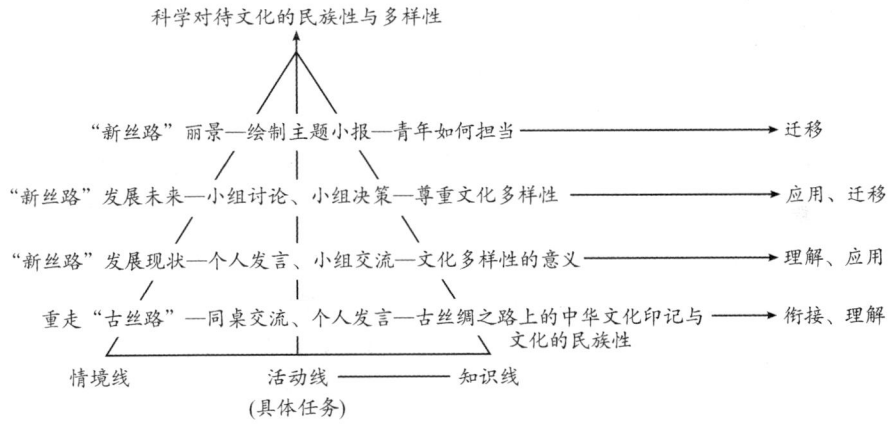

图1 教学结构鱼骨图

(四) 教学过程

议题：文化的民族性与多样性。

导入：展示两张照片(一张为"古丝路"地图，一张为"新丝路"地图)，让学生对应古丝绸之路、新丝绸之路，引入议题情境。

环节一：重走"古丝路"

学科概念：文化的民族性。

子议题1：寻找古丝绸之路上的中华文化印记，在此基础上，分析民族文化是一个民族区别于其他民族的独特标识(不同的建筑艺术、舞蹈艺术、饮食习惯等承载着不同的文化内涵，可列举其他民族、国家的例子加以说明)。

议题情境：如果敦煌壁画会说话，它将告诉我们一个怎样的古代丝绸之路？这个动画版的敦煌壁画，生动再现了这条东起长安、西至罗马的商贸之路。这条路上，经济、文化、社会生活等方面的中外交流络绎不绝。我们一起来看！

播放视频"丝路时刻：敦煌壁画'活了'"。

议学活动：小组商议、交流展示。

设计意图:以议题描述形式,让学生从熟悉情境入手,直观感受文化的民族性;以"分析民族文化是一个民族区别于其他民族的独特标识"形式,让学生从建筑艺术、舞蹈艺术、饮食习惯等不同角度感悟民族文化,明确文化民族性的地位、作用及表现。

环节二:"新丝路"发展现状

学科概念:文化的多样性。

子议题2:如何认识文化的多样性?

议题情境:世界文明的魅力在于多姿多彩,人类进步的要义在于互学互鉴。千百年来,古丝绸之路见证了沿线国家在互通有无中实现发展繁荣,在取长补短中绽放灿烂文明。"新丝路"以文明交流超越文明隔阂、以文明互鉴超越文明冲突、以文明共存超越文明优越,推动各国相互理解、相互尊重、相互信任。文明的多样性是人类社会的基本特征,这种多样性将长期存在。文化多样性是近代以来人类追求文化平等的理想信念。身处同一个世界,每一种文明都是世界文化大花园中的"一朵花",不管明艳绚丽,还是素雅简单,都有存在的价值。

议学活动:描述多姿多彩的文化、探讨文化多样性的意义。

设计意图:以议题探讨形式引导学生描述多姿多彩的文化,感受文化多样性,并在此基础上,深入探讨文化多样性的意义。

环节三:"新丝路"发展未来

学科概念:尊重文化多样性的措施。

子议题3:如何尊重文化的多样性?

议题情境:文化的多样性正成为世界共识。在"一带一路"建设中,我国应将提升文化自信与保护世界文化多样性的理念统一起来,以自信的胸怀尊重、保护不同国家的文化多样性。假如你是相关部门负责人,你会如何从文化角度推进"一带一路"发展呢?在此过程中,作为青少年,应如何担当呢?

议学活动:商议推进"一带一路"发展的措施。

设计意图:以议题决策形式,在认识文化多样性基础上,以情景模拟、议题决策形式,探讨"我国应如何推进'一带一路'的发展,在此过程中青少年应如何担当"。

环节四:"新丝路"丽景

子议题4:感悟文化多样性。

议题情境:多年来,"一带一路"沿线各国开展了形式多样的文化交流活动。

中国与沿线国家互办艺术节、电影节、音乐节、文物展、图书展等活动,合作开展图书、广播、影视精品创作和互译互播。身处同一个世界,每一种文明都是世界文化大花园中的"一朵花",不管明艳绚丽,还是素雅简单,都有存在的价值。

议学活动:请同学们以"世界因不同而美丽"为主题,以小组为单位,制作一期手抄报。

设计意图:以议学延伸形式引导学生感受"新丝路"沿线国家的风土人情,深刻理解文化的民族性与多样性,尊重文化多样性,增强文化自信。

板书设计:

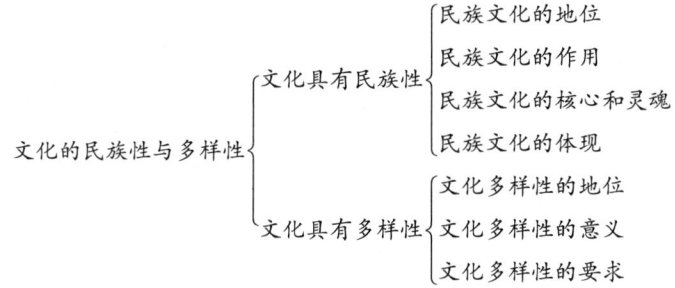

"正确认识中华传统文化"议题式教学课堂观察

杨　雪

【简介】

授课教师:杨雪,江苏省常州市武进高级中学教师,中学一级教师。

教学主题:"正确认识中华传统文化"新授课。

教学议题:传统文化是财富还是包袱?

观察教师:江苏省武进高级中学政治组部分教师。

活动目的:议题式教学作为培育学科核心素养的有效路径和主要抓手,成为新一轮高中思想政治课程改革的最大亮点和鲜明特色之一,引起广泛的关注及探索。借助公开课契机,以"传统文化是财富还是包袱"为总议题,对议题式教学进行尝试与探索。

【课前会议】

(一)杨雪老师说课

1.主题说明

课题类型。本课为新授课,将采用议题式教学。总议题为"传统文化是财富还是包袱"。新课标中提出的议题式教学是教学实践经验总结与直面现实问题相结合而提出的一项重大理论革新,对推进教学方式、学习方式、评价机制变革具有重大意义。议题式教学作为培育学科核心素养的有效路径和主要抓手,是新一轮高中思想政治课程改革的最大亮点和鲜明特色之一。前期,在广大专家同行的不断探索中,已产生了积极的理论成果和实践效果。议题式教学的理论与实践仍有巨大的空间等待挖掘和探寻。作为一名处于教学一线的思想政治课教师,要努力做一个"理论的实践者"和"实践的理论者"。为了更好地对议题式教学进行尝试与探索,我决定开设本节公开课,也请各位同事根据前期教学研究情况,结合议题式教学的基本特征和相关要求,选取不同的观察点,对

杨雪,吉林市人,本科学历,江苏省武进高级中学教师,武进区骨干教师,主要从事思想政治学科议题式教学和综合性教学等方面的研究。

本堂公开课进行课堂观察。

　　本框内容与地位。本框为统编高中思想政治必修4《哲学与文化》第七课第二框。《哲学与文化》教材第三单元探究文化传承与文化创新的相关问题,整体思路可以用三个短语概括,即不忘本来、吸收外来、面向未来。其中,第七课"继承发展中华优秀传统文化"主要引导学生认识文化的内涵与功能,正确认识中华传统文化,弘扬中华优秀传统文化与民族精神。

　　中华文化如何产生？中华文化具有怎样的特点？对待中华传统文化的正确态度是什么？中华优秀传统文化的主要内容有哪些？中华优秀传统文化在当代有何价值？如何弘扬中华优秀传统文化？这些都是本框教学要解决的问题。学习和理解这些问题,有助于我们弘扬民族精神、增强文化自信、促进文化发展。因此,本框教材内容承上启下,对实现本单元教学目标具有重要作用。通过教学,让学生把握中华文化的产生和特点,理解中华优秀传统文化的主要内容、当代价值,培育学生思想政治学科核心素养。

2.学情分析

　　必修4为高二年级使用的教材,而本次公开课教学对象为高一学生。虽然学生没有前面的教材理论作为基础,但是学生对传统文化并不陌生,有一定的生活经验和情感体验作为基础。在教学情境创设上,我准备以中医文化这个学生相对熟悉的素材为切入点,帮助学生将需要探究的内容与熟悉的生活经验联系起来,促使学生加强对中华传统文化的了解和把握,加强正确价值观引导,提高学生的判断、甄别能力,正确认识中华传统文化,进而树立文化自信,激发学生主动学习、继承、弘扬和传播中华优秀传统文化的热情和责任感。

　　高中生的思维能力明显地从经验水平向理论水平转化,思维有更高的抽象概括性,并开始形成辩证逻辑思维。他们的创造思维也有了很大发展,已经能用理论指导分析各种事实材料。同时,学生思维的独立性和批判性也有明显发展,表现为喜欢质疑和争论,进一步深入探索事物的根本原因,而不愿采取轻信盲从的态度,并能对自己的思维进行反省和自我调控。他们求知欲旺盛,对外界的一事一物都充满好奇。现实生活中,他们关注国际形势、国家发展、身边生活,具备一定的比较、分析、辨别和评价能力。他们极爱探索钻研,并且迫切追求自我实现,自我评价能力有所提高。这些都为进行议题式教学设计提供了思维基础和条件。

3.教学目标

以中医文化为素材创设议学情境,通过设置序列化议题,参与议学活动并完成系列议学任务,感受中华文化的源远流长、博大精深;理解中华文化是中国人民勤劳勇敢、自强不息创造得来的;感受中华文化的独特性、丰富性、包容性,以及强大的创造力、生命力和凝聚力;培养正确看待中华传统文化、辩证分析问题的科学精神;体悟中华优秀传统文化的主要内容,说明中华优秀传统文化的当代价值,坚定文化自信,提高继承和弘扬中华优秀传统文化的主动性和自觉性。

4.教学环节

(1)课前准备。确定课堂小辩论辩题及主持人;通过调查,确定正反辩方及主辩手;正反双方学生根据辩题搜集整理相关支撑材料;教师指导和帮助学生查阅资料,并提供相关拓展阅读材料。

(2)导入新课。从电视剧情节、眼保健操动作、中医养生等生活实例入手,激发学生兴趣,引出中医这一传统文化话题。

(3)进行新课。总议题为"传统文化是财富还是包袱"。进一步划分三个子议题,三个子议题再分解为系列化活动和任务,通过课堂调查、课堂辩论、课堂分享等形式,引导学生理解和把握本课内容。

子议题1:中华传统文化有何特点?该议题主要引导学生感受中华文化的源远流长和博大精深。

子议题2:中华传统文化优劣何在?该议题是三个子议题中的重点议题。通过这一议题,引导学生体悟:源远流长、博大精深的中华传统文化,是中国人民勤劳勇敢、自强不息创造得来的。一方面,是我国各民族在交流、碰撞、交锋中发展起来的。另一方面,是在与世界各国文化的交流、碰撞、交锋中发展起来的。通过辩论,引导学生正确认识中华传统文化的内容,树立对待传统文化的正确态度,培养学生的辩证思维能力和科学精神。通过展示21世纪以来中医药发展成果,尤其是在抗击新冠肺炎疫情中,中医药发挥的显著效果与独特作用,引导学生增强文化自信,形成对国家大力推进中医药传承创新这一政策的政治认同。

子议题3:因何弘扬优秀传统文化?师生之间分享中医经典,引导学生进一步感悟中医文化中蕴含的讲仁爱、重民本、守诚信、崇正义、尚和合、求大同等核心思想观念、自强不息、敬业乐群、扶危济困、见义勇为、孝老爱亲等中华传统美德，以及促进社会和谐、鼓励人们向上向善等中华人文精神，引导学生探究中国优秀传统文化的当代价值及当前中华优秀传统文化的传承与创新成果，感受中华优秀传统文化在当代中国与世界发展中所展现的独特魅力与价值。

(二) 成员交流

刘文慧：新课标在课程实施建议中明确指出：围绕议题，设计活动型学科课程的教学。沈雪春老师在《试论思政课议题式教学的基本特征》一文中指出：通过议题的引入、引导和讨论呈现和解决问题，是议题式教学区别于其他教学方式的独特内质。文章强调"以议题方式呈现问题，是议题式教学的首要特征""以议学方式解决问题，是议题式教学的本质特征"。学生在开放性、引领性、探究性、思辨性议题引导下，通过参与序列化活动，完成任务型指令，以"议学"方式解决问题，在"议中学""议中辨""议中论""议中学""议中做"基础上，形成思想政治学科核心素养，是议题教学的应有之义。因此，如何精心设置议题和教学流程，科学合理设计问题链条，关乎议题式教学的成效。因此，我想以议题设计作为观察点，主要观察议题设计的合理性及课堂推进情况。

杨雪：我认为刘文慧老师的观察点一下子就抓住了议题式教学最显著的特征。同时，议题设计确实是议题式教学设计与实施的首要问题。如何设计合理的总议题，如何将总议题合理有序分解，并通过序列化问题推进，也是我备课中遇到的重点和难点问题。我认为，这一观察点的设立十分必要。

刘文慧：刚刚听了杨雪老师的课前介绍，我认为本堂课以"传统文化是财富还是包袱"为总议题是合理的，这一议题与学科知识、学业评价紧密联系，也是高中思想政治课教学中最常见的问题。以三个子议题推进教学，容量合理。三个子议题的设置在学科内容上也很有针对性，思路清晰。对具体的问题链条设计及议题推进教学的实施效果，还须在课堂实践中验证。

王栋："无情境，不教学。"情境，尤其是真实情境，是议题式教学的必然载体。因为议题必然要依靠情境推进，学生也必然要在情境中参与议学活动，学科理论的理解及学科素养形成也必然在与真实情境的对话与互动中才能落地。创设良好教学情境，有利于密切师生关系、营造良好课堂氛围；有利于促使学生产生学习的兴趣和动力，激发求知热情；有利于学生在真实的、复杂的情境中引发思考、启迪智慧、增强理解、提高能力、形成素养。因此，我想以议学情境选择与创设作为观察点,主要从情境选择的真实性、时政性、生活性、生动性等维度观察议学情境选择与创设及课堂实效等问题。不知大家有什么意见或建议?

刘文慧:高考蓝皮书《中国高考报告》提出"三线"是今后高考命题的基本方向,即:"核心价值金线""能力素养银线"及"情境载体串连线",并指出"无情境,不命题;无情境,不教学"。议题式教学要愉快、有效、成功开展,必然离不开良好的教学情境。因此,我认为这一观察点选择十分必要。

宋清华:"构建以培育核心素养为主导的活动型学科课程"是新课标最显著的亮点。"活动型学科课程"既是课程的本质属性,又是课程的实现方式,是重建思想政治新课程的必然选择和手段,是思政课培育学科核心素养的关键抓手。对于思想政治课教学来说,应通过一系列活动设计的系统安排呈现和展开学科内容。活动型既是新课标要求,也是议题式教学应具备的基本特征。议题式教学中,学生应以活动方式参与议学,教师要通过设计议学活动推进教学,在议学活动中形成与发展学科理论和学科素养。要有效开展议题式教学,议学活动和任务设计也至关重要。所以,我准备以议学活动设计作为观察点。

杨雪:活动是开展议题式教学的具体方式,关乎课堂教学质量。我认为,这一观察点也很有必要。建议在观察和研究中既要关注议题式教学活动设计与其他教学方式活动设计的共通之处,又要着重研议议题式教学活动设计的特殊性。

章狄青:本课教学中,杨雪老师将以中医文化为议学情境。课堂中,学生要交流、讨论、分享、辩论、观看视频等,活动也很丰富。但是,基于活动型学科课程的定位,活动、议题仅仅是学科内容的载体,都要为学科内容落实服务。教学中,我们必须关注学科内容的落实情况,包括学科知识、学科核心素养等。因此,我觉得从学科内容建构性角度进行课堂观察十分必要。

(三)讨论确定观察点

刘文慧老师:议题设计。

宋清华老师:议学活动设计。

章狄青老师:学科内容建构。

王栋老师:议学情境的选择与创设。

【课中观察】

(一)观察工具

观察表、摄像机、录音笔、录播教室。

(二)观察位置

刘文慧老师观察议题设计与课堂推进情况;王栋老师观察议学情境的选择、创设及课堂推进情况;宋清华老师观察课堂活动、任务设计及课堂推进情况;章狄青老师观察课程性质、教学目标、教学内容、教学评价等。观察者提前五分钟来到高一(7)班教室,根据自己的观察点确定观察位置。课中,观察者根据承担的观察任务,运用观察量表进行观察和记录。

【课后报告】

(一)授课教师反思

今天这堂课是一次非常有意义的探索。议题式教学可以把课堂还给学生,学生也让我很惊艳。他们思维活跃、知识面广,关注时政、关心祖国发展,也善于观察生活。无论是回答问题,还是参与课堂交流、讨论、辩论,他们思路清晰,语言表达能力强,综合素质高。他们在课堂中神采飞扬、个性张扬、乐于表达。不过这堂课上下来,感觉压力还是蛮大的。课前,我查阅了大量资料,做了很多准备,但跟学生表现比起来,我觉得还要准备得更加充分一些。另外,每次议题式教学也总有些遗憾,课前总是要花大量的时间取舍,可是课上觉得时间还是很难把控,不是时间过长,影响教学进度,就是感觉议得还不够充分。下面,还请我们各位观察员能针对本节课的教学情况,从各个方面和角度多提出批评和建议,使我能够在以后的教学中不断改进议题式教学的设计与实践。

(二)观察分析报告

1.刘文慧老师的观察报告

我从"议题设计"角度观察本堂课。在议题设计上,杨老师将总议题"传统文化是财富还是包袱"进一步细分为三个子议题,每个子议题都有要针对性解决的学科内容,指向一定的教学目标。从课堂容量看,三个子议题比较适量。议题不宜过多,否则议不充分,就只能流于表面、流于形式。其次,从议题的层次关系看,三个子议题之间存在递进关系,形成序列化议题。学生在解决三个议题的活动中,对传统文化的认识和理解不断深入、情感不断升华。再次,在解决每个议题过程中设计了问题与活动。从整堂课看,三个议题中有9个主要问题,还伴随一些随机小问题。从问题设计看,有针对性、层次性。我要提出的一个问题是:9个主要问题都是预设性问题吗?课堂一定要有预设问题。预设性问题体现了对教材文本的尊重,也体现了教学是有备而来,避免提问的随意性,通过预设推敲,可以提高提问的科学性。但是,课堂具有预设与生成的双重特性。尤其在新课改背景下,更应强调两者兼顾、相得益彰。遗憾的是,本堂课问题预设过多、生成不足,这方面可以进一步探索和加强。另外,在问题设计上,辩题和辩论赛环节的议题开放性强;关于中医文化经典品读的议题设计具有开放性,引导学生从不同角度列举实例和谈论中华优秀传统文化对当代发展的价值。我认为其他的议题,尤其是以问题呈现的议题,还可以再仔细斟酌,使问题的设计更加合理、表述更加科学,也可以增强议题或问题的思维含量。

表1 议题设计观察记录

总议题:传统文化是财富还是包袱		子议题1	子议题2	子议题3
议题类型		描述性议题	论证性议题	描述性议题
问题数量		3	5	1
问题设计		课堂调查： 1.中医知多少 2.如何用一些词来形容中医文化的特点 3.生病时首选中医(药)还是西医(药),为什么	1.辩论赛:中医好还是西医好 2.中医得以发展至今的原因 3.被称为"汉医"的中医是不是仅由汉族人民创造的 4.如何正确看待中医存在的问题 5.中医药发展的具体成就	列举中医经典,谈谈其在当代有何价值
针对内容		中华传统文化的特点	中华传统文化的产生及对待中华传统文化的正确态度	中华优秀传统文化的主要内容及当代价值
评价（★★★★★）	开放性	★★★	★★★★	★★★★
	思辨性	★★★	★★★★	★★★
	引领性	★★★	★★★	★★★★
	生成性	★★	★★	★★
	序列化	★★★★		
反思与建议		1.议题与问题数量适中 2.更好地发挥议题对课堂的推进作用 3.处理好议题及问题的预设与生成 4.问题设计的合理性与严谨性		

2.王栋老师的观察报告

我的观察点是"议学情境的选择与创设"。观察的目的在于研究议题式教学中如何合理选择与创设议学情境。在本节课的导入环节,杨老师通过自己起"火气"这一生活情境引导,激发学生的兴趣和热情,把学生带进良好的课堂情境,使学生很快进入议学状态。课堂上,杨老师以语言引导为主,并伴有点头、微笑等非语言方式引导。杨老师教态亲切自然,语言表达准确、规范,富有感染力,使学生在和谐融洽的师生关系基础上开展议学活动。从整堂课看,杨老师选择中医文化这一素材作为议学情境,涉及中医的发展、中西医的碰撞交锋、中医药在新世纪尤其是抗击新冠肺炎疫情中的成果、中医文化经典内容分享等。虽然以中医这一情境讲传统文化并不算新鲜,但杨老师能够将中医这一情境吃透,使整堂课显示出极强的设计力,站在历史与现实交汇点,审视中西医之间的碰撞交锋。这让一个传统教学材料有了新的生命力。一例到底,一气呵成,情境的整体性增强了课堂的整体性。中医文化这一素材和情境发生在学生身边,学生较为熟悉,因此学生有话讲。同时,学生感兴趣,乐于倾听和表达。值得商榷的地方是,这节课只用中医药这个情境和素材讲传统文化虽然很典型,但是会把中华传统文化内容窄化了。情境还应更丰富、多元,不能以一个特殊的情境代替一般、全部情境。整堂课上下来,我感觉主题是"如何正确认识中医文化",而不是"如何正确认识中华传统文化"。学生在现实生活中遇到的也可能是非良构情境,因而可以多设计一些劣构情境。

表2　议学情境创设观察记录

总议题:传统文化是包袱还是财富	子议题1	子议题2	子议题3
议学情境	生活情境:为教师诊断身体状况及回顾生活中所用到的中医知识	1.生活情境:自己生病首选中医(药)还是西医(药) 2.历史情境:百年中医存废之争 3.时政情境:新世纪中医药发展成就 4.政策情境:国家对中医药发展的政策	1.文献情境:中医药经典故事、名言等 2.时政情境:中国抗击新冠肺炎疫情中彰显的中医理念等
资源利用方式	借助语言、动作创设教学情境	借助"背景"和图像、媒体创设教学情境	借助文献和图像创设情境

续表2

总议题:传统文化是包袱还是财富		子议题1	子议题2	子议题3
评价 (★★★★★)	真实性	★★★★★	★★★★★	★★★★★
	时政性	★★	★★★★	★★★
	生活性	★★★★	★★★★	★★★
	生动性	★★★★★	★★★★	★★★
	实施效果	★★★★	★★★★	★★★
反思与建议		议题式教学关注议学情境创设的整体性、生活化、多元化等		

3.宋清华老师的观察报告

我的观察点是"议学活动设计"。在本节课中,杨老师设计的议学活动具有明确的目的性,伴有典型的任务驱动,并采取讲授式、谈话式、研讨式、辩论式等多种形式。学生在议学过程中主要的参与形式有倾听、观看、主持、讨论、辩论、思考、交流、分享等。从整堂课看,议题式教学能够把课堂还给学生,充分发挥学生主动性、积极性和创造性。首先,小辩论赛活动是亮点,学生主动表达、大胆质疑,辩论相当热烈。学生很喜欢这一形式,进一步提升了参与度。其次,从课堂上学生的状态看,整个教学过程中专注倾听的有51人,占92.7%,相当不错。课堂各个环节中,回答问题、参与辩论和分享交流的达到26人,并且全部都是主动应答,这令我很惊讶。另外,我注意到在课堂讨论环节,学生主要以前后四人为一组进行讨论,全班同学都参与其中。讨论过程中有一定争论,有思维碰撞。我还发现,学生在讨论过程中有分工,有人负责记录整理,有人负责总结发言。学生参与讨论的习惯很好。

从发挥学生主体作用角度看,这堂课非常成功。也看得出来,这是一个长期积累的过程,并非一日之功。就今天这堂课来说,学生能够有这么广的参与度、这么高的参与热情,离不开杨老师的活动设计与实施,这值得我们学习和借鉴。活动设计以及引导也体现了杨老师在这堂课中发挥的主导作用及其教育教学机智。在主导性与主体性相统一方面,我认为这节课很成功。通过这节课的观察,我有几点体会:一是议题式教学活动设计要有明确的目的,活动与学科教学内容相关,形式应多而不乱、活而有序,并且具有很强的操作性。二是活动的设计要站在学生角度和立场,从学情出发,找准学生的兴趣点和思维点。三是平时教学中,要注重培养学生参与活动的习惯和方法。在学生回答问题的各个环节,杨老师积极引导、及时点评、反馈总结。我觉得教师要适时引导,但不能代替学生思考与总结。这节课,杨老师讲得有点多,让学生自己总结结论性观点可能会更好。

表3 议学活动设计观察记录

总议题:传统文化是财富还是包袱		子议题1	子议题2	子议题3
课程内容		中华传统文化的特点	中华传统文化的产生及对待传统文化的正确态度	中华优秀传统文化的主要内容及当代价值
活动形式		谈话式、问答式	辩论式、问题探究式	研讨式、讲授式
典型任务类型		个人经验分享型任务	比较型任务	列举型任务
评价 (★★★ ★★)	生本性	★★★★	★★★★★	★★★
	趣味性	★★★	★★★★	★★★
	参与度	★★★★	★★★★★	★★★
反思与建议		议题式教学依托生本课堂,以目标引导学生参与议学活动,以典型任务驱动,通过形象感染、趣味激发、教师点拨,使学生兴趣浓厚、参与度高,教学效果好		

4.章狄青老师的观察报告

我的观察点是"学科内容建构"。"施教之功贵在导航。"本堂课,杨老师通过精准选材、精心设计,有策略地引导,有效地促进学生核心素养的形成。课堂的情境、材料能够引发学生共鸣,使学生的情感得以升华。本节课能将思想政治学科核心素养贯彻始终,并且潜移默化、润物无声地传达给学生,收效很好。我有一点疑问:政治认同、科学精神、法治意识和公共参与是学科核心的关键素养,但不是全部内容。议题式教学中,我们是否要把知识性、理论性内容再抓实一些,增强学生理解和表述的准确性;是否有必要在课堂教学中增加一些相应训练。杨老师在本堂课对教材内容进行了重新整合和合理处理,符合学生的认知特点和规律。议题式教学应具有大单元理念,尝试从核心概念入手,开展大单元教学。杨老师可以再大胆一些,打破教材原有框架结构,将议题式教学与大单元教学整合起来。

表4　学科内容建构观察记录

总议题:传统文化是财富还是包袱	课程内容	学科理论(★★★★★)			核心素养(★)			
		正确度	熟练度	迁移度	政治认同	科学精神	法治意识	公共参与
子议题1	中华传统文化的特点	★★★★	★★★★	★★★	★			
子议题2	中华传统文化的产生及对待中华传统文化的正确态度	★★★	★★★	★★★	★	★		
子议题3	中华优秀传统文化的主要内容及当代价值	★★	★★★	★★★	★			★
反思与建议	1.把知识性、理论性学科内容的正确度作为学科重要的、基础的素养抓牢抓实,应适当增加相应训练 2.从整体上把握教材前后联系,教材处理要有大单元理念							

【附:教学设计】

总议题:传统文化是财富还是包袱?

引入议题:人吃五谷杂粮,哪有不生病。生病,就免不了要求医问药。因此,作为中华传统文化的中医一直备受关注。本节课借中医的话题谈一谈中华传统文化。

子议题1:中华传统文化有何特点?

议题情境:老师最近身体不适,并有一些外显症状。

议学活动:课堂调查、师生互动、角色扮演,为老师诊病并提出治疗建议。

议学任务:体悟生活,总结概括中华文化的特点,认同源远流长、博大精深的中华文化,树立文化自信。

小结:作为中国人,我们每个人每天的生活都与中医有着不解之缘。中医文化是中华文化的一个重要组成部分。通过中医文化,我们可以强烈地感受到中华文化源远流长、博大精深的特点。

过渡:源远流长、博大精深的中医在古代成绩斐然,不但对中国医学产生重要影响,而且对汉字文化圈的国家影响深远。清朝末年,随着现代医学(即西医)传入中国,我国一直是中西医并存。

子议题2:中华传统文化优劣何在?

议题情境:生活中,你或者你的家人生病,一般会首选中医(药)还是西医

（药）？为什么？

议学活动：师生交流，生生交流，分享生活经验。

设计意图：通过中西医对比，感受中西医的激烈交锋，引出本议题的主要议学情境、议学活动，并完成议学任务。

议题情境：百年中医存废之争：自清晚期西医传入中国开始，中西医之争就从没停止过。力挺中医者有之，推崇西医者有之，主张将中医发扬光大者有之，主张废除中医者亦有之。（列举双方代表人物及观点）

议学活动：课堂辩论：以"中医好还是西医好"为辩题展开课堂辩论，由学生主持，分为立论、驳论、自由辩论、总结陈词四个环节。

议学任务：完成辩论任务，在辩论中提高逻辑思维能力、语言表达能力，培养辩证分析问题的科学精神。在观点交锋中理解中华文化是中国人民勤劳勇敢、自强不息创造出来的，感受中华文化的独特性、丰富性、包容性和强大的创造力、生命力、凝聚力，正确看待中华传统文化。

总结：中医承载着中国古代人民同疾病作斗争的经验和理论知识，是长期医疗实践的总结。中医以汉族创造的传统医学为主，融合了少数民族医学，如藏医、蒙医、苗医、回医等。中华各民族医学在相互交融、相互促进中，共同熔铸了灿烂的中医文化。中华文化注重吸收和借鉴外来文化的有益成果，不断增强其包容性，促进自身发展。中西医不是非此即彼的关系。中医借鉴和吸收西医的有益成果，不断增强其包容性，促进自身发展。

产生于古代的中医，在其发展过程中，由于受各种条件的限制，确实存在陈旧过时或已成为糟粕的东西。对待中医的正确态度是"取其精华、去其糟粕"，还要不断"推陈出新、革故鼎新"，推进中医现代化、科学化，推进中医中药的标准化、规范化。

过渡：进入新世纪之后，虽然仍有些人排斥批评中医，我们却欣喜地看到中医发展的新曙光、新机遇。

情境1：据世界卫生组织数据显示：全世界有40多亿人在用中草药，占全世界人口的80%。中草药市场遍及全球。2003年抗击"非典"，2009年防治"禽流感"，中医都发挥了很好的作用。2015年，屠呦呦因发现青蒿素，有效降低疟疾患者的死亡率，从而成为首获科学类诺贝尔奖的中国人。2018年，世界卫生组织首次将中医纳入具有全球影响力的医学纲要，虽然只是介绍传统医学分类，但足见中医的影响力。

情境2:面对突如其来的新冠肺炎疫情,中医药广泛地参与了医疗实践。据国家中医药管理局数据显示,截至2020年2月17日,全国中医药参与救治新冠肺炎确诊病例共计60107例,占比85.2%。(播放视频——"中医是如何抗'疫'的")

总结:中医思维独特、疗法多样、临床有效,是给世界提供的抗疫中国智慧和中国方案之一。现代医学体系以西医为基础,中医难以在西医理论为基础的现代医学评价体系里拥有自己的话语权。但是,现代的科学不代表绝对正确,科学也是一个不断发展、修正的过程。未被现代科学证明,不代表就是错误的,随着科学技术和医疗实践的不断发展,中医会从科学角度得以解释和论证。

情境3:2021年全国两会,公众聚焦"十四五"纲要。"十四五"纲要在"全面推进健康中国建设"一章中指出:坚持中西医并重和优势互补,大力发展中医药事业。健全中医药服务体系,发挥中医药在疾病预防、治疗、康复中的独特优势。加强中西医结合,促进少数民族医药发展。加强古典医籍精华的梳理和挖掘,建设中医药科技支撑平台,改革完善中药审评审批机制,促进中药新药研发保护和产业发展。强化中药质量监管,促进中药质量提升。强化中医药特色人才培养,加强中医药文化传承与创新发展,推动中医药走向世界。

设计意图:坚定文化自信,正确看待中医药的价值,理解和支持国家政策,坚信在国家的高度重视和推动下,中医药会在新的历史起点上迎来更加光明的前景。

过渡:其实,中医存废之争不仅仅关乎一种医疗技术手段,是一场科学领域的论战,也是中西文化的碰撞、交锋,是一场科学之争,更是一场思想之争、文化之战。中医蕴含的丰富思想与深刻智慧,以故事、名言、格言、谚语等形式,或载于典籍文献内,或经百姓口耳相传,也是中医学的一份宝贵遗产。

子议题3:因何弘扬优秀传统文化?

情境1:新冠肺炎疫情袭来,有钟南山院士的义所当为、虽死不避,有张定宇院长拼渐冻生命、与病魔竞速,有人民英雄张伯礼国医济世、德术并彰,有陈薇院士直面病毒、护航生命,还有千万医护工作者牺牲赴壮志的逆行……

情境2:从不同角度列举典籍文献记载的中医名言、故事、成语或俗语等。

议学活动:交流、分享自己最喜欢的中医人物或故事、名言或成语、俗语,谈谈自己的理解和对自己的启发。

议学任务:通过交流、分享、归纳,体悟中华优秀传统文化的内容及其在当代的价值,使学生坚定文化自信,激发学生主动学习和继承、弘扬、传播中华优秀传统文化的热情和社会责任感,增强主人翁意识。

总结:透过中医文化,我们感受到中华优秀传统文化在当代的价值与魅力。中华文化是中华民族共同的精神标识,涵养中华民族共同的价值观。传承和弘扬中华优秀传统文化能够激发民众的民族自信心和自豪感,有助于促进民族团结、维护国家安全和统一、铸牢中华民族共同体意识。中华优秀传统文化中所蕴含的丰富思想,也能够为解决当代中国和世界发展中的许多问题提供有益借鉴。中华优秀传统文化强调的求同存异、和而不同、和平发展等思想观念,有助于正确认识和处理国际关系,推动建立以合作共赢为核心的新型国际关系,构建人类命运共同体。

(结束语)不忘本来,才能开辟未来;善于继承,才能更好创新。优秀传统文化是一个国家、一个民族传承和发展的根本。中华民族五千多年的文明史,创造、传承着丰富的优秀文化。这些优秀传统文化是民族的"根"与"魂",我们不可抛弃,要很好地传承和弘扬,并在此基础上不断创造出更为先进的文化。

"文化强国与文化自信"议题式教学课堂观察

王倍倍

【简介】

授课教师:王倍倍,一级教师,就职于陕西省西安市第八十三中学,陕西省教学能手,陕西省首届思政教师"大练兵"教学标兵。

教学主题:"文化强国与文化自信"高二新授课。

教学议题:坚定文化自信,建设文化强国。

观察教师:西安市第八十三中学政治教研组教师。

活动目的:课堂观察,是指通过观察课堂的运行状况进行记录、分析和研究,并在此基础上谋求学生课堂学习状况改善、促进教师发展的专业活动。伴随新课标和新课改在全国范围全面实施,新的教学方法——议题式教学日渐受到一线政治教师的关注。但在实际操作过程中,教师还存在很多困惑,如议题如何设计、学生活动如何开展、课堂教学如何评价等。为了深入了解我校政治教师对议题式教学的掌握程度,根据学校要求,进行此次课堂观察活动。

【课前会议】

(一)王倍倍老师说课

1.主题说明

本节课教学内容是必修4《哲学与文化》第九课第三框的内容。本框由"建设文化强国""坚定文化自信"两个部分组成。第九课是全书文化部分的落脚点,本框又是第九课的落脚点,从文化发展的必然选择到文化发展的基本途径,最终落脚文化强国与文化自信。

2.学情分析

(1)学习储备。通过对《哲学与文化》知识的学习,学生对习近平新时代中国特色社会主义思想有强烈的认同感,能真懂、真信、真用,自觉做到知行合一。

王倍倍,陕西西安人,研究生学历,西安市第八十三中学政治教师,一级教师,主要研究方向为思想政治课教学。

自觉拥护党的领导,坚定"四个自信",已基本形成做社会主义建设者和接班人的政治认同。

(2)发展需求。学生对何为文化自信、何为文化强国、文化自信与文化强国具有怎样的关系等的理解更多建立在感性经验上,还需要理性认识的提升。

(3)发展路径。学生在教师创设的情境中,围绕议题和学习任务,通过中华文化之"火"与中华文化之"困"议题辨析组织学生进行课程学习,获得新知,训练思维,培育学科核心素养。

3.教学目标

(1)以"2019年度影响力人物"李子柒案例为素材设计议题,探讨其成功背后的文化原因,了解中华优秀文化,树立高度的文化自信,坚定做中华文化的传播者和弘扬者,培育政治认同素养。

(2)以互联网文化传播为议题,辨析文化传播困境背后的原因,培育科学精神素养;通过探寻中华文化发展方向,坚定走中国特色社会主义文化发展道路,建设社会主义文化强国。

4.教学重难点

教学重点:理解文化自信的来源、表现及坚定文化自信的原因。

教学难点:如何建设文化强国。

5.教学环节

本节课以"坚定文化自信,建设文化强国"为议题,以李子柒为素材创设情境,展示中华文化"走出去",引导学生思考其背后的深层原因并探究如何更好地推动中华优秀文化走向世界;以世界其他文化"渗进来"为线索,引导学生合作探究如何抵御文化入侵与文化霸权,更好地发展中华文化,建设社会主义文化强国。

本节课教学按照"情境导入—议题探究—议题追问—议题决策"流程推进,具有结构化特征;学科内容上,主要引导学生树立高度的文化自信,建设社会主义文化强国,对应教材的一个框题;情境创设上,围绕中华文化设置中国文化"走出去"和外来文化"渗进来"对比案例,具有非结构化特征。以议题式教学为主要方式,议题、情境、活动和任务四要素形成以下四条线索:议题为"如何坚定文化自信,建设社会主义文化强国",在课堂架构中起引领作用;情境线为中华文化"走出去"和外来文化"渗进来",是课堂架构的载体;活动线由"阅读与思考—合作与探究—商议与展示"构成,是课堂架构的路径;任务线是"根据情境对比理解文化自信的来源、表现与重要性,以及如何坚定文化自信、建设社会主义文化强国"。

(二)成员交流

王郁琦老师(观察者):随着新课标和新教材的实施,议题式教学在高中思想政治学科越来越受到欢迎。当然,在认识层面,人们对议题式教学还有不同的观点;在实践层面,议题式教学还处于探索阶段。议题式教学作为新一轮课程改革的有力抓手,成为一线政治教师关注的焦点,但如何进行议题设计,很多教师仍然存在困惑。比如,什么是议题?议题和话题、主题、问题之间是什么关系?是否存在总议题和子议题?议题在课堂教学中到底发挥什么作用?如何发挥作用?如何通过议题实现素养培育目标?本节课,我想从这个角度进行观察。

王倍倍老师(授课教师):是的,议题设计是进行议题式教学不能回避且必须解决的问题。教学中,如何科学、合理设计议题,如何处理议题与问题、议题与情境素材的关系,也是我一直思考的问题,希望本节课能得到各位老师的指导与建议。

苏元平老师(观察者):《普通高中思想政治课程标准(2017年版2020年修订)》指出,高中思想政治课程是以立德树人为根本任务,以培育社会主义核心价值观为目标,以素养培育为核心的综合性、活动型课程。议题式教学中,活动设计是关乎课堂教学质量的核心,关系学生在学习过程中的经历和体验,关系学科核心素养培育。本节课,我想重点观察王老师的课堂活动设计与组织。

王倍倍老师(授课教师):本节课教学内容相对较难且理论性较强。为了动员学生参与课堂,我在课前组织学生搜集中华文化传播成功相关素材,创设教学情境,引导学生开展小组合作与探究,感悟中华文化之美,激发文化自信,坚定建设文化强国目标的信心。

苏楠老师(观察者):在素材搜集基础上,设置情境组织教学可以更好地调动学生课堂参与的积极性,本节课的课堂氛围应该会很活跃。但是热闹的课堂背后学生究竟能深刻理解并掌握哪些知识呢?本节课,我想重点观察学生学习维度的达成情况。

王倍倍老师(授课教师):刘老师说的这个问题也是我比较担心的问题,就请刘老师观察学生学习维度的达成情况。

李亚娟老师(观察者):习近平总书记在全国高校思想政治工作会议上强调,坚持把立德树人作为中心环节,把思想政治工作贯穿教育教学全过程,实现全程育人、全方位育人。本节课,我想重点观察学科育人价值在课堂中的实践落实情况。

王倍倍老师(授课教师):实现学科的育人价值也是我的教学追求,希望能得到李老师的指导。

(三)讨论确定观察点

王郁琦:议题设计。

苏元平:活动设计。

苏楠:课程基础知识落实。

李亚娟:思政学科育人价值落实。

【课中观察】

(一)观察工具

观察表、摄像机、录音笔、录播教室。

(二)观察位置

此次授课在录播教室,授课班级为高二(1)班,共有学生40人。上课时,学生以四人小组为单位安排位置,每小组提前推选出小组长、记录员和代表发言人,全班共分10组。课堂观察时,王郁琦老师、苏元平老师、苏楠老师从教室后方重点观察课堂环节设计与教学过程;李亚娟老师从教室右前方进行观察,重点观察学生的课堂参与程度。

(三)观察过程

课前,观察者根据观察位置与上课学生沟通,了解学生的文化生活现状,关注学生现实的文化体验。

课中,观察者根据任务分工,使用各自提前设计完成的观察工具进行课堂观察,录播教室对教师授课过程进行全程录制。

课后,召开教研组会议,分享交流观察心得,进行针对性反馈。

【课后报告】

(一)授课教师反思

"文化强国与文化自信"知识容量大、抽象性较强,如何上好这节课有很大的挑战性。教学之后,我有以下收获:

(1)导入趣味化。导入环节设置活动"猜猜她是谁",迅速激发学生兴趣,引入本节课核心人物李子柒,由此顺利开展新课学习。

(2)情境亲和化。本节课以李子柒传播中华优秀传统文化火遍全网为素材创设教学情境。现实中,很多学生是李子柒的粉丝。这一素材贴近学生生活实际、社会实际和教学实际,有利于激发学生学习主动性,顺利进行新课学习。

(3)目标素养化。依据《普通高中思想政治课程标准(2017年版2020年修订)》和教材内容,本节课教学目标着眼政治认同素养培育,围绕中华文化"走出去"和"引进来"的对比分析,帮助学生理解文化自信的来源、表现及坚定文化自信的原因,思考在此背景下如何发展中国特色社会主义文化,建设社会主义文化强国,培育中学生的使命担当意识。

议题式教学既是教育理念更新,也是教育方法革新。通过议题探讨,可以有效实现从过度重视知识教学的"讲授型课程"到发掘知识育人的"活动型课程"转变,实现从"被动灌输"到"文化育人,活动育人,实践育人"的转变。同时,帮助学生通过课内思维活动和课外实践活动,意识到自身的社会责任和担当,形成正确的世界观、人生观和价值观,实现立德树人根本任务。作为年轻的思政人,我也会继续在新课改浪潮中不断探索,努力提升教育教学水平!

(二)观察分析报告

1.王郁琦老师的观察报告

(1)观察点说明。《普通高中思想政治课程标准(2017年版2020年修订)》指出:"议题,既包括学科课程的具体内容,又展示价值判断的基本观点;既具有开放性、引领性,又体现教学重点、针对教学难点。"基于此,我从课程内容、议题的开放性和可辨性、教师的驾驭力、内容的时代性、学生的兴趣等方面入手设计观察工具并完成观察任务。

(2)观察工具设计与观察记录如表1。

表1 议题设计观察记录

评价指标 (权重)	观察点	得分	备注
教学内容 (15%)	是否依据新课标的内容要求设计议题	5	以中华文化之"火"与中华文化之"困"两大视角设计议题,思辨性强
	是否依据新课标的核心知识设计议题	5	
	是否展示价值判断的基本观点	4	
开放、可 辨(20%)	能否从多个视角进行分析与解释	9	学生从多视角分析,教师能对学生发散性思维进行适当点拨与评价
	是否有统一标准	8	

续表1

评价指标（权重）	观察点	得分	备注
教师驾驭力（10%）	任课教师是否能驾驭议题	9	教师对教学素材非常熟悉，课堂驾驭能力强
学生兴趣（20%）	学生对议题是否有探究兴趣	9	学生发言积极，小组讨论热烈
	是否适合学生的学习能力和认知规律	8	
时代性（10%）	议题是否能结合时代实际，融合时代实际和教学实际	9	教学情境与议题紧紧围绕当下社会实际和教材要求
价值引领性（25%）	是否指向学科核心素养	11	通过学生发言可以感受学生对中国特色社会主义文化发展道路的认可，对建设社会主义文化强国的坚定信心，培育政治认同学科核心素养
	能否在教学中有效、真实地落实	12	
总体评价及建议	本课内容是从国家层面探究中国特色社会主义文化发展目标、路线和选择。本课素材新颖，设计合理。采用议题式教学，学生在思辨中掌握教学知识，激发学生探究兴趣，体现新课改要求，有助于学科核心素养培育		

（3）观察结果分析。本节课讲授内容为必修4《哲学与文化》第四单元第九课第三框"文化强国与文化自信"，主要包括"建设文化强国""坚定文化自信"两部分内容。王老师以备受关注的中华文化传播者李子柒和2022年北京冬奥会为素材创设教学情境，确定教学议题。以李子柒视频"红"遍全球为素材，设计"中华文化之'火'"议题，带领学生感悟中华文化的魅力，树立高度的文化自信；以2022年北京冬奥会遭遇部分国家"抵制"为素材，设计"中华文化之'困'"议题，引导学生探究如何更好发展中华文化，推动中华文化走向世界，实现文化强国目标。议题设计贴合教学内容。

从议题是否适合师生和时代实际看，李子柒是"2019年度影响力人物"及备受关注的社会人物，有很多学生是李子柒的粉丝。王老师以李子柒案例为素材创设情境、设计议题，组织学生探究活动，极大激发学生探究兴趣。

学科核心素养是学生所要达到的学习结果，对教学过程起着导向作用。王老师组织学生利用身边媒介搜集中华文化素材,在实际生活中感受中华文化之"火",感悟中华文化的魅力,培养学生公共参与素养;在2022年北京冬奥会遭受部分国家"抵制"中感受中华文化走向世界所遭遇的困境,在"火"与"困"的对比中探寻问题产生的原因,培育科学精神及政治认同素养。

2.苏元平老师的观察报告

(1)观察点说明。活动设计作为议题式教学的核心,直接关系学生的课堂体验及学科核心素养培育。基于此,我主要从学生参与、情境创设、问题设计、参与状态、素养达成等方面进行观察。

(2)观察工具设计与观察记录如表2。

表2 活动设计观察记录

评价指标（权重）	观察点	得分	备注
学生参与（20%）	活动设计是否面向全体学生,切合学情	9	探究活动基本全组参与;交流展示有80%小组获得发言机会
	参与讨论、辩论等活动的人数、时间、过程、质量如何,学生表达和解释的机会是否充分	9	课堂用于学生探究活动、交流发言的时间共计26分钟;学生有充分的发言展示机会,能照顾到"边缘"学生,鼓励其积极参与课堂讨论
情境设计（20%）	情境创设是否与议题相匹配,情境的目标和线索是否清晰,是否指向学科核心素养	9	以中华文化之"火"组织学生展示优秀中华文化,坚定文化自信;以中华文化之"困"探寻文化发展的路径,坚定走中国特色社会主义文化发展道路。情境设置贴合生活和教材
	情境是否符合学生兴趣,能否激发学生参与热情	9	学生发言积极,讨论氛围热烈
问题设计（20%）	问题设计是否与情境相匹配,是否指向学科核心素养	9	通过情境问题分析,引导学生探寻文化发展方向,落实政治认同素养培育
	问题设计是否有层次性,是否针对教学重难点	9	通过环环相扣的问题设计层层推进,引导学生全面掌握知识

续表2

评价指标（权重）	观察点	得分	备注
参与状态（20%）	是否能有理有据地表达和解释解决问题的方案，能否专注地倾听同学发言，积极与教师和同学对话，分享解决问题的方案	9	学生思考认真、思维开阔，能对具体问题多角度分析并尝试自主解决
	解决问题过程中能否认真思考，思维是否开阔，思路是否清晰，是否经历了自主辨识分析的过程并作出判断	8	
素养达成度(20%)	学生对知识的掌握程度，学生回答问题的正确率和课堂练习完成率、正确率如何	9	随堂检测学生答题正确率达到96%，可知学生知识掌握度较好
	学生能否自主地发现、提出问题并解决问题	9	
总体评价及建议	本节课以"李子柒现象"创设情境，设计议题。设计新颖，目标明确，问题设置符合学情，学生参与度高，学生知识掌握程度较好。整节课的设计及教学，充分体现了新课改理念，有助于学生素养达成		

（3）观察结果分析。从学生参与看：在45分钟教学过程中，教师行动轨迹覆盖全班40名学生中的32名，占比80%。通过议题提出和情境创设，学生基本上能够被李子柒传播中华优秀传统文化素材所吸引，从导入"猜猜她是谁"到探究李子柒成功背后的文化原因，有4名学生积极举手发言，学生回答声音洪亮，情绪较为高昂，学习兴致高。在整个学习过程中，学生围绕议题，在教材上积极圈画相关知识点，并对核心概念和重点知识进行理解性批注，积极记录课堂框架图。在探究中华文化成功表现和当下发展面临困境背后的原因活动中，学生以小组为单位，有中心记录者。小组活动开展有序，分工明确，10个小组多角度阐释观点，有2个小组的发言人能够结合现实案例进行生动阐释，发言质量较高。在问题解决过程中，学生基本上能够基于课程知识要点，结合议题情境提出自己的见解与合理化建议，一定程度上体现了学生自主建构、自主学习

能力的发展。

从问题设计指标看：教师共提出5个主要探究问题，具体包括新课导入环节的"猜猜她是谁"；新知讲授环节的"李子柒之'火'的原因"；重难点突破环节的"你认为李子柒是文化输出吗""你认为我国在文化输出方面做得如何"；课后延伸环节的"2022年北京冬奥会遭受部分国家抵制的原因，并思考如何更好推动中华文化走向世界"。从学生应答状态看，主动举手者达91%以上，参与度比较高，为提高课堂教学效益奠定了基础。

从活动序列化指标看：本节课从生活素材引入新课学习，以社会热点案例为背景展开新知学习，在对比中探寻原因，在社会热点问题分析中将理论学习与生活实际相结合。教学遵循由浅入深、由感性认识到理性认识的认知发展规律和学生心智特征。议题贴近学生生活和兴趣点，贴合学生实际和最近发展区，既能让学生保持紧张而有序的心理状态，又能促进教和学之间的互动。生生对话在本节课较为突出。学生基于议题探究，在小组合作中多方面探究原因和现象特点，自主建构并解决问题。教师在师生对话中能够肯定学生思考，对要点回答不够精确的学生能悉心引导，采取概念辨析和联系现实等方法启发学生，对回答较为出彩的学生能够点评其亮点，对知识掌握、思维能力等多方面合理评价，体现以生为本教育理念。在议题探究过程中，教师给予学生充足的对话时间，尊重和鼓励学生思考，对话氛围和谐轻松。

3.苏楠老师的观察报告

（1）观察点说明。教学目标是"课堂教学的前提与基础，它制约着教学过程、教学方法以及教学结果的测量与评价，具有导学、导教、导评的功能"。我围绕知识梳理、知识理解、知识应用、知识迁移完成观察工具设计及观察记录。

（2）观察工具设计与观察记录如表3。

表3 教学目标设计及落实情况观察记录

知识目标	目标要求	组织形式	学生活动		
			人数	形式	氛围
知道什么是文化自信、为什么要坚定文化自信	全体学生能回答坚持文化自信的原因 多数学生能解释文化自信的来源与表现	教师引导小组探究	4	学生自主举手发言	气氛活跃

续表3

知识目标	目标要求	组织形式	学生活动		
			人数	形式	氛围
明确如何坚定文化自信	部分学生能结合具体实例说明如何坚定文化自信 大多数学生能够明确文化自信离不开经济发展与社会制度完善；离不开对中华优秀传统文化、革命文化及社会主义先进文化的批判继承 部分学生明确文化自信最根本的是对中国特色社会主义文化的自信，特别是对习近平新时代中国特色社会主义思想的自信	小组讨论部分展示	10个小组代表发言，组员进行补充	各小组依次展示观点	各小组发言积极，气氛热烈
理解文化自信与文化强国的关系	全体学生能回答文化自信与文化强国的关系 绝大多数学生能结合具体实例阐述两者之间的关系	素材展示学生归纳	3	学生自主举手发言	气氛较为活跃
明确建设文化强国的要求	部分学生能概括建设文化强国的具体措施 绝大多数学生能运用所学知识分析具体材料	教师引导学生梳理	4	学生自主举手发言	大部分学生认真思考，梳理总结

(3)观察结果分析。为了达成既定教学目标，王老师采用问题探究法、合作讨论法等推进教学，围绕教学目标选择李子柒宣传中华优秀文化的相关视频素材创设情境、设计问题，引导学生在合作探究中体悟中华文化的魅力，思考为什么中华文化会受到世界各地人们的喜爱，由此梳理文化自信的来源与表现。绝大多数学生能积极参与，与老师、同学积极互动，梳理总结文化自信相关知识，完成既定任务。在第二环节，王老师以中华文化对外宣传中遇到的困境为背景，以学生熟悉的互联网环境为载体，贴近学生生活实际，能更好地激发学生的探究表达欲望。绝大多数学生都能对现实问题进行分析，部分学生能通过文化困境表象把握其背后个别国家文化霸权与文化渗透的实质，能将本部分知识与

政治经济相关知识进行关联,从而理解为何要建设及如何建设文化强国。整个教学过程中,王老师积极引导学生、及时评价学生,关注学生学习过程与学习结果,注重结论的推演与生成,较好地达成了教学任务。但在细节知识落实上存在一定问题,如文化事业与文化产业的区分等,需要进一步加强。

4.李亚娟老师的观察报告

(1)观察点说明。核心素养目标直接体现课程育人价值。长期以来,很多一线教师片面地将教学目标理解为知识与技能、过程与方法、情感态度与价值观。本节课我将重点从学习行为、参与行为、表达行为等角度观察课程育人价值的实现。

(2)观察工具设计与观察记录如表4。

表4 课程育人价值实现观察记录

观察项目	评价维度	评价等级及分布状况			
		A	B	C	D
学习行为	对教材内容有高度的认同度	A			
	能够用学科知识分析或理解生活中的关联情境	A			
	生活中的时政情境、生活情境等能与学科知识产生关联认同	A			
	对党和国家的路线、方针、政策、决策等能够用学理知识解读	A			
参与行为	积极参与国家的政治生活、经济生活等	A			
	遵守国家的法律,维护党和国家的利益	A			
	以身作则,努力学习,主动承担社会责任	A			
	自觉践行社会主义核心价值观,主动有序参与公共事务	A			
表达行为	发言凸显道路自信、理论自信、制度自信、文化自信		B		
	发言体现社会主义核心价值观等	A			
	发言凸显时代青年的责任担当、理想信念、使命等	A			
	有为国家谋富强、为民族谋复兴、为人民谋幸福的坚定理想信念	A			
评价等级	A:优秀				

(3)观察结果分析。本节课坚持素养导向,在中华文化之"火"与中华文化

之"困"对比中引发学生对现实问题的思考与分析,培育科学精神与公共参与学科核心素养。教师牢固树立促进学生主动发展、全面发展、终身发展的育人理念,充分激发学生思维,为学生提供充分思考及积极探究的机会,激发学生创造性思维。本节课上,学生精神饱满、充满好奇,勤于思考、勇于创新,能积极投入课堂学习,不断尝试解决问题,善于追问反思和批判质疑,学科核心素养得到有效提升。

【附:教学设计】

议题:我们如何坚定文化自信?

主题情境:李子柒与中华文化。

(一)教学结构

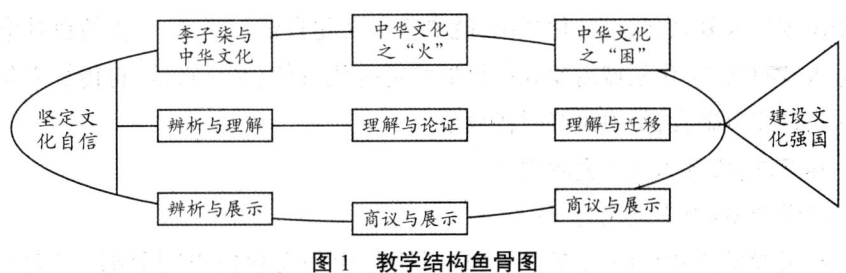

图1 教学结构鱼骨图

(二)教学过程

议学情境:中华文化之"火"。

环节一:巧设谜题 导入新课

材料背景:她被评为"2019年年度影响力人物"之"2019年度文化传播人物"。

她是一位现实中的造梦者,也是一位让梦想成真的普通人。乡野山涧之间,春暖秋凉轮替,她把中国人传统而本真的生活方式呈现出来,让现代都市人找到心灵归属感,也让世界理解生活中的中国文化。她用一餐一饭让四季流转与时节更迭重新具备美学意义,让人看到"劳作"带给人的生机。

议学活动:猜一猜她是谁?并谈谈你所了解的她。

设计意图:通过活动激发学习兴趣,学生顺利进入新课学习。

环节二:创设情境 讲授新知

材料背景:视频"李子柒与中华文化"。截至当下,李子柒累计发布200余条视频,全网粉丝破亿,视频超过80亿播放量,在国外网络平台YouTuBe上的粉丝达千万,人气排名名列前茅。

子议题1:李子柒之"火"的原因。

议学活动：围绕议学单进行小组合作探究，分析其背后的原因。

设计意图：李子柒火爆海内外，让我们看到"采菊东篱下，悠然见南山"的闲适，看到"人闲桂花落，夜静春山空"的恬静，也看到"文化兴则民族兴，文化强则民族强"的自信。文化，是一个民族沉淀的宝贵精神财富，是一个民族的"根"和"魂"，而文化自信是一个民族发展中更深沉、更持久的力量。通过本环节，引导学生深入思考并理解：没有文化自信，就没有文化的繁荣发展，就没有民族的繁荣复兴。

子议题2：如何更好地推动中华文化走向世界？

议学活动：商议、展示。

设计意图：讲好中国故事、坚定文化自信需要更多的"李子柒"们。要实现中华民族伟大复兴，建设文化强国，就要坚定文化自信。当前，中国特色社会主义进入新时代，文化领域需要我们更加坚定时代自信、文化自信，将传统文化和时代精神完美融合，努力讲好时代故事。

环节三：比较论证　突破重点

议学情境：中华文化之"困"。

材料背景：2019年底，李子柒因"是否是中华文化输出"话题被三大央媒（人民日报、央视、新华网）点赞而再次成为网络话题女王。

子议题3：李子柒是文化输出吗？

议学活动：小组商议、分析解读。

设计意图：随着21世纪互联网突飞猛进，世界各地之间的联系、互动更加密切，尤其是各种思想文化之间的交流与碰撞更加频繁。借助互联网，优秀的中华文化向世界展示她的魅力与风采。但网络的便利也使西方国家更容易对中国进行文化渗透。长期以来，西方国家利用网络工具，通过文化产业、学术理论等手段竭力宣传他们的生活方式、价值观念、意识形态及宗教信仰等，企图进行意识形态渗透，解构中国文化的根基。对此，我们要特别警惕。

子议题4：在此背景下，如何保障我国文化安全，发展中国特色社会主义文化？

议学活动：商议、展示。

设计意图：习近平总书记在党的十九大报告中指出："中国特色社会主义文化，源自中华民族五千多年文明历史所孕育的中华优秀传统文化，熔铸于党领导人民在革命、建设、改革中创造的革命文化和社会主义先进文化，植根于中国特色社会主义伟大实践。发展中国特色社会主义文化,就是以马克思主义为指导,坚守中华文化立场,立足当代中国现实,结合当今时代条件,发展面向现代化、面向世界、面向未来的,民族的科学的大众的社会主义文化,推动社会主义精神文明和物质文明协调发展。要坚持为人民服务、为社会主义服务,坚持百花齐放、百家争鸣,坚持创造性转化、创新性发展,不断铸就中华文化新辉煌。"

环节四:框架梳理　升华情感

本节课,我们围绕中华文化之"火"与中华文化之"困"共同探讨学习,坚定文化自信,建设社会主义文化强国。"文化是一个国家、一个民族的灵魂。文化兴国运兴,文化强民族强。"坚持中国特色社会主义文化发展道路,激发全民族文化创新创造活力,建设社会主义文化强国需要我们每一位的努力。

板书设计:

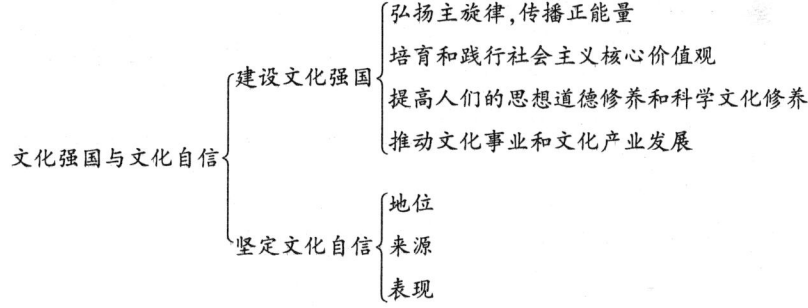

后　记

"一年之计在于春",春的努力,决定了夏的成长、秋的收获、冬的储藏。"声声催我急种谷,人家向田不归宿。"哪里是鸟会催人,是勤奋的人自己在努力。我们的高中思想政治议题式教学课堂观察研究团队就是如此。

在吴江中学沈雪春老师带领的编作团队努力下,30多万字的《维度与深度:议题式教学课堂观察》终于完成,令人欣慰。作为编者,我通读了本书22篇议题式教学课堂观察文稿,深切感受到六个字:真实、情怀、探索。

一是真实。这些文稿都是高中思想政治学科一线教师课前、课中、课后教学研究活动的真实记录。课堂观察是一种研究方式,有利于对课堂教学进行观察反思、改进提升,从而变革课堂方式、提高教学效率、落实课程改革、导向思维素养。《普通高中思想政治课程标准(2017年版2020年修订)》更加注重政治认同,更加注重议题活动,更加注重展示互动,更加注重担当践行。所列举的35个议题渗透到学科教材之中,为更好开展议题式教学研究、提升学生课程素养、增强学生政治认同、达成价值引领等提供了基本遵循和重要动力。由此,真实课堂情景下的议题式教学设计和课堂观察反思报告就成为研究、推进"四新"(新时代、新高考、新课标、新教材)背景下高中思想政治议题式教学的重要载体。这些文稿内容体现了思政课教师的真课堂、真情境、真任务、真活动、真一体、真探究,对一线教师开展议题式教学活动具有参考价值,对教研工作者进行议题式教学研究具有借鉴价值,对推进大中小学思政课一体化建设、落实立德树人根本任务具有参照价值。

二是情怀。这是一群老、中、青思政课教师团队共同努力、不断研究、实践探索的初步成果。他们中有刚参加工作的青年教师、学科新秀,有工作十多年的学科骨干、省市学科带头人,有50岁以上或临近退休的教育专家、特级教师、正高级教师等。他们不分时段、不管场域，忘却年龄、忘记假日，主动学研、积极工作，反复对接沟通、商议研讨，认真及时完成各项任务，展现自身的教育情怀和使命担当。议题式教学研究团队领航人、吴江中学的沈雪春老师身兼数职、无私奉献，令人敬重。他既是学校的党委书记，也是一直坚守教学一线的思政课教师，还是议题式教学研究团队的导师、朋友，榜样带动，值得推崇。

三是探索。沈雪春老师于2020年组建了网上议题式教学学习推广团队，带领148人开展线上培训、学习和交流。据不完全统计，两年来，沈雪春老师共开设专题讲座32场，组织专项研讨6次，分享课件等材料100余件，直接沟通交流、指导帮助次数众多。对团队及成员来说，这是一个跟着沈雪春老师不断学习、勤于思考的过程，一个努力实践、探索提升的过程，一个持续研究、完善成长的过程。一群人，一条心，一个目标向前冲，在议题式教学的路上慢慢探索、逐步成长。此书作为探索的成果之一，也许是稚嫩的、粗浅的，还有许多需要完善的地方。但这一探索过程是前进的、幸福的，传播的是正能量，引领的是新方向。《维度与深度：议题式教学课堂观察》的编辑出版是团队研究的成果，她启迪着一群有思想、有担当的教师在践行议题式教学研究、回馈思政课教学的路上成长得更快、走得更远、收获得更多；她激励着每一位成员自此养成课堂研究的习惯，带动身边的学科教研团队推动学科教育、推进课程改革、推行大中小学思政课一体化进程。

特别感谢22位作者的用心梳理，正是他们不断地反思、创新、提炼、修改，给了大家学习、交流的机会，促进了团队的成长，开启了各具特色的议题式教学新探索，推动了思政课教学质量进一步提升。感恩各位，感动践行，让我们在议题式教学的探究中主动作为，踔厉奋发新时代，笃行不息向未来。

作为编者，衷心感谢陕西师范大学出版总社的领导，感谢《中学政治教学参考》编辑部黄建炜主编、高传轩副主编等的大力支持。衷心感谢所有关心、帮助、支持此书出版的各位领导、专家和学科同仁。

研究不停步，探索一路行。我们会继续努力，打造新团队，助推新成长，在大家的帮助下，把思政课建设得越来越好。让我们一起期待，思政课议题式教学百花齐放、再结硕果。

福建省厦门市翔安区教师进修学校　李圣德